欧盟财政支出与就业政策研究

杨文杰　曹佩琪 ◎ 著

中国纺织出版社有限公司

内 容 提 要

欧盟作为当今世界不可小觑的经济共同体，在其内部，各国的经济政策具有很多共通之处，比如关税同盟、共同货币政策、共同外贸政策等。欧盟各国的经济政策如果要取得预期效果，提高资源的配置效率，保证收入的合理分配，必须要有科学合理的财政支出和就业政策的支撑。研究欧盟尤其是欧元区会员国财政管理体制、财政收支规模与结构、就业政策等相关内容，对我国通过优化财政支出结构，提高就业水平有借鉴意义。

图书在版编目（CIP）数据

欧盟财政支出与就业政策研究 / 杨文杰，曹佩琪著.
-- 北京：中国纺织出版社有限公司，2023.5
ISBN 978-7-5229-0556-3

Ⅰ. ①欧… Ⅱ. ①杨… ②曹… Ⅲ. ①欧洲联盟—财政支出—研究②欧洲联盟—就业政策—研究 Ⅳ.
①F815.03 ②F249.500

中国国家版本馆CIP数据核字（2023）第074852号

责任编辑：段子君　　责任校对：楼旭红　　责任印制：储志伟

中国纺织出版社有限公司出版发行
地址：北京市朝阳区百子湾东里 A407 号楼　邮政编码：100124
销售电话：010—67004422　传真：010—87155801
http://www.c-textilep.com
中国纺织出版社天猫旗舰店
官方微博 http://weibo.com/2119887771
三河市延风印装有限公司印刷　各地新华书店经销
2023 年 5 月第 1 版第 1 次印刷
开本：710×1000　1/16　印张：14.75
字数：270 千字　定价：99.00 元

前　言

"当前，世界之变、时代之变、历史之变正以前所未有的方式展开。……世界又一次站在历史的十字路口，何去何从取决于各国人民的抉择。"这是习近平总书记在党的二十大报告中对当今国际形势的基本判断。站在十字路口的欧盟又该何去何从？实际上，2009 年底爆发的希腊主权债务危机拉开了欧盟债务危机的序幕，欧盟成员国就使出浑身解数推出了刺激经济的各项政策，欧盟债务危机得到缓解。然而，2016 年英国上演脱欧大戏，欧盟再一次面临动荡变革。但是，作为影响全球的重要战略组织，在世界百年未有之大变局下，欧盟成员国又各显神通，通过一系列财政政策、货币政策、就业促进政策等推动着欧盟经济继续前行。本书就是在这样的背景下产生的，专门对欧盟财政支出政策与就业政策进行研究。本书共三篇十二章内容。第一篇是导论，主要介绍了研究背景、文献综述、相关概念及相关理论基础。第二篇是欧盟财政支出研究，共有四章内容，在对欧盟财政支出概述的基础上，分别详细阐述了法国、意大利、德国的财政支出。第三篇是欧盟就业政策研究，共包括八章，第一章介绍了欧盟就业政策概况，第二章至第六章是关于德国、希腊、瑞典、法国、丹麦各国的就业问题及就业政策，第七章阐述了欧盟国家残疾人就业政策，第八章研究了欧盟财政支出对就业的影响并提出优化欧盟财政支出促进就业的对策。

本书的主笔是杨文杰和曹佩琪两位老师，但是参与编写的还有很多相关人员，其中包括河北大学管理学院财政系的部分老师，另外还有河北大学 2017 级至 2022 级社会保障专业、公共管理专业的研究生们，大家共同为本书的撰写提供了重要的人力和智力的支持，在此对相关老师和同学们表示感谢！

本书各章融汇了编写人员的心得和研究成果，以期达到两个目标：一是把欧盟各国财政支出与就业政策进行整合汇编，与对欧盟政策研究感兴趣的读者共享共研；二是希望能为同样处于世界大变局下的新时代中国特色社会主义经济和社会发展提供经验和借鉴。然而，由于时局变幻莫测，政策更迭较快，以及作者水平有限，书中难免出现一些错误或疏漏之处，如有不妥，恳请读者予以指正。

作者

2023 年 4 月

目 录

第三篇 欧盟就业政策篇

第一篇　导　论

一、研究背景

欧盟自 1993 年成立以来，其经济、政治、外交等各方面都得到了迅速发展，不仅加速了整个欧洲的一体化进程，也极大地提高了欧洲的国际地位，其在世界上的话语权不断增强。时至今日，欧盟已经成为当今世界一支不可小视的力量，起着举足轻重的作用。然而，欧盟在飞速发展的同时也暴露出各种各样的问题，尤其是财政支出结构上的问题，给欧盟的未来发展蒙上了一层阴影。

2009 年 12 月底，希腊爆发了主权债务危机，随后，这场主权债务危机像多米诺骨牌一样，迅速在欧洲尤其是欧元区蔓延，欧盟其他国家逐渐陷入危机，爱尔兰、葡萄牙、西班牙、意大利等国陷入债务危机的泥潭；法国、德国等不堪高额债务的重负。最终蔓延至整个欧盟形成欧债危机，给历经多年发展的欧盟带来了巨大挑战，也给正处于缓慢复苏的欧洲经济蒙上了一层阴影。从表面上看，为了应对 2008 年由美国"次贷危机"引发的金融危机，欧盟各国政府纷纷推出刺激经济增长的宽松政策，从而使得欧盟各国债务负担加重，最终引发危机。但实际上，由于欧盟各国在财政政策实施上的步调不一致而引发了财政危机，最终导致不同国家之间的竞争力差异不断被拉大才是根本原因。至今，欧盟各国仍深受欧债危机的影响，如经济发展速度缓慢、部分国家政局不稳、人民生活水平仍需提高等。然而 2016 年的英国脱欧事件，其中也有英国不是欧元区国家、可以有自己独立货币政策和财政政策的原因，使欧盟内部的不稳定性逐渐增加，同时欧盟在全球的影响力有所削弱。

欧盟虽不是真正意义上的联邦制国家，但它却是世界上迄今为止合作化程度最高的地区。在欧盟内部，各国的经济政策具有很多共通之处，比如关税同盟、共同货币政策、共同外贸政策等。一个国家的经济政策如果要取得预期的效果，提高资源的配置效率，保证收入的合理分配，那么就必须有相应的科学合理的财政支出政策的支撑。欧盟虽不是国家，但要想促进整个欧盟经济的持续发展，这也是必不可少的举措。通过优化整个欧盟的财政支出结构，调整社会福利制度，减轻欧盟各国政府的财政负担，促进各国实体产业的复苏和发展，为各国人民创造更多就业岗位与就业机会，提高收入水平，对整个欧盟的全面持续发展都是很有意义的。

一国的财政支出活动对本国的政治、经济、社会文化及生态文明等诸多方面都会产生极为深远的影响，尤其是财政支出政策。财政支出政策是各个国家进行宏观经济调控的重要手段。欧盟作为当今世界不可小觑的经济共同体，其财政支出政策特别是在应对金融危机和主权债务危机的大背景下的财政支出政策值得关注。"他山之石，可以攻玉"，因此，研究欧盟尤其是欧元区会员国财政管理体制、财政收支规模与结构及其变化等相关内容，为我国通过优化财政支出结构，提高就业水平提供借鉴意义。

二、国内外研究综述

（一）国外研究综述

关于财政支出，西方学者主要有两种观点：一是财政支出与一个国家的经济体制和政府职能有关；二是经济发展阶段会影响一国的财政支出结构。

1.关于财政支出职能的研究

亚当·斯密（1776）认为，政府活动不能直接创造物质财富，是一种非生产性活动，国家为了实现其职能必然消耗物质产品，进而造成社会财富的浪费，因此，政府应该尽量缩小自己的职能，扮演"守夜人"角色，这就要求财政支出要压缩到最低限度。大卫·李嘉图（1817）主张经济自由、反对政府干预，国家财政支出应该尽量减少，认为减轻税负，减少国家支出可以促进经济增长。然而，凯恩斯（1936）认为，有效需求不足是经济危机和失业的根本原因，仅靠市场机制无法解决所面临的经济问题，需要政府干预，国家需要运用财政支出和货币政策，而起主要作用的是财政政策。萨缪尔森（1948）认为，关于财政支出政策，首先，政府应该扩大公共投资，这种财政支出相比于政府的一般支出对经济增长具有更大的作用；其次，应该增加福利支出；最后，扩大基础理论和应用科学的研究与开发方面的直接投资，且在教育和劳务培训方面增加财政支出。

2.关于财政支出规模与结构的研究

瓦格纳认为，政府财政支出发生变化的主要原因在于国家职能的不断变化。他在对欧洲许多国家进行实证分析的基础上提出：当国民收入增长时，财政支出会以更大比例增长，而随着人均收入的提高，财政支出占GDP的比重也会相应提高。这就是著名的"瓦格纳法则"，或者叫"政府活动扩张法则"。它表示的是财政支出与GDP之间的一种关系。布坎南依托于政治程序，对财政支出规模的决定和形成过程进行论证，认为政治决策过程能够正向影响财政支出。萨缪尔森借助于局部均衡模型分析财政支出规模，主张提供公共产品达到最优水平需要合理的财政支出规模。

关于财政支出结构方面，威廉·配第（1662）指出，根据政府的职能，财政支出的范围应该有所限定，通过研究，认为财政支出应该以提高国家生产力和振兴产业为目标，减少国防支出、行政管理支出、宗教事务支出、教育支出，增加公共事业支出和贫困救济支出。福利经济学的创始人、剑桥学派的主要代表人物之一庇古也提出过许多关于财政支出结构的观点。他指出，政府可以通过行使自己的职能对国民收入分配进行调节，以便更好地实现社会公平，增进社会福利。同时他还主张，政府可以通过财政支出的方式对资源配置进行干预，像铁路、电力事关全局的产业由政府经营，而像农业这样的行业可以进行补贴。

马斯格雷夫与罗斯托的代表性观点则是，国家处于不同的经济发展阶段会对财政支出结构产生不同的影响。他们认为，在经济发展的早期阶段，政府投资在整个社会总投资中占有较大比重。在经济发展的中期阶段，马斯格雷夫认为政府投资占财政支出的比重会趋于下降，公共支出的增长速度也会放缓。而在经济发展的成熟阶段，罗斯托则提出，政府会增加在教育、医疗、社会保障等公共基础设施方面的支出，而且增长速度会明显加快，以满足人们不断追求更高生活质量的要求。此外，财政支出与就业、养老、教育、卫生保健等方面有密切的联系。

3. 关于财政支出与就业的关系研究

财政支出与就业的关系，不同的学者得出了不同的研究结论：克里斯托波洛斯（Christopoulos，2004）通过对欧洲 10 个国家的研究，认为增加财政支出在长期内能够促进就业率的提高。[1] 拜拉姆（Bairam，1991）运用极大似然估计法研究了财政支出与就业之间的关系，结果发现财政支出导致就业弹性呈下降趋势。[2] 英兰娜（Molana，1992）对税收、不完全竞争和平衡预算进行研究，认为当税收和平衡预算有利于资源配置时，财政支出对就业没有影响。[3] 随着人口老龄化的到来，世界上很多国家都面临着这个问题，养老保险也就成为各国政府财政支出的重要领域。霍兰兹曼（Holzmann，2008）认为，在养老保险改革中，政府要承担长期的信用责任，确保改革顺利进行。财政支出与教育方面的研究早在 20 世纪 60 年代就已经开始，涉及教育财政支出总量、溢出效应以及结构等。赫伯特森（Herbertsson，2003）以北欧五国为研究对象，研究在校教育、工作时间、资本以及全要素生产率对经济发展的作用，发现教育在经济增长中的贡献达到 12% ~ 33%，因此有必要加大对教育的投入。赫克曼（Heckman，2005）通过调研发现中国城乡教育投资差别很大，政府应加大农村教育经费的投资以满足农村经济对教育的需求。[4] 此外，国外学者探索了卫生保健方面财政支出的规律以及变化趋势，研究了环境保护方面的财政支出，认为政府要为解决各类环境问题进行财政资金投入，包括环境保护消费性支出、投资性支出、转移支付等，保证政府有充足的资金进行环境保护方面的财政支出。

4. 关于欧盟债务危机的研究

关于欧盟面临的债务危机，莫尔丁和泰珀（Mauldin & Tepper，2011）提到，

❶ Christopoulos D K,Tsionas E G. Financial development and economic growth: evidence from panel unit root and cointegration tests. Journal of Development Economics,2004,73（1）:55-74.

❷ Bairam E I,Dempster G J. The Harrod Foreign Trade Multiplier and Economic Growth in Asian countries .Applied Economics,1991,23（11）:1719- 1742.

❸ Molana H,Moutos T. A note on taxation ,imperfect competition and the balance budget multiplier. Oxford Economic Papers,1992,47（3）:68-74.

❹ Heckman J J.China's human capital investment.China Economic Review,2005, 16（1）:50-70.

现在很多国家正在对债务进行货币化，底线不断被突破，中央银行与各自财政部门的协调行动使中央银行独立的货币政策受到严重损害，这意味着货币政策存在被财政部门当作弥补巨额财政预算赤字工具的倾向或隐患。在欧洲，高福利体制存在巨大的资金缺口，过度发挥高额贷款的杠杆作用，留下的是巨额的财政赤字、不断攀升的政府债务、屡创纪录的高失业率等，各经济体存在巨大压力，而这一压力最终还是落到政府。针对各国存在的问题，是否降低社会福利支出，每个国家自行选择。

鲍德威和特伦布莱（Boadway & Tremblay）在《纵向财政不平衡理论》里首次通过博弈论来分析财政纵向不平衡，认为其产生是由于纵向财政外部性的存在导致地方政府相互释放财政外部效应，而地方政府不能通过协调的政策来消除财政外部效应，联邦政府由于政策工具的局限性也不能抵消这种外部性，财政纵向不平衡就产生了。

沙哈（Shah，2006）从政府间财政关系出发，强调财政转移支付在均衡地区间财力差距方面的作用。为了使各级政府能够在全国统一的政策框架内履行其职责，国家有必要通过财政转移支付政策来消除这些不平衡。对于消除横向财政不平衡财政转移支付政策应当努力消除地方政府之间在财政能力和公共服务水平方面的差距，使不同地区居民都能够享受到水平大致相当的公共服务。

鲍默尔和奥茨（Baumol & Oates）在1988年对外部性概括比较全面："如果某个经济主体的福利（效用或利润）中包含的某些真实变量的值是由他人选定的，而这些人不会特别注意到其行为对于其他主体的福利产生的影响，此时就出现了外部性；对于某种商品，如果没有足够的激励形成一个潜在的市场，而这种市场的不存在会导致非帕雷托最优的均衡，此时就出现了外部性。"

米德（Meade）在1952年对外部性进行定义，为"一种外部经济指的是这样的一种事件：它使一个（或一些）在做出直接（或间接地）导致这一事件的决定时根本没有参与的人，得到可察觉的利益（或蒙受可察觉的损失）"。

5. 关于就业创业的研究

国外关于创业的理论、创业的政策研究等方面开始得比较早，最早可以追溯到18世纪中期，法国的一位经济学家坎蒂隆（Cantillon）将"创业者"一词首先引入人们的视野中。坎蒂隆将创业者看作是商品购销中市场风险的承担者。国外关于农民的或者弱势阶层创业的研究中，伦德斯特罗姆和史蒂文森（Lundstrom & Stevenson，2001）提出了创业政策应当包含几大因素，比如创业政策的目标应当着眼于创业过程中的每一个部分，不仅涉及创业中遇到的问题，还涉及创业未开始时和创业后的一系列问题都要有章可循；还有创业政策的发布目的在于刺激让更多人接受创业，让越来越多的人去创业获得个人发展；创业政策在设计时要顾及机会、技能、动机等几个方面。

国外还有很多关于影响人力资本（包括流动人口和非流动人口）个人发展因素的相关理论研究。比如美国经济学家波尔雅斯（Bojas，1987）通过对外来移民的样本分析，发现移民进入美国，能够在当地得到正常的、符合个人发展预期的工作状况和满足的生活条件，这取决于移民掌握技术的能力、学历情况还有积累的过往经验等几大方面。而巴罗（Barro，1992）在其研究中还发现个人工作情况和经济情况还取决于当地当时的人力资本的价格有关。人力资本越高，人们就越有可能获得更好的经济状况，比如更优越的工作环境，更有优势的工资待遇、福利待遇等。

（二）国内研究综述

1.关于转移支付制度的研究

赵云旗（2013）认为，我国转移支付制度是分税制财政体制的重要组成部分，为了加快财税体制改革，健全中央和地方财力与事权相匹配的体制，国务院在批转国家发改委《2013年关于深化经济体制改革重点工作意见的通知》中，要求完善财政转移支付制度，减少、合并专项转移支付，增加一般性转移支付的规模和比例。要达成这样的目标，不能单纯地削减专项转移支付和一味地增加一般性转移支付，需要整体把握，统筹兼顾，对我国转移支付总体结构进行一次调整优化。

孙德超（2013）认为，应将均衡性转移支付与其他一般性转移支付整合为一项统一的一般性转移支付，以提高一般性转移支付占转移支付总额的份额，适应推进基本公共服务均等化的总体要求。

倪红日（2006）认为，应不断扩大一般转移支付的规模，在现行转移支付体系中，应以一般性转移支付为主，专项转移支付作为配合，以平衡地区财力。

安体富（2007）认为，应该逐步取消税收返还，将其并入一般转移支付形式，因为返还是为了维护既得利益，是旧体制的延续，这样是违背公平原则的，也不利于财政均等，将其纳入一般转移支付形式中，这必然会使财政均等化功能大大加强。

宫晓霞（2005）认为，我国转移支付的形式应该有3种：一般性补助、专项补助和特殊灾害补助。从目前我国的情况来看，由于各地区经济发展水平和财力差距较大，中央的财力极其有限，短期内应以一般性补助为主，但专项补助也应占一定比例，这就要求我国要进一步完善分税制财政管理体制，逐步取消税收返还、体制补助等均等化很弱的一般性转移支付形式，建立起比较规范的转移支付形式。

李一花（2008）认为，要从缓解县乡财政困难，实现城乡基本公共服务均等化的角度，完善省以下政府间财政转移支付，要优化转移支付结构，规范转移支付分配资金的计算，加强对转移支付资金使用的监管。

徐孟洲、叶姗（2010）认为，专项转移支付应分为特有项目、外溢性项目、突发公共事件项目，并从法律角度，规定地方政府对以上三种项目的办理程序。

蒋琳（2009）认为，我国应建立一般性转移支付为主、专项转移支付为辅的转移支付结构体系，把财力性转移支付中比重较大的调整工资转移支付和税费改革转移支付也纳入一般性转移支付中，扩大一般性转移支付规模。

王秀芝（2009）认为，财政转移支付的目标应为保证地方政府可以提供均等化的公共服务，我国应建立一般转移支付为主体、专项转移为辅的转移支付结构体系。与发达国家专项补助为主相区别，更能体现我国现阶段应注重均衡发展的特点。

2. 关于欧盟国家财政支出的研究

耿宇（2015）认为，由于每一个国家的国情都是有差别的，一国的财政支出结构要与该国的行政体制、国家机构、经济发展模式相适应，并且需要随着经济社会的不断进步做出相应调整。翟敏（2015）通过对欧盟预算的研究，指出欧盟的预算管理更严格，规模更小，支出方式、资金来源也不同于一般联邦国家。欧盟多层财政系统有自身的特色，财政支出的重点在农业政策方面，总体上可以起到财富再分配的作用。王雅（2015）认为，优化财政支出结构，要向教育、医疗、就业和社会保障等领域倾斜，加大对自主创新的支持；同时积极推进财政监督体制的改革，建立财政监督管理体制，实现财政资金效率最大化。贾敬全、殷李松（2015）提出，从地区的差异性、财政支出的当期效应和外部性出发，合理的财政支出政策对于产业结构的优化升级具有重大的战略指导意义。梁城城、王永莉（2015）通过实证研究分析得出，财政透明度对行政管理支出比重有负向影响，对教科文卫支出比重和社会保障支出比重有正向影响；财政支出分权对三类财政支出比重均有显著的负向影响，并且比财政透明度具有更强的解释力。杨云（2017）等人也指出，要加强财政支出结构的制度建设，创新政府支出的管理方式，掌握好各类财政支出政策的投放时间。

3. 关于流动人口概念的研究

杨菊华（2015）提出按户籍类型将流动人口分割为乡—城流动人口和城—城流动人口，产生了"城乡差分"，引发了流动人口内部的分层，使得同样是外来人口，却有不同的融入结果。前者缺乏依附在城镇户籍上的权利和福利，面临更多弱势；后者则具有较高的受教育水平和专业技术能力。为此，尽管二者同属外来人口，但却来自不同阶层，故融入水平亦可能有别，不能将二者混为一谈。而段成荣等学者（2008）从流动范围和离开户籍所在地时间角度来分析，认为流动人口是指人户分离人口中不包括市辖区内人户分离的人口，而人户分离人口是指居住地和户口登记地所在乡镇街道不一致且离开户口登记地半年以上的人口。童星、马西恒（2008）指出，许多相关研究在使用"流动人口""流动民工"等概念时，已经包含这个群体最终要返回原籍的预设。这导致"只能在农民工流动的制度性限制和区域性限制的层面"来思考问题，并提出消除这些限制的政策性呼吁作为终点。上述预设虽然反映了"流动民工"因为无法变更户口而不能与流入地居民享受同等权利的"政策性"事实，却忽视了"草根性"事实，即当他们可以自主选择并有流动可能时，似乎不再返回农村，"所有迹象显示农村人口形成了一个长期的向城市集中的趋势"。杨菊华（2011）认为，流动人口与流入地居民之间最主要的差异集中表现为社会保障福利和其他公共资源的获得。陈友华、苗国（2014）指出，从概念来看，流动人口在中国特指人户分离人口。事实上，绝大多数流动人口已经离开户籍地半年以上，有的甚至已经在流入地生活很多年，变成了独具中国特色的"不流动的流动人口"。这些本属于迁移人口的范畴，由于受制度限制，仍被流入地排斥在外，而不是从制度上接纳他们。由此可见，中国常说的流动人口是一个模糊不清的概念，严格意义上属于概念的错用。而中国的多数流动人口本就是制度隔离性产物，在制度隔离甚至部分地区，该制度仍在不断被强化的时代背景下讨论"流动人口"的社会融合问题，其本身的科学性与研究意义会大打折扣。

4.关于社会保障融合度的相关研究

"社会保障融合度"对学术界而言是一个相对较新的概念。但与其相关的社会融合的研究较为丰富。早前学术界对于流动人口社会融合现象较多地用农民工市民化来阐述，市民化更偏向于农民工身份户籍的转化，从农民转变为市民。但随着研究的深入，我们渐渐发现，越来越多的学者用"社会融合"一词来代替市民化。童星、马西恒（2008）认为，社会融合是指新移民在居住、就业、价值观念和生活方式等各个方面融入城市社会，向城市居民转变的过程，是一个逐步同化和减少排斥的过程，是对城市未来的主观期望和城市的客观接纳相统一的过程，也是本地人口与外来移民相互作用和构建相互关系的过程；这个过程的进展程度可用新移民与城市居民的同质化水平来衡量。杨菊华（2009，2014）指出，"社会融合"是一个动态的、渐进式的、多维度的、互动的概念；张文宏、雷开春（2008）则表示社会融合是"一个综合而有挑战性的概念，而不仅仅具有一个维度或意义"。任远、乔楠（2010）认为，流动人口的社会融合是不断同化和社会距离不断缩小、社会排斥不断减少的过程。

王桂新（2013）从城市化的角度提出了社会融合度的概念。社会融合度是指流动人口在城市生活中，与城市社会的居民在各个方面如工作、受教育水平、享受的社会保障、相同或相似的文化生活方式及价值观念等的融入程度，这个被称为外来流动人口的社会融合度的概念，也代表着外来流动人口与城市社会居民的同质化程度或水平，代表着流动人口在社会融合水平上的差异。朱力（2002）提出，流动人口的社会融合指标包括的经济层面、社会层面、心理或文化层面是依次递进的，经济层面的适应是基础，社会层面的适应是进一步要求，而心理层面的适应才说明由农村人转化为城市人这一社会化过程的完成。但是现实中，多方面的原因比如认识、制度、政策、素质等造成了城市体系对流动人口这一群体的排斥，以农民工为主的农村户籍流动人口只能游离在城市社会的边缘。但最主要的原因仍然是我国的户籍制度阻碍。

部分学者在研究流动人口社会融合状况时，都将制度性因素作为主要影响因素分析。钱正武（2006）谈到，流动人口社会融合进程受阻的原因是多方面的，许多表象上的因素只是构成障碍，但并非深层次原因，他认为社会排斥是阻碍农民工市民化的根本原因，其中包括制度上的排斥，城乡二元体制下的教育、医疗、社会保障制度等一些生活资源被限制在一定范围内，影响了农民工更好地融入城市中。任远、邬民乐（2006）提出，流动人口融入城市社会，是一个复杂的过程，受众多因素综合影响，而制度上的限制和排斥是根本原因。城市的公共物品提供体系、社会福利和社会保障体系等并不适应大量外来人口在城市打工、就业和生活的需求。高君（2008）认为，这些制约制度中，就业和社会保障是制约农民转化为市民，也就是社会融合的核心制度。就业、疾病、养老等市场风险才是流动人口的最大顾虑。陈友华、苗国（2014）指出在当今的西方国家，对本国人至少不存在明显的制度性歧视与制度性排斥。因此，要实现各群体之间的社会融合，要翻越的主要是无形隔离墙。而在中国，要实现各群体之间的社会融合，不仅要翻越无形隔离墙，更要翻越有形隔离墙。在多数情况下，有形隔离墙是如此高大，以至于对多数人而言是难以逾越的。由此可见，在中国要实现流动人口的社会融合，其难度要比西方国家大得多，也困难得多。

常常有学者将社会保障和社会融合相联系，作定向性分析。郑功成（2002）早前曾言，"目前就整体而言，面向农民工群体的社会保障制度建设仍显异常苍白，部分地区虽然出台了与农民工有关的一些社会保障政策措施，但实践效果并不理想"。樊小钢（2003）认为，政府对农民进城务工就业问题逐渐重视，传统体制下与户籍身份紧密相关的就业、住房、教育等制度安排所导致的对流动人口融入城市的阻碍作用正在减弱并逐渐消除，唯有社会保障制度依然横亘在城乡居民之间，保持了城乡分割的格局。所以，要实现我国健康的人口城市化，解决流动人口的社会融合问题，各级政府和社会不仅应当在就业、子女教育、住房等方面提供更多便利，还应该努力建立完善有利于流动人口的社会保障制度。邓大松、胡宏伟（2007）通过问卷调查得出，超过一半的进城农民工愿意通过投保的方式获取社会保障权利，可以说，基本社会保障意识还是比较强烈的。他们同时指出，当前市民和进城农民工之间权利最主要的差异表现为社会保障权利的获得和保障水平的差别。而我国社会保障体系所囊括的项目多、内容广等特点也决定了城乡居民之间差异之大。农民社会保障权利被剥夺是造成市民和农民享有公民权差异的最根本原因。制度的设定极其依赖严重阻碍了农民工获取包括社会保障权利在内的基本公民权，这是中国城市化与社会融合的根本阻力。张丽艳、袁城、陈余婷（2008）认为，影响农民工定居于城市的制度症结主要在于城乡社会保障制度问题。城乡隔离的社会保障制度加剧了农民的流动。化解中国的城市化难题，促进人口城市化进程的关键环节，是处理好城乡社会保障之间的关系。高君（2008）多次提到推进农民工社会保障和实现农民工市民化（他定义的农民工市民化是指"在工业化、城市化进程中，那些具有市民化需求又具有市民化能力的农民工在城市定居融合的过程"）具有密切关系。他认为，当前农民工市民化面临两大问题，即需求和能力。而推进农民工社会保障有利于提高农民工市民化的需求和能力。推进农民工社会保障制度的建设，能够帮助农民工有效化解当面临失业、疾病、年老、子女教育以及遭受意外而无法在城市继续生存下去时，进退两难的市场风险，使他们没有后顾之忧地在城市就业生活。城市社会所表现的在社会保障上对农民工的接纳会大大地促进农民工在城市的融合速度。可以说，农民工享有社会保障的状况，能从根本上反映他们平等参与城市就业竞争、融入城市生活的程度。

5. 关于社会民众就业创业研究

关于研究就业创业的社会民众的特点，吴易雄在《农民工就业创业调查》（2013）一书中，谈到了就业创业的农民工具有三大特点：第一，年龄特征，35岁以上的社会流动人员最多；第二，社会流动人员中受到金融危机影响的程度与农民工自身受教育程度也就是社会民众的个人文化素质呈正相关比例；第三，社会流动人员在城市中就业主要分布在密集型产业或者服务业中。袁云在《理论与现代化》中发表了《社会民众就业创业的新特点及金融支持研究》（2014）一文中，也提到社会民众就业创业区别于上一代的几大特点：其一，社会民众就业创业的首选领域是服务业；其二，他们依托自身和外在条件大多选择个体工商户作为首次创业的形式；其三，新生代就业创业农民工逐渐成为就业创业的主力军。

关于社会民众的社会调研也很多，比如徐明生在《中国县域经济报》上发表的《外出务工人员就业创业的调查》（2015）一文中写到，通过对安徽省3.2万农民工就业创业收入、创业特点、创业困难和中途遇到的矛盾问题、生活水平以及政府帮扶政策等方面的研究，提出了切实可行的针对社会民众就业创业的建议和长效机制。

关于社会民众现阶段就业创业的优势，信长星在《中国工商报》中的《农民工就业创业正当时》（2015）一文中指出社会民众就业创业是一举多得的事情。从当前政策看，社会民众就业创业趋势势不可当，主要存在几大商机，第一，社会民众就业创业符合了"大众创新，万众创业"这个新鲜的创业理念。第二，在劳动密集型产业及其配套产业不断西移的过程中，农民工就业创业存在巨大的利润空间。第三，社会民众就业创业不仅满足农民工就业转移的需求，还能进一步挖掘社会流动人员和农村剩余劳动力的最大发展空间。

三、相关概念

（一）财政支出的内涵

财政支出，也可称为政府支出或公共支出，是指在市场经济条件下，一国政府为了满足社会公共需要，提供公共产品和公共服务而进行的财政资金支付活动。

财政支出作为一种经济行为，是对国家资金分配的一种财政权力，是政府为了实现其职能，有计划地重新分配社会产物的活动。从资源配置的角度来看，财政支出是在政府主导下对社会资源的一种优化配置，使社会资源在公共部门和私人部门之间得到最优化配置，使社会资源在使用时获得最大的社会效益，从而满足社会各阶层居民的需要。财政支出有两种支出形式，即无偿拨款和有偿使用。财政支出是一国财政分配活动的一个重要环节，它既规定了政府活动的方向和范围，同时又能反映国家的政策。

（二）财政支出规模

1.财政支出规模的内涵

政府财政活动的多少可以用财政收入和财政支出两个指标来衡量，每个指标又可以用绝对数指标与相对数指标来表示。所谓绝对数指标，是指一定时期内财政收入或财政支出的绝对数额；相对数指标，是指一定时期内财政收入或财政支出相对于其他衡量指标的数额。通常情况下，我们会用两个相对数指标来表示，即财政收入占 GDP（或 GNP）的比重和财政支出占 GDP（或 GNP）的比重。一般而言，后者比前者更能反映实际情况，这是因为：第一，财政支出占 GDP 的比重表现为财政对 GDP 的实际使用和支配的规模，而财政收入则只标示财政可能使用和支配的规模，它并不代表实际发生的规模。第二，财政支出反映财政在使用过程的活动，通过它的规模和结构实现资源配置，直接影响社会再生产的规模和结构；而财政收入反映的则是财政参与 GDP 分配过程的活动。第三，财政收入和财政支出虽然都体现了财政对宏观经济运行的调控，但后者更能全面而准确地反映财政对宏观经济运行的调控能力。

2. 财政支出规模的衡量

对财政支出规模的衡量通常使用两个指标：绝对数指标和相对数指标，即财政支出的绝对规模和相对规模。财政支出的绝对规模，通常用当年财政支出的绝对数额来表示，它能够比较直观地反映财政支出的现状和变化情况。财政支出的绝对规模的大小，在一定程度上可以体现出政府对整个社会的介入程度和影响程度。在整个社会经济发展过程中，财政支出的绝对规模越大，则表明政府对整个社会的介入范围越广，影响也越大，更能发挥出政府的作用，但这并不表示财政支出的绝对规模越大越好，而是应该根据具体的实际情况来判断；反之，则表明政府对社会的介入范围较窄，影响也较小。财政支出的相对规模，通常用当年财政支出与当年国内生产总值（GDP）的比重来表示，它能够反映出政府公共经济部门在社会资源配置过程中的地位。通过相对规模的横向对比，可以反映不同国家或地区的政府在社会经济生活中的地位的差异；而通过相对规模的纵向对比，可以看出政府在社会经济生活中的地位和作用变化发展的趋势。由于不同国家和地区的经济发展水平和发展程度存在差异，相对于绝对规模，该指标明显具有更强的可比性和实用性。

（三）财政支出结构

1. 财政支出结构的内涵

财政支出结构，是指各类或各项财政支出占财政总支出的比重，也称财政支出构成。通常而言，财政支出结构被看作一种比例关系、一种构成关系，它反映了政府活动方向和范围的广度和深度。从配置社会资源的角度来说，财政支出结构直接关系到政府对社会资源的使用程度，从而对市场经济的运行产生不同程度的影响。而从宏观经济的角度来说，一国财政支出结构的现状及其变化，往往能反映出一段时间内该国政府职能的重点及其变化趋势，也表明了该国的经济政策及其走向。因此，一国的财政支出结构直接关系到该国的经济发展水平和社会发展程度，科学合理的财政支出结构能够发挥出巨大的杠杆作用，促进该国经济的发展和社会的进步，反之，则会阻碍经济和社会的发展。

对财政支出结构内涵的理解，应该从以下几个方面把握：

首先，财政支出结构是财政支出量的规定性和质的规定性的统一体。任何事物都有两种属性，都是质与量的统一，都会经历一个从量变到质变再到量变的发展过程，两者是辩证统一的关系。财政支出量的规定性是指构成财政支出结构的各项支出的具体数额以及相应的比例关系；而财政支出质的规定性则是指这些支出本身所具有的属性，反映了支出结构的基本特征。财政支出结构任何在量上的变化最终都体现到质上，而由量导致的质的改变也会引起量上新的变化，进而达到一种新的平衡，两者之间是相互联系、相互制约的。

其次，财政支出结构是动态性与静态性的统一体。辩证唯物主义认为，物质世界是绝对运动与相对静止的统一。运动是绝对的、无条件的、永恒的；而静止是相对的、有条件的、暂时的。自然地，财政支出结构也是绝对运动与相对静止的统一。财政支出结构的动态性是指在一定时间内，财政支出结构会随着社会经济形势的不断变化而变化，无论是有时变化较大，还是变化较小，它总是处于一个不断变化的过程中，这是绝对的。而财政支出结构的静态性是指在一定时间内，财政支出结构是相对稳定的，但这并不表明财政支出结构是固定不变的，而是说构成财政支出结构的各项支出之间存在一个相互制约力的作用而处于一个大体平衡的状态，这是相对的。总之，财政支出结构时刻处于一个绝对运动与相对静止的状态。

最后，财政支出结构是多样性和多层次性的统一体。多样性是从横向角度来说的，是指构成财政支出结构的各项支出具有多样性，各项支出的地位是平等并列的，如国防支出、教育支出、医疗卫生支出等。多层次性是从纵向角度来分析的，是指财政支出结构被划分为若干个具有不同级别的相互联系的层次，这是因为构成财政支出结构的各要素有各自的活动范围，就如政府被分为多层次的中央政府与地方政府一样，财政支出结构也会被分为多层次的中央财政支出结构和地方财政支出结构。因而，对于财政支出结构，要从横向与纵向两个方面去理解。

2.财政支出结构的分类

为了对财政支出结构进行分析，必须对财政支出结构进行分类。财政支出的分类标准不是单一的，而是多元的，因为影响标准确定的因素是多元的。依据不同标准对财政支出进行分类，就能从不同角度对财政支出结构进行分析，更能全面准确、科学地把握财政支出运动发展规律，确保公共财政支出健康、有序地运行。现代理论研究和实践中，比较常见的分类方法和结构类别大体有以下几种：

（1）财政支出职能结构

对财政支出结构以政府职能或以财政职能为标准进行分类所形成的结构状态称为财政支出职能结构。在实践中，按财政职能大类可分为经济建设支出、社会文教支出、国防支出、行政管理支出和其他支出5类。

（2）财政支出使用结构

市场经济下的政府本质是提供公共服务。从性质上讲，所有这些服务可以划分为三类：经济性服务、社会性服务和维持性服务。相应地，公共财政支出按使用的不同可分为经济性支出、社会性支出、维持性支出三大类，三者之间的关系构成了公共财政支出使用结构。

（3）财政支出功能分类结构

政府功能分类（The Classification of the Functions of Government，COFOG）是由经合组织（the Organization for Economic Cooperation and Development，

OECD）于 1999 年提出的，并被联合国统计部门采用，用以描述政府活动目的的划分标准。按照这个标准，政府支出（government expenditure）按照功能被分为一般公共服务、国防、公共秩序与安全、经济事务、环境保护、住房和社区建设、卫生保健、娱乐文化与宗教、教育、社会保障十大类别，涵盖了几乎所有的政府活动，本文就是以此种分类为基础分析欧盟各成员国财政支出。按照政府功能分类的财政支出十大类别及其包括的具体内容如表 1-1 所示。

表 1-1 政府功能分类

序号	类别	内容
1	一般公共服务 （general public services）	（1）行政和立法机构、财政和金融事务、外部事务； （2）国外经济援助； （3）一般服务； （4）基础研究； （5）一般公共服务研发； （6）其他一般公共服务； （7）公共债务； （8）不同层级政府间一般转移支付
2	国防 （defence）	（1）军防； （2）民防； （3）国外军事援助； （4）国防研发； （5）其他国防支出
3	公共秩序与安全 （public order and safety）	（1）警察服务； （2）消防服务； （3）法院系统； （4）监狱； （5）与秩序和安全有关的研发； （6）秩序与安全的其他方面
4	经济事务 （economic affairs）	（1）一般性的经济、商业和劳务事务； （2）农业、林业、渔业、畜牧业； （3）能源行业； （4）矿产、制造和建设； （5）交通； （6）通信； （7）其他产业； （8）经济事务相关的研发； （9）其他经济事务
5	环境保护 （environmental protection）	（1）废物管理； （2）废水管理； （3）污染治理； （4）生态多样性保护； （5）与环境保护相关的研发； （6）环境保护的其他方面

序号	类别	内容
6	住房与社区建设（housing and community amenities）	（1）住房发展； （2）社区发展； （3）供水； （4）路灯； （5）与住房和社区建设有关的研发； （6）住房与社区建设的其他方面
7	卫生保健（health）	（1）医疗产品、器械和设备； （2）门诊服务； （3）医院服务； （4）公共卫生服务
8	娱乐、文化与宗教（recreation，culture and religion）	（1）娱乐和运动服务； （2）文化服务； （3）广播和出版服务； （4）宗教和其他社区服务； （5）与娱乐、文化、宗教有关的研发； （6）娱乐、文化与宗教其他方面
9	教育（education）	（1）学前教育、基础教育； （2）中学教育； （3）中学之后的非高等教育； （4）高等教育； （5）其他级别的教育； （6）教育补贴； （7）与教育有关的研发； （8）教育的其他方面
10	社会保障（social security）	（1）疾病与伤残保障； （2）养老保障； （3）灾后救助； （4）家庭和儿童保障； （5）失业保障； （6）住房保障； （7）其他被社会排斥的保障（social exclusion n.e.c.）； （8）与社会保障有关的研发

资料来源：OECD. Government at a Glance 2011:Classification of the Functions of Government（COFOG）.2011:194-195。

（4）其他分类的财政支出结构

根据研究目的不同，公共财政支出结构还有许多其他分类方法，例如，按财政支出的用途可以分为经常性支出和资本性支出；按支出的经济性质可以分为消费性支出或购买性支出以及转移性支出；按支出的受益范围可以分为一般利益支出和特殊利益支出；按支出可控性可分为可控性支出和不可控性支出。

（四）财政支出的影响因素

由于每一个国家的具体国情不同，财政支出规模与结构也有所差别，因而，财政支出的影响因素也有差异。笔者将财政支出的影响因素概括为三大方面：经济因素、政治因素及社会因素。

1. 经济因素

经济因素对财政支出的影响主要体现在经济发展水平、经济体制和当前的经济政策等因素。如果这些因素发生变化，则一国的财政支出也会发生相应的变化。

首先，经济发展水平的高低会影响财政支出规模的大小，进而也会影响财政支出结构。一般而言，经济发展水平越高，财政支出规模就越大。这是因为经济发展水平的提高，会带来整个社会财富的增加，也为财政支出的稳定增长提供了可靠的保证。由于在一定时间内，人们为维持基本生活所需要的物质财富是一定的，但社会财富的总量是增加的，会有部分财富是处于闲置状态的；此时，政府可以将这部分闲置的社会财富集中起来，以便更好地发挥政府的职能作用，为社会提供更多的公共产品和公共服务，满足社会的需要。此外，经济发展水平的高低也影响着财政支出结构。正如经济学家罗斯托所言，一旦经济发展进入成熟期，财政支出的主要目标是提供教育、卫生和福利等方面的社会基础设施，用于社会保障和收入再分配的财政支出将会超过其他公共支出，而且占 GDP 的比重也会大幅提高。

其次，不同的经济体制也会对财政支出产生不同的影响。计划经济体制与市场经济体制是有本质的区别的，在这两种不同的体制下，财政支出的规模和结构必然会存在差别。相对而言，计划经济体制下，政府职能范围较广，政府大包大揽，财政支出规模就大，而且政府用于经济领域的支出比重也较大。在市场经济体制下，政府的财政支出规模不可能很大，而且财政支出结构上偏重行政管理、国防、法律秩序等维持国家和社会正常运转方面的支出。

最后，随着经济发展阶段的不同，国家经济发展的侧重点也会有所不同，因而国家的经济政策也处于一个不断调整的过程中。从经济学的角度来说，资源是有限的，财政资源也是如此。在有限的财政资源前提下，那些获得国家经济政策支持的领域会得到更多财政资源，反之，则只能得到很少的财政资源或很难得到，而这必然会对不同阶段的财政支出规模与结构产生不同的影响。

2. 政治因素

政治因素对财政支出的影响主要体现在政局是否稳定、政体结构和行政效率、政府干预政策。如果一个国家政局不稳，当该国发生战争或重大自然灾害等突发性事件时，财政支出的规模将不可避免地会快速扩大，而财政支出结构也会发生变化。政体结构与一国的政治体制有关。通常而言，单一制国家的财政支出占 GDP 的比重会高于联邦制国家。在欧盟所有国家中，北欧国家由于实行高福利的政策使政府的财政支出规模最高，在财政支出结构中这部分所占的比例也是最大的。而行政效率则与一国政府机构的设置有关。如果一国政府的行政机构设置精简，工作人员的办公效率较高，则较少的办公机构就可以为人们提供较好的公共服务，满足社会公共需要，那政府的行政管理支出必然会降低。反之，政府行政机构臃肿，工作人员办公效率低下，则行政管理支出必然会增加，财政支出结构也会发生相应的变化。至于政府干预政策，则涉及国家相应的政策目标。比如德国，近年来，联邦政府的社会保障支出不断增加，截至 2017 年已达到 1601.3 亿欧元。其中，养老保险补贴项目占比最大。因此，一国的政治体制、行政效率等相关政治因素也会对财政支出规模与结构产生不同程度的影响。

3. 社会因素

社会因素对财政支出的影响主要体现在人口、就业、医疗卫生、社会保障以及城镇化等因素，这些因素会在很大程度上影响财政支出规模与结构。欧盟自成立之后，经济就得以迅速发展，现如今，已是世界上经济最发达的地区之一。欧盟虽作为当今世界上最成功的区域性经济合作组织，但仍面临着许多社会问题。欧盟有 5 亿多人口，相应地，教育、医疗卫生、社会保障、失业和贫困救济、人口老年化等支出的增长压力也较大。比如，欧盟现在人口老龄化现象非常严重，根据欧盟统计局的统计，截至 2015 年，欧盟老年人口占总人数的比例已达到 18.5%，而到 2080 年，欧盟 65 岁以上老年人占欧盟总人口的比重将达到 28.7%。这将使欧盟的社会负担加重，给欧盟带来巨大的挑战。由于欧盟内部有不少成员国是实行高福利政策的国家，对医疗保健、生活服务的要求更加突出。诸如此类的社会问题都会对财政支出不断提出新要求，成为影响财政支出的重要因素。

四、相关理论基础

（一）市场失灵论

"看不见的手"原理认为，市场可以依靠其内在的机制实现资源配置的最佳效率，即帕累托最优配置。但是从实践来看，市场作为资源配置的工具在进行各种经济活动过程中，配置资源并不总是有效的。也就是说，市场并不是万能的，会存在失灵的情况。西方经济学家认为，当市场配置资源出现低效率或无效率时，就出现了市场失灵。因此，市场失灵是指由于市场机制不能充分发挥作用而导致市场不能或难以有效率地配置资源。

市场失灵表现在以下几个方面：一是垄断。原指站在市集的高地上操纵贸易，后来泛指把持和独占。若行业或市场中只有一个或极少数厂商时就形成了垄断行业；若整个行业中只有一个或极少数的厂商时就形成了垄断市场。垄断常常导致资源配置缺乏效率。垄断厂商为了追求利润最大化，其价格远远高于边际成本，而产量远低于帕累托最优产出。另外，像供水、供电这类特殊行业，随着产量的不断提高会出现规模收益递增而边际成本递减，充分竞争的结果是走向自然垄断，如果仍然依靠市场机制进行调节必然带来资源配置的低效率。二是公共产品。公共产品是为了满足社会公共需要而提供的产品和服务。根据其所具有的非排他性和非竞争性特征，公共产品可分为纯公共产品和准公共产品。纯公共产品是指同时具备非竞争性和非排他性的产品。准公共产品是指具备非排他性或非竞争性的产品。特别是纯公共产品，因其非排他性和非竞争性特征，社会成员存在"搭便车"心理，可能造成"公地悲剧"现象。所以，在公共产品的提供方面，可能出现市场不愿意提供或不能提供导致资源配置的低效率或无效率。三是外部性。所谓外部性，是指某一个体或单位的经济行为对其他个体或单位产生有利或不利的影响，但是其并不因此获得收益或承担相应成本。外部性造成成本和收益之间分离，从而对经济行为主体的行为产生影响，容易导致过度的经济行为，造成资源配置的低效率。四是不完全信息。不完全信息或者信息不对称可能导致掌握信息较多的一方做出对掌握信息较少一方不利的行为，出现逆向选择或道德风险，这就使得市场机制不能真实反映供求关系，导致资源配置的低效率。五是收入分配不公。市场按照要素贡献的大小进行财富分配，追求的是效率。由于先天禀赋或后天条件的不同，市场机制的调节会导致社会成员间收入分配差距，当收入分配差距超出社会成员心理承受范围时就会导致社会问题的产生。亚当·斯密在《道德情操论》中提到，财富如果长期为少数人所占有，而多数人处于贫困状态，它是不公平的，而且注定这个社会是不稳定的。另一位经济学家阿瑟·刘易斯也曾说，收入分配的变化是发展过程中最具有政治意义的事情，也是最容易诱发妒忌心理和社会动荡混乱的问题。因此，当收入分配无法通过市场机制自动调节来实现时市场就失灵了。

政府对经济进行适当干预可以矫正市场失灵，弥补市场机制的缺陷，这也是政府财政支出的合理所在。政府可以通过管制或直接投资进行干预消除垄断导致的低效率；可以直接承担提供公共产品和服务的责任以保证公共产品提供的有效性；可以通过税收和补贴使外部成本或收益内部化，避免经济利益外溢导致市场资源配置的低效率，也可以通过税收和补贴对财富进行二次分配，促进收入分配的公平。

（二）财政支出增长论

一国的财政支出规模与结构和本国的经济社会发展密切相关，多数学者认为经济社会的发展也是财政支出增长的原因。具有代表性的理论有瓦格纳的政府活动扩张论、皮考克和威斯曼的梯度渐进增长论、马斯格雷夫和罗斯托的经济发展阶段论以及鲍莫尔的非均衡增长论。

1. 政府活动扩张论

政府活动扩张论是由德国经济学家阿道夫·瓦格纳提出的，又被称为"瓦格纳法则"。瓦格纳对 19 世纪 80 年代的英国、法国、德国等欧洲国家以及日本、美国等发达国家财政支出资料实证研究后发现，经济社会的不断发展导致政府财政支出规模的不断扩大。"随着人均收入的增加，财政支出占国民生产总值的比重不断提高"，这就是瓦格纳法则的核心内容。瓦格纳认为，财政支出不断增长的根本原因是工业化，随着工业化进程，社会和经济发展增加了对政府活动的需求。此外，政治因素和经济因素是财政支出增长的主要原因。随着经济社会的发展，一方面，市场主体之间关系更加复杂，需要更加复杂的制度和法律来维持市场秩序，需要投入更多的人力、物力和财力以保障经济的正常运行；另一方面，工业化所带来的城市化、人口居住密度的增加，需要政府投入更多的资源提供公共产品和服务。以上这些政府职能的扩张都会导致财政支出规模的扩大。

2. 梯度渐进增长论

皮考克和威斯曼对英国 1890—1955 年间的财政支出考察后发现，在一个较长时期内，财政支出的增长并不是直线型的，而是呈现阶梯状增长特征：在正常年份，财政支出呈渐进增长趋势，发生突发事件诸如战争时，财政支出急剧增加；突发事件之后，财政支出有所下降，但不会低于原来的水平和趋势。之所以出现这样的增长特点，是因为财政支出的增长受到内在因素和外在因素的双重影响。其中，在正常时期，由于内在经济增长和国民收入的增加，既定的税收制度使财政收入随之增加，财政支出也会相应增加。当发生突发事件如战争、经济危机、社会动荡等时，特别是战争，替代效应使得财政支出会大量替代私人支出，财政支出急剧增长。突发事件之后，财政支出会有所下降，由于审视效应使得财政支出很难降到突发事件之前的水平。因此，由于受到内在因素与外在因素的影响，替代效应和审视效应使得财政支出呈现出梯度渐进增长的特征。

3. 经济发展阶段论

经济学家马斯格雷夫和罗斯托用经济发展阶段论解释财政支出增长的原因，在经济发展的不同阶段，财政支出的规模与结构都会有所差异。马斯格雷夫把经济发展阶段分为初级阶段、中级阶段和高级阶段。在经济发展初级阶段，政府工作重点在于经济建设，并且为经济发展提供基础设施，如道路交通、环境、法律等，此时政府投资占社会总投资的比重较高。在经济发展中级阶段，基础设施建设基本完成，政府投资只是私人投资的补充，这部分支出相对于初级阶段会大幅下降。但是到了经济发展高级阶段，财政支出规模又会扩张。罗斯托认为，一旦经济发展进入成熟期，人们对公共产品和服务供给水平和要求会提高，政府必须加大投入提供相应的公共产品和服务，尤其是社会保障、医疗卫生、教育等方面。

4.非均衡增长论

美国经济学家鲍莫尔通过分析国民经济部门平均劳动生产率的状况对财政支出增长的原因进行解释。鲍莫尔将国民经济部门分为生产率不断提高和生产率缓慢提高两大类，前者被称为进步部门，后者被称为非进步部门，在此基础上分析两部门的非均衡增长，并阐述了财政支出增长的原因。进步部门和非进步部门的差异来自技术和劳动发挥的作用不同，进步部门技术起着决定作用，而非进步部门则是劳动占主导地位。假设两个初始部门工资水平相同，而且工资随着劳动生产率的提高而上升，进步部门劳动生产率提高带来的工资水平提高速度会快于非进步部门，而非进步部门——劳动密集型公共部门的工资水平与进步部门的工资水平呈同方向等速度变化，在其他因素不变的情况下，劳动生产率偏低的公共部门的规模会随着进步部门工资水平的提高而扩张。公共部门低效率的非均衡发展将导致财政支出不断增加。

（三）凯恩斯主义经济理论

1.凯恩斯经济理论

19世纪30年代，西方国家爆发了空前的经济危机，经济萧条，失业严重，生产相对过剩，传统经济理论信奉的市场调节机制在解释现实经济面前显得苍白无力，经济学家手足无措。实践上，西方国家纷纷通过财政和金融手段提振经济，美国实施的罗斯福新政就是典型代表。在此背景下，提倡通过政府干预来调节经济的凯恩斯经济学应运而生，为西方国家干预调节经济的实践提供了理论基础。凯恩斯在《就业、利息与货币通论》中提出了有效需求理论，主张政府直接干预经济进行需求管理。凯恩斯认为，有效需求不足充分就业就不能实现，而有效需求不足是由于受到边际消费倾向递减、资本边际效应递减和流动偏好三大心理规律的影响。边际消费倾向递减导致消费不足，资本边际效应递减导致投资不足，消费和投资的不足共同导致社会总需求的不足。因此，凯恩斯提出，政府可以运用财政政策和货币政策对经济进行干预，调节消费和投资，进而调节社会总需求。当经济不稳定时，政府可以采取相机抉择的财政政策。比如，经济萧条时，政府可以通过减少税收和扩大支出的扩张性财政政策，刺激总需求，拉动经济增长；当经济过度繁荣时，政府可以通过增加税收和减少支出的紧缩性财政政策，抑制总需求，防止经济过热。

2.新凯恩斯主义经济理论

20世纪70年代中期，西方国家出现了失业与通货膨胀并存的经济"滞胀"现象，凯恩斯经济理论无力解释，现实和理论都面临挑战，到了80年代，新凯恩斯主义经济理论的出现改变了实践界和理论界对宏观经济的思考，他们认为，完全脱离政府干预的经济是运行不畅的，同时传统凯恩斯经济理论缺乏微观基础。新凯恩斯主义旨在通过微观非均衡的方法，对凯恩斯主义宏观经济理论和微观基础进行重构，代表人物主要有斯坦利·费希尔（Stanley Fischer）、艾德蒙·菲尔普斯（Edmund Phelps）、劳伦斯·鲍尔（Lawrence Ball）、格雷戈里·曼昆（N.Gregory Mankiw）、戴维·罗默（David Romer）、奥利维尔·布兰查德（Olivier Blanchard）、约瑟夫·斯蒂格利茨（Joseph Stiglitz）等。

新凯恩斯主义经济理论以非市场出清作为重要假设，即在出现需求冲击或攻击冲击后，工资和价格不能迅速调整到使市场出清的状态，工资和价格具有黏性，市场将持续处于非均衡状态。另外，新凯恩斯主义还提出了经济当事人利益最大化假设和理性预期假设，夯实了宏观经济理论的微观基础。

新凯恩斯主义主张政府应该出台政策，干预宏观经济，比如用财政政策和货币政策刺激总需求，缩短工资和价格的缓慢调整期，促进经济的快速恢复，这点跟凯恩斯经济理论的政策主张类似。新凯恩斯主义在价格和就业方面的经济政策大都针对价格和工资黏性，主张通过财政政策等政府干预措施恢复工资弹性和价格弹性，完善市场机制，促进经济稳定发展。

以上这些财政支出理论为解释欧盟及其成员国财政支出问题提供了理论支持，使欧盟及其成员国的财政支出这一经济行为有了理论基础。市场失灵理论解释了欧盟及其成员国财政支出的合理逻辑；财政支出增长理论为解释欧盟及其成员国财政支出规模与结构的变化的原因提供了理论支撑；而凯恩斯主义经济理论则为欧盟及其成员国政府干预经济，在经济波动时实施宏观调控政策以减缓经济波动实现经济稳定增长提供了理论基础。

（四）推拉理论

人口流动是人口学研究中的重要组成部分，在人口流动研究中，最为宏观的理论是推拉理论。推拉理论的起源可以追溯到 19 世纪，英国学者莱文斯坦（E.G.Ravenstein）最早开始对人口迁移流动进行研究，在其发表的一篇关于人口迁移规律的文章中阐述了人口迁移的主要规律或原因。但他研究的出发点主要是人口机械迁移流动的数量变化。真正系统提出"推拉理论"的是 20 世纪 50 年代末的唐纳德·博格（D.J.Bogue）。"推拉理论"阐述了人口流动主要由两方面原因促成，人口迁移的发生是由于迁出地的推力和迁入地的拉力之间的交互作用而成的。所谓推力，有可能包含的因素是人口流出地自然禀赋导致的自然资源短缺，剩余劳动生产力无处安置，社会经济发展落后，人口经济收益低等。而来自流入地的拉力作用则表现在充分就业程度高，经济收益水平高，基础设施和公共服务相对完善等。目前，我国人口流动的总体趋势是由乡村到城镇，由经济欠发达地区到经济发达地区，因此，我国人口流动的动因可以认为是农村经济转型产生的推力和城镇经济快速发展产生的拉力的合力作用。由于我国农村产业结构的调整和生产力水平的提高，释放了大量的农村剩余劳动力，同时，农村经济社会滞后于城镇发展的水平使农村相对落后的生活水平和质量不足以满足人们的生活，对农村人口产生了强大的推力。此时，城镇的快速发展和繁荣提供了更为充分的就业机会，较高的经济收益和体面的就业声誉，对农村剩余劳动力和欠发达地区人口具有强大的吸引力，加之基础设施、公共服务、文化等社会因素的交互影响，更促进了人口流动。

（五）社会融合理论

社会融合理论起源于美国，随着工业化和全球化进程的加快，大量来自不同国家、地区的移民涌入美国，在这种背景下，对于促进移民和本地居民之间相处的研究开始展开。在社会学理论中，将社会融入理解为相互之间的认同和同化，主要是从文化层面解释社会融入的概念。2003 年欧盟对于流动人口社会融合的概念进行了较为完整的阐释：社会融合是一个过程，在这个过程中要确保具有社会排斥风险的群体有机会通过一定的资源和机会参与到社会、经济、文化中。流动人口有权利像流入地居民一样有尊严、独立地生活。因此，我国学者提出社会融合是不同人口、不同文化之间相互适应的过程，包括在就业、居住、价值观等多层次多方面地融入流入地主流社会，从而使流动人口在流入地享有应有的权利，积极参与、共同发展，实现一个流动人口"市民化"的过程。在我国当今的人口流动过程中，流动人口从多层面融入流入地主流社会中成为日益重要的课题，不同学者的切入点和研究重点不同，但归根结底都是为了流动人口能够无阻碍地融入到城市社区中，实现流入地主流社会对流动人口全方位、完全的接纳。

（六）需求层次理论

亚伯拉罕·马斯洛提出的需求层次理论，将人的需求及其行为的关联性在理论层面进行阐释，他提出"人类的需求是分层次的，自身的各类需求是人行为的动机，也即内在动力"，也就是说，按照人的需求的重要与否，将人类的需求从低到高，从简单到复杂分为生理需求、安全需求、情感需求、尊重需求和自我实现需求五个方面。各个层次的需求之间互相依赖递进发展，只有实现较低层次的需求之后才能够产生更高层次的需求，从而想办法实现它。在研究我国人口流动过程中，学者除了关注流动人口流动的原因及影响因素等外，近些年也逐渐将重心转移到流动人口在流入地的生存状况上，从流动人口在流入地的居住、就业等方面考量流动人口的生存。流动人口在流入地的生存状况反映了马斯洛的需求层次理论，从简单的实现经济收益、住房保障，到更应被人们关注的城市融入、"市民化"的过程。流动人口在流入地也需要流入地社会给予各方面的接纳和融合，这是实现流动人口自身多方面需求的需要，更是实现流入地社会逐渐和谐发展的需要。

（七）社区服务管理理论

传统的属地化管理是指由流入地政府部门对流动人口进行直接管理，即流入地的政府把流动人口作为普通市民一样对待，而不是当作外来人口予以特殊的差别对待。而流动人口社区服务管理的内容则是在属地化管理的基础之上，由政府部门、社区居民、流动人口自身等多个主体共同参与管理的公共服务过程。社区服务的主旨就是要让流动人口从内心转变，把自己看作社区的一分子，并遵照社区的管理和规范，最终对所在社区产生较强的认同感。这种管理模式可以从根本上预防流动人口进入城市后由于不适而产生的问题，从源头上消除流动人口的到来对城市发展产生的隐患。流动人口社区服务管理模式是从被动的防范型管理模式向主动的服务型管理模式的过渡，是由事后控制向事前预防的转变，工作的重点并非要限制流动人口，而是要清楚流动人口产生问题的环境。

（八）社会排斥与社会融合理论

社会排斥的研究资料最早可以追溯到20世纪60、70年代，1974年法国著名学者勒内·勒努瓦首先提出了"社会排斥"这一概念，勒内认为"社会排斥是城市流动人口社区服务管理相关概念及理论基础个体与社会整体之间的断裂"。现代社会对社会排斥的研究已经超越了原来狭窄的经济排斥的范围，拓宽到了政治、文化、社会等多个领域，社会排斥表现在两个方面，一是个人收入不足，二是工作参与方面的不足，它重点研究的是社会联结的断裂以及与"社会不平等"相比更为复杂的内容。社会排斥的不足不能仅仅依靠提供经济帮助和保障救济来改善，如果在劳动力市场和社会保障市场受到排挤，贫困的状态便会随着贫困的传递和循环在受排斥人群及其后代中延续下去。

随着"社会排斥"研究的深入以及"反社会排斥"政策与相关实践的不断推出，"社会融合"一词作为社会排斥理论新的发展得到了广泛认可。以前人们认为社会排斥和社会融合是不可分开的，但实际上，社会融合的概念要比社会排斥广泛得多。"社会排斥"的重点在于被排斥者在生活中的不适，而"社会融合"理论则与被排斥者、社区相融合，并蕴含着改变现存制度不合理不完善地方的含义。"社会融合"理论在当今世界有很多认识，但笔者比较认同加拿大莱德劳基金会的观点。这个机构认为社会融合并不是社会排斥理论的简单延伸，真正的社会融合旨在确保所有人都能参与一个值得重视、尊敬和奉献的社会。在这样的社会里，成员在经济、政治、文化等各个方面都能有较强的认同感，并且整个社会反映出一种积极向上的人类社会福利发展方式。

（九）福利多元化主义

福利多元主义（welfare pluralism）是在传统福利模式基础上改革、更新的一种更适应经济社会发展的替代方案。20世纪70年代，经济危机浪潮席卷西方发达国家，致使部分国家经济受到严重创伤，直接导致高福利水平、高政府负担的西方国家的政府负担日渐沉重，并伴随着福利服务效率低下等附加问题。在此背景下，西方学者将目光转移到对国家角色的审视上，对国家应在福利服务中扮演的角色提出了新看法。与此同时，西方福利国家不断探寻出路，试图解决福利危机带来的种种问题，不断改革社会福利制度，福利多元主义理论应运而生。

"福利多元主义"这一概念在1978年英国《沃尔芬德的志愿组织的未来报告》中首次提出，该报告通过理论设计，试图在英国实践并推行福利多元主义。对福利多元主义作出明确解释和清晰界定的是学者罗斯，在《相同的目标、不同的角色——国家对福利多元组合的贡献》一文中，罗斯对福利多元主义的概念进行了深入的阐述和剖析。他提出在福利的提供中要正确认识国家所扮演的角色，不能忽视，但是也不能将福利的提供全盘推给国家，福利的提供不具有垄断性。福利提供者的多元化是罗斯的主要观点，他主张全社会都要参与到福利的提供中，其中，国家、市场和家庭是主体部分，这三者中单独一方都具有不可忽视的局限性，只有三者结合起来，共同承担福利提供的责任，互相补充，才能有效保障福利的提供和制度的完善。社会福利由家庭、市场和国家三者共同提供，称之为"福利三角"。

在罗斯"福利三角"即福利三分法的基础上，不同学者将福利提供主体进一步细化，提出福利主体四分法。学者伊瓦斯认为市场、国家、社区和民间社会应该共同提供社会福利，缺一不可。学者约翰逊提出了福利供给非垄断性的观点，指出要强化志愿者组织在福利提供中的作用，并将其纳入罗斯"福利三角"中，称为第四方福利提供者。

福利多元理论从本质来看就是要求福利主体的多元化和来源的多渠道，社会各主体，如民间组织、社区和非营利组织等都应和政府部门联合起来，共同承担福利提供的相关责任，不应由政府单独提供。同时，福利多元理论指出政府部门应制定相关政策法规，实施有效的管理措施来规范参与到福利提供中的各方社会主体，积极引导，合理参与。

根据福利多元化理论，引入多元化的养老服务提供者应是养老服务发展的重要趋势。就养老服务而言，政府应逐渐淡化其养老服务提供主体的角色地位，积极引导社会资源进入养老服务中，采取多元主体的发展形式，既避免了主体的单一性和无序性，又促使养老服务呈现高效、健康发展的势头。

目前，我国在推进养老服务主体多元化、养老服务内容社会化道路上已迈出了不小的步伐。早在 2000 年，民政部联合多部门下发的《关于加快实现社会福利社会化的意见》中就提出我国要发展多元化投资主体的社会福利建设目标，不断推进社会化的养老方式，鼓励支持社会资本和民间组织进入养老领域，形成多方位、多主体的社会福利发展模式。

（十）其他理论

1. 多中心治理理论

多中心治理理论（the Theory of More-center Management）是公共管理研究领域的"后起之秀"，最早是在经济领域出现的研究理论体系，主要基于计划经济和市场经济的比较研究，在经过 20 世纪 80 年代"治理"革命的演变过程中引入行政领域，并逐步发展成熟。

"多中心"概念的提出是在"朝圣山学会"的重要代表人物迈克尔·波兰尼（Michael Polanyi）1951 年的著作 *The Logic of Liberty* 一书中。他指出"只有依靠相互合作、共同协调的管理体系才能有效地解决多中心问题"。但是迈克尔·波兰尼并未对"多中心"进行深入探讨，它只被用来描述社会秩序的部分特点。学术界普遍认为埃莉诺·奥斯特罗姆（Elinor Ostrom）等学者是多中心理论治理理论的创立者。多中心治理理论经过埃莉诺·奥斯特罗姆等人的研究，内涵进一步深化，在"多中心治理"中，政府和市场的关系不再是存在冲突和有你无我的矛盾状态，而是建立了一种主体多元化的合作互助治理模式，这就为社会事务以及公共物品的管理提供了新方法、新思路。

多中心治理理论从实质上看就是指在社会公共事务管理中，允许并采用多个权力中心和组织体系共同管理的模式，以获得多元化主体治理的优势。与官僚行政理论不同，多中心治理理论在公共事务管理方面呈现一种全新的治理逻辑和管理方法。第一，多中心治理理论强调治理主体的多元化，多中心治理模型所建立的是政府、市场、社区、个人等多元主体在公共服务供给中提供多元支持和协同管理，而不仅仅依靠政府的单方力量。第二，多中心治理理论强调治理主体的自我组织性，在公共服务供给中主张建立多个独立运作的治理中心，并形成规范化、自主化的系统内部管理形式。第三，多样性的治理手段也是多中心治理理论的特色亮点，强调在治理管理中应尝试采用包括传统官僚制手段在内的一切管理方法和技术，达成高效治理的目标。

总之，多中心治理理论试图建立多个权力中心和管理中心，在各中心自主治理的基础上，引入竞争协作机制高效地进行公共事务的管理，促使政府、市场和社会三者之间形成一种补充、合作、制约的资源合作机制，提高了决策的可行性和实效性。

在多中心理治理理论视角下，养老服务的生产和提供要打破政府作为单一权力中心和管理主体的现状，发展政府、市场和社会"三位一体"的既竞争又合作的地方自主治理公共经济新体制。

近年来，我国政府不断创新和提倡新型的社会管理体系，推进政府公共服务的改革和发展。目前，由于政府本身的行政部门的局限性以及我国社区建设的薄弱现状要求在养老服务提供上，要将政府、市场、社会团体等都纳入养老服务的主体中，这就需要跳出非此即彼的局限，多元化参与，多管齐下，既能保证政府的公共性，又能体现市场企业组织的高效性。

2. 生命周期理论

生命周期理论是由美国经济学家莫迪利安尼提出的，他强调人的消费与人的生命周期是有关系的。他认为，人是理性的消费者，会平衡一生的消费和支出，以达到一生的消费效用的最大化。他把人的一生分为三个阶段，即年青、中年、老年三个阶段。总体来看，人的一生体现消费和收入与三个阶段进行交叉的关系。年青阶段，是工作的初始阶段，年轻人消费思想较重，超前消费，买车购房等，所以消费大于或等于收入。中年时期，消费小于收入，体现为一定储蓄积累。中年时期有了前期的积累，收益的增加，加上考虑到以后的养老、负债等问题，会减少消费加大储蓄。

3. 流动性约束理论

流动性约束理论认为，生命周期理论的前提假设与现实不符，存在一定的缺陷，现实生活存在流动性约束。流动性约束理论又称流动性约束假说或称为"信贷约束"，最早是由弗莱文（Flavin，1973）以及托宾（Tobin，1971）提出的。后继者等在原来基础上进行研究，他们认为，流动性约束是指居民从事货币交易机构获得货币以满足消费时所受到的限制，流动性约束可能会导致居民对于可预测收入变化的敏感度的增加，如果信贷利率过高，居民则会减少信贷消费，只能根据现期收入降低消费。该理论主要对低收入者存在较大的相关性，也容易使低收入者产生一定的短视行为，低收入使居民首先会选择加大储蓄—实现最迫切的目标—再积累—逐个目标实现。在积累阶段，居民的消费支出明显低于没有流动性约束的当前消费时期。所以，社会保障支出对低收入家庭具有正向作用。

4. 预防储蓄理论

美国经济学家利兰德在《储蓄的预防性需求》中曾经提出预防性储蓄理论。预防性储蓄是以社会制度变迁为主因素，使得居民谨慎和预防性动机增强，为了预防意外支出而持有一部分货币的动机，如个人或者家庭为应付事故、失业、疾病等意外事件而需要事先持有一部分货币的储蓄行为。如果说货币的交易需求产生与收入和支出之间缺乏同步性，则货币的预防性需要产生于未来收入与支出的不确定性。因此，居民会采取更加理性的消费方式，改变消费倾向，减少当期消费，增加储蓄额度，以备不可预知的风险。因此，建立完善的社会保障制度，减少居民预防储蓄的行为，可以增加社会消费量。

5.绝对收入理论

绝对收入理论是凯恩斯在《就业、利息与货币通论》里提到的。他认为，短期内消费与收入是相关的，且收入决定消费。收入和消费之间的关系就是指消费倾向。同时，在收入增加的同时消费也会增加，但是消费的增加在收入增加的比重中逐渐减少，即所谓的边际消费递减。也就是说，居民的储蓄会随着收入的增加而增加。因此，如果收入分配政策能够使居民收入差距缩小，那么将会提高整个社会的边际消费倾向；反之，如果收入差距扩大，则社会边际消费倾向会降低，更不利于居民消费对经济拉动作用的发挥。所以，如果社会保障制度能够充分发挥其收入分配作用，则能够提高居民的边际消费倾向，促进整个社会消费需求的提高。

第二篇　欧盟财政支出研究

第一章　欧盟财政支出概况

　　1991 年 12 月，欧洲共同体通过《马斯特里赫特条约》，并于 1993 年 11 月 1 日正式生效，欧盟由此诞生。经过 25 年的发展，欧盟从 6 个创始成员国扩大成 26 个成员国，其正式官方语言多达 24 种，政治上所有国家都是民主国家，是世界第一大经济实体，也是经济最发达的地区之一，而财政不仅仅是国家治理的基础和重要支柱，也是任何一个国家或者地区宏观经济的重要支柱。近年来，随着 2009 年欧洲主权债务危机的爆发，希腊、葡萄牙、西班牙等国家接连被爆出财政危机，因此，研究欧盟公共财政状况及存在的问题具有重要的理论和现实意义。

一、欧盟财政收支概况

（一）财政收支规模

1. 财政收入规模

　　从欧盟 28 个国家财政收入来看，其财政收入从 2015 年的 6603 亿欧元增长到 2016 年的 6655 亿欧元，增长了 0.8%。从财政收入占国内生产总值的比例来看，2015 年财政收入占 GDP 的比重为 44.6%，2016 年财政收入占 GDP 的比重为 44.7%，由此可见，财政收入占 GDP 的比重保持在比较稳定的状态。❶

　　在欧元区的 19 个国家中❷，从绝对值来看，财政收入从 2015 年的 4859 亿欧元增加到 2016 年的 4971 亿欧元，增长了 2.3%；从相对值来看，财政收入占 GDP 的比重从 2015 年的 46.2% 下降到了 2016 年的 46.1%。欧盟和欧元区政府总收入的下降仅在 2009 年经济危机高峰时才出现。2008—2009 年，欧盟 28 国总收入下降了 6.9%，欧元区该比例下降了 3.7%，而在 1995—2016 年的其他年份，政府财政收入呈现绝对增长的趋势。

　　到 2011 年，欧盟和欧元区财政收入已经恢复到危机前的水平❸，如图 2-1 所示。

---

❶　此处"欧盟 28 个国家"为英国未脱欧前的数据，下同。
❷　欧洲联盟成员中使用欧盟的统一货币——欧元的国家区域，包括德国、法国、意大利、荷兰、比利时、卢森堡、爱尔兰、西班牙、葡萄牙、奥地利、芬兰、立陶宛、拉脱维亚、爱沙尼亚、斯洛伐克、斯洛文尼亚、希腊、马耳他、塞浦路斯 19 个国家，下同。
❸　数据来源：European Commission，1995–2016 Government finance statistics — Summary table。

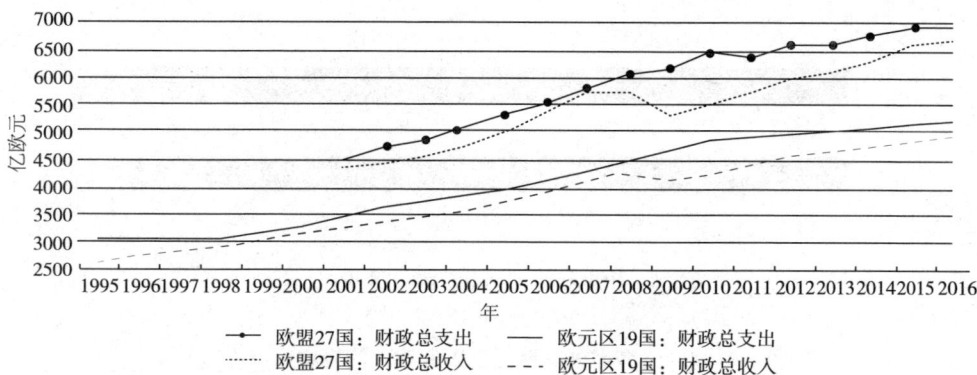

图 2-1　1995—2016 年欧盟、欧元区财政收入与支出变动

（数据来源：Eurostat，online data code: gov_ 10a_main）

2. 财政支出规模

财政支出规模从欧盟 28 个国家财政总支出来看，其财政支出从 2015 年的 6954 亿欧元下降到 2016 年的 6904 亿欧元，下降了 0.7%。从 2015—2016 年间财政支出占国内生产总值的比例来看，欧盟 28 个国家政府支出占国内生产总值的比例从 2015 年的 47% 降至 2016 年的 46.3%，下降了 0.7 个百分点。需要指出的是，以欧元计价的欧盟 28 个国家总收入增速放缓，总体支出水平下降是由于英镑兑欧元贬值影响的。在欧元区国家，从绝对值来看，财政支出从 2015 年的 5078 亿欧元增加到 2016 年的 5137 亿欧元，增长了 1.2%；财政支出占 GDP 的比重从 2015 年的 48.3% 下降到 2016 年的 47.6%，下降了 0.7%，下降幅度较小。

（二）财政收支结构

1. 财政收入结构

从财政收入结构来看，在欧盟 28 个国家中，政府财政收入的主要组成部分是税收和社会净贡献。2016 年，在欧盟 28 个国家中，税收占财政收入的 59.6%，欧元区税收占财政收入的 56.2%；社会净贡献的部分占欧盟财政收入的 29.7%，而在欧元区这一比例达到了 33.2%；市场产出、自用最终产出和非市场生产支出（销售费用和自有资本成本）占欧盟及欧元区财政收入的 6.9%；财产性收入（主要是利息，股息和租金）占欧盟财政收入的 1.8%，在欧元区，财产性收入占财政收入的比例为 1.6%[1]，如图 2-2、表 2-1 所示。

---

❶　数据来源：European Commission ，1995–2016 Government finance statistics — Summary tables。

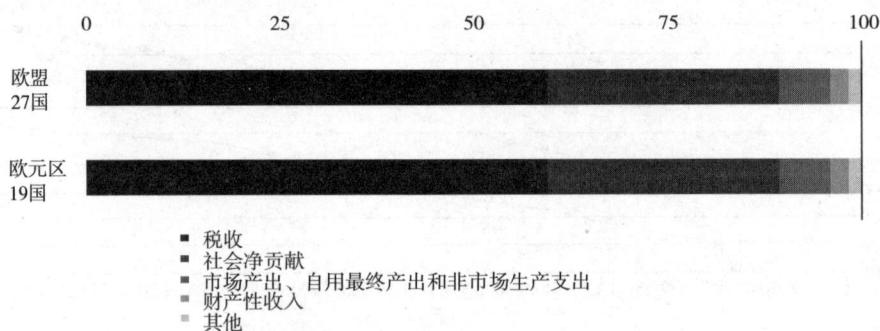

图 2-2　2016 年欧盟、欧元区财政收入的构成比例（%）

（数据来源：Eurostat，online data code: gov_ 10a_main）

表 2-1　2015—2016 年欧盟财政收入情况

年份	2015		2015		2016	
	财政收入占 GDP 比重		财政收入占 GDP 比重		财政收入占 GDP 比重	
项目	（百万欧元）	（%）	（百万欧元）	（%）	（百万欧元）	（%）
收入总计	6321166	45.0	6602508	44.6	6655039	44.7
税收收入	3724360	26.5	3923822	26.5	3968585	26.6
社会贡献	1865380	13.3	1935104	13.1	1976846	13.3
销售收入	440707	3.1	455686	3.1	456236	3.1
当前其他收入	255962	1.8	245384	1.7	232267	1.6
资本收入	34757	0.2	42512	0.3	21105	0.1

注：销售收入中包含自有资本形成。

数据来源：Eurostat，1995–2016Government finance statistics—Summary tables。

2.财政支出结构

从财政支出结构来看，2016 年欧盟 28 个国家占财政支出最大比例的是以现金或实物形式进行的社会转移支付，其实质是收入再分配。社会转移支付（包括社会福利和实物形式的社会转移和购买市场生产的产品）占欧盟财政支出的45.1%，欧元区这一比例为 47.8%；员工薪酬部分占欧盟财政支出的 21.6%，占欧元区财政支出的 21%；中间消耗占欧盟财政支出的 12.6%，占欧元财政支出的 10.8%。主要由利息构成的所支付的财产性收入，占欧盟及欧元区财政支出的4.6%；固定资本形成总额（主要是投资）占欧盟财政支出的 5.8%，占欧元区财政支出的 5.4%。

由表 2-2 可以看出，2015 年欧盟财政支出占国内生产总值的 48%，2015 年，财政支出占国内生产总值的 47%，2016 年这一比重降为 46.3%。在诸多支出项目中，2016 年社会保障和雇员工资占国内生产总值的比例最高，分别占比 20.9% 和 10%。

从各个国家财政支出占国内生产总值的比重来看，2015 年法国和芬兰的政府支出占国内生产总值的比例最高，均为 57%，希腊次之，占 GDP 的 55.4%，丹麦占 GDP 的 54.8%、比利时占 53.9%，而爱尔兰、立陶宛和罗马尼亚，成为财政支出占国内生产总值的比例较低的三个国家，其比例分别为 29.4%、35.1%、35.7%。2015 年，在政府公共服务方面，塞浦路斯政府公共服务支出的比例是最高的，占国内生产总值的 10.2%，其次是希腊，占比为 9.9%。从教育方面的支出来看，丹麦教育支出占国内生产总值的 7%、瑞典占比为 6.5% 和比利时占比为 6.4%，这三个国家比例是最高的。对于政府在经济事务上的支出，比例最高的是希腊，占国内生产总值的 8.9%，匈牙利位居第二，占比为 8.6%。从国防方面来看，国防支出超过国内生产总值的 2% 的国家有希腊，占比为 2.7%。保加利亚政府在公共秩序和安全方面的支出比例最高，占比为 2.8%，马耳他在环境保护方面占比为 2%，保加利亚的住房和社区设施方面的支出占国内生产总值的 2.1%，匈牙利的娱乐、文化和宗教占比为 2% 和爱沙尼亚则占比为 2%。

表 2-2　2015—2016 年欧盟财政支出情况

年份	2015		2015		2016	
	财政支出占 GDP 比重		财政支出占 GDP 比重		财政支出占 GDP 比重	
项目	（百万欧元）	（%）	（百万欧元）	（%）	（百万欧元）	（%）
支出总计	6736747	48.0	695437	47.0	6904478	46.3
直接消费	851544	6.1	890103	6.0	871270	5.8
雇员工资	1441516	10.3	1486362	10.0	1491801	10.0
利息支出	355234	2.5	334066	2.3	316008	2.1
津贴	186399	1.3	198037	1.3	202058	1.4
社会福利	2970866	21.2	3080608	20.8	3115659	20.9
当前其他支出	369518	2.6	376784	2.6	372181	2.5
资本转移支付	156935	1.1	160999	1.1	139502	0.9
资本投资	404734	2.9	427411	2.9	395998	2.7

数据来源：Eurostat，online data code: gov_10a_main。

（三）政府赤字及债务

1. 政府赤字

从政府赤字的相对规模来看，欧盟政府赤字占 GDP 比率从 2015 年的 -2.4% 下降到了 2016 年的 -1.7%，而这一比例在欧元区则从 -2.1% 下降到了 -1.5%。从政府赤字的绝对规模来看，欧盟和欧元区的赤字绝对值均呈下降的态势。在欧盟，2015 年政府借款达到了 3520 亿欧元，2016 年这一数字有所减少，为 2490

亿欧元。在欧元区，政府赤字从 2190 亿欧元下降到了 1660 亿欧元。对于欧元区来说，受德国相关事件的影响，1995 年赤字水平最高，占 GDP 的 –7.3%，2000年，其赤字占国内生产总值的 –0.3% 为最低水平，如图 2–3 所示。

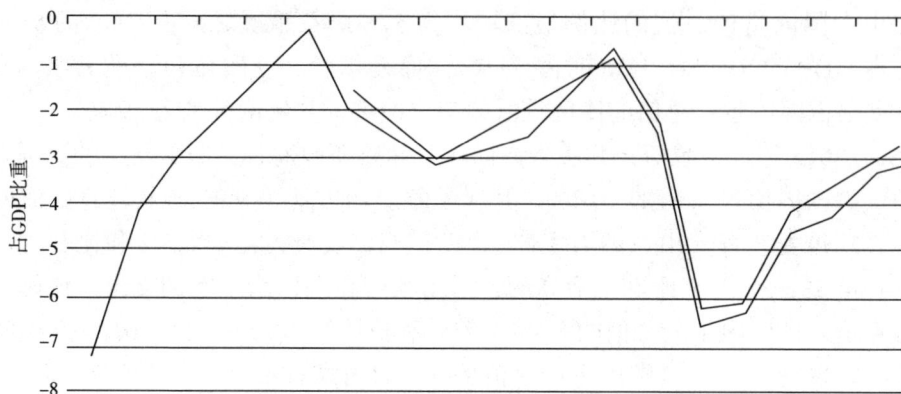

图 2–3 1995—2016 年欧盟及欧元区借贷款情况（%）

（数据来源：Eurostat，online data code: gov_ 10dd_edpt 1）

2. 政府债务

在欧盟，政府债务占 GDP 的比重从 2015 年年底的 84.5% 下降到 2016 年年底的 83.2%，而在欧元区这一比例则从 89.9% 下降到 88.9%。尽管政府债务占 GDP 的比例均有所下降，但还是超出了政府债务不得超过国内生产总值 60% 的标准。从绝对数额来看，如图 2–4 所示，欧盟在 2015—2016 年间，政府债务下降了 101 亿欧元，而欧元区 2015 年政府债务为 94555.87 亿欧元，2016 年政府债务为 95925.15 亿欧元，增长了 1369.28 亿欧元，很大程度上是因为英国英镑债券的贬值，这一贬值主要是赤字和积极收购金融资产造成的。

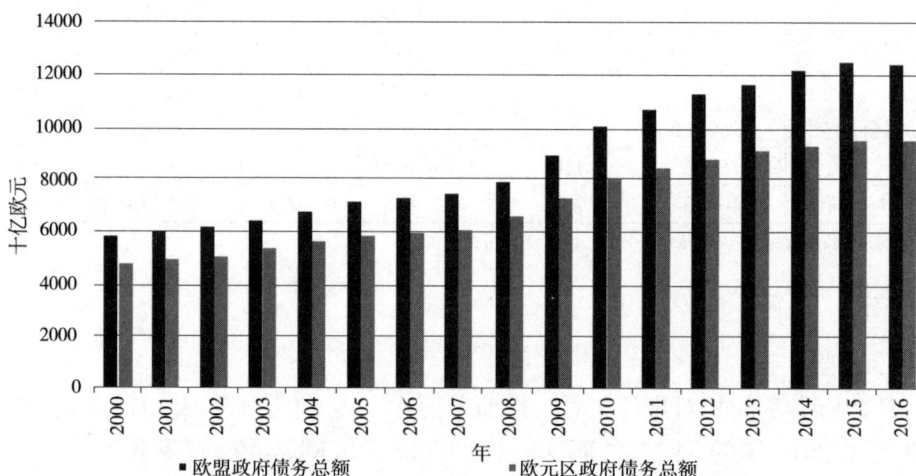

图 2–4 2000—2016 欧盟及欧元区政府债务总额变化

（数据来源：Eurostat，online data code: gov_ 10dd_edpt 1）

从政府债务结构来看，2016 年欧盟总债务达 124020.58 亿欧元；货币及存款形式的债务达 5088.98 亿欧元；债券形式的债务高达 100286.99 亿欧元，其中短期债券为 6630.17 亿欧元，长期债券为 93656.82 亿欧元；贷款为 18644.61 亿欧元，其中短期贷款为 2304.74 亿欧元，长期贷款为 16339.87 亿欧元。由此可见，长期形式的债务在欧盟债务结构中占有主要地位。

（四）政府金融交易

在欧盟 28 个国家中，政府允许资产支持金融机构的发展解释了 2008 年以来金融资产交易的增长与高峰。2014—2015 年，金融资产的负面交易是由于政府处理经济金融危机期间获得的资产导致的。2008 年、2009 年、2010 年和 2015 年这四个年份负债额增加与赤字、资产收购和融资需求扩大有关，如图 2-5 所示。

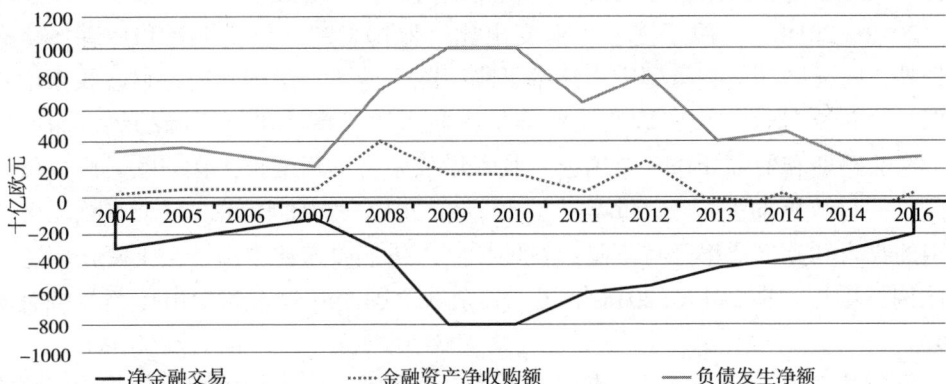

图 2-5　2004—2016 年欧盟 28 国净金融交易、资产和负债交易

（数据来源：Eurostat，online data code: gov_ 10a_ggfa）

二、欧盟财政收支现状及存在的问题

（一）财政收支结构及其变动

1.财政收支变动

2014—2016 年间，总体预算赤字占国内生产总值比率的下降是由于支出比率的大幅下降与收入比率的边际下降相比较得出的。在欧盟，财政支出占国内生产总值的比例从 2014 年的 48.6% 下降到 2016 年的 46.3%，下降了 2.3%，其中 1/4 的比例是由于较低的利息支出导致的。同期，收入仅下降了一半，降至 44.7%。在欧元区，也出现了类似趋势，财政支出由 2014 年的 49.8% 降至 2016 年的 47.6%，减少了 2.2%，财政收入从 46.7% 下降到了 46.1%，下降了 0.6%。这是在 2011—2014 年期间，当时的财政整顿主要是由收入增长推动的，尤其是在欧元区。

2017—2018 年间，支出比率的进一步下降将推动整体预算平衡的改善。在欧盟及欧元区各个国家中，支出比例跌幅比收入比率跌幅更大导致一般政府赤字与国内生产总值比率的下降。2018 年，在欧盟，财政支出占国内生产总值的比例下降了 0.8 个百分点，降到了 45.5%，在欧元区这一比例为 46.8%，而财政收入占国内生产总值的比例下降幅度较小，2018 年欧盟财政收入占国内生产总值的比例为 44.5%，欧元区的比例为 45.9%。财政支出占国内生产总值下降的一部分原因是利息支出的减少，从 2016 年的 2.1% 下降到了 2018 年的 1.9%，下降了 0.2 个百分点；财政支出比例减少的另一部分原因是循环条件的改善，预计国内生产总值将超过 2017—2018 年的国内生产总值，因此，在其他条件相同的情况下，财政支出占国内生产总值的比例将受到抑制。同时，随着劳动力市场条件的改善，失业救济金的减少也有助于在预测期内减少支出比率。

2017—2018 年，除了爱沙尼亚支出比率保持稳定，拉脱维亚和卢森堡略有增长外，欧元区其他会员国支出比率下降；除了德国、法国和荷兰财政收入增长率保持稳定之外，在大多数欧元区会员国收入增长率将呈现下降趋势，而西班牙、塞浦路斯和葡萄牙这三个国家其收入增长率将不断增长。在非欧元区成员国中，这一趋势更加多样化。事实上，预计在 2017—2018 年间，三个非欧元区成员国的收入和支出比率都将下降。在匈牙利，虽然收入比率预计会下降，但支出的比例将增加。在 2017—2018 年间，其余 5 个国家的收入和支出比率都将有所上升。

就公共支出的构成来说，支出的下降是由经常性支出导致的。公共投资将受益于 2015—2020 年实施的欧盟供资方案期间以及"欧洲投资计划"。尽管如此，欧盟总投资占国内生产总值的比重仅略高于预测水平，从数据上看，从 2016 年的 2.5% 上升到了 2018 年的 2.6%，因此仍低于危机前即 2000—2007 年公共投资占国内生产总值的 3.2% 的比重。此外，税式支出也成为构成欧盟各个成员国国内生产总值中不可忽视的份额之一。税式支出是指因对特定纳税人群体或特定的经济活动实行税收优惠而减少的政府收入，通常包括就业、创新、教育、创业、住房所有权和收入再分配等。根据相关统计数据显示，在欧盟成员国中所有税式支出占国内生产总值的百分比从 2% 到 4% 不等。然而，在一半的成员国中，税式支出占国内生产总值的比例低于国内生产总值的 1%。然而，税收支出并不一定是实现这些目标的最具有成本效益的工具，因此，进行成本与效益分析以提高税收制度的效率是十分必要的。

2. 活期存款账户赤字变动

在 2007—2016 年间，所有欧盟成员国每年都记录下了活期存款账户的赤字情况。2007—2008 年间，大部分国家的赤字都大幅度扩大，而在 2009 年又出现了活期存款账户赤字收缩的情况。在欧盟国家中，2007—2016 年的赤字数额达到 3530 亿欧元。在前南斯拉夫的马其顿共和国出现了类似的情况。从 2007—2008 年，塞尔维亚的赤字增长了近 30%，随后的一年急剧下降（超过了 70%）。2008—2009 年间，波斯尼亚和黑塞哥维那与克罗地亚的活期存款账户赤字急剧减少到了 57% 和 44%。据报道，土耳其是目前欧盟国家中政府债务最大的，在2007—2008 年之间，政府债务率有轻微上升，接近 2%，在 2016 年政府债务约187 亿欧元，该比例已经达到了 73%。

2008 年，冰岛创下了近年来最大的活期存款账户赤字纪录，大约为 28.5 亿欧元，但随后几年活期存款账户规模开始下降，2009 年其赤字规模略高于 10 亿欧元。这对冰岛的经济发展产生了一定的制约影响。冰岛统计局 2018 年 6 月发布修正数据，2016 年冰岛货物贸易出口达 5374 亿冰岛克朗，进口 6456 亿冰岛克朗，逆差 1082 亿冰岛克朗。2010 年，除了科索沃和土耳其外，其他欧盟扩大国家的赤字率继续减少。

3. 政府赤字

一般政府赤字水平情况可以用一国政府赤字数额占国内生产总值的比重来衡量。根据欧盟统计局（Eurostat）数据：2000 年，欧盟平均赤字水平为 0.6%，呈现盈余状态，而到了 2010 年，这一水平就变成了 −2.4%，政府财政处于赤字状态，2007 年有所下降，但到 2009 年，平均赤字水平又升至 6.9%，赤字规模越来越大，虽然 2010 年有所下降，但也只是减少了 0.3%。相对 2017 年有所下降。欧元区政府赤字占国内生产总值的比率从 2017 年的 1% 下降到 2018 年的 0.5%，欧盟 28 国政府赤字占国内生产总值的比率从 1% 下降到 0.6%，如表 2-3 所示。

表 2-3　一般政府赤字（−）/盈余（+）变动情况　　　　单位：%

地区	2000	2005	2007	2010	2017	2018
欧盟平均水平	0.6	−2.4	−0.9	−2.4	1.0	0.5
克罗地亚	−4.1	−4.0	−2.5	−1.4	−4.1	−4.9
爱尔兰	—	4.9	5.4	−13.5	−10.0	−10.1
黑山共和国	−2.4	−2.0	6.6	−0.4	−3.5	−5.0
马其顿	2.3	0.2	0.6	−1.0	−2.7	−2.5
塞尔维亚	—	1.0	−1.9	−2.6	−4.5	−4.7
土耳其	−15.84	−0.6	−1.0	−2.2	−6.7	—
安圭拉	−7.6	−3.5	−3.5	−5.5	−7.0	−3.0
波斯尼亚和黑塞哥维那	0.7	2.4	−1.2	−2.2	−4.5	−2.5

数据来源：https://zh.tradingeconomics.com。

4. 政府债务

欧盟统计局（Eurostat）数据表明，2000—2010 年间，欧盟政府债务占国内生产总值的比重整体呈现出上升趋势，平均债务水平从 2000 年的占国内生产总值的 61.9% 上升到 2010 年的 80.1%，增长了 18.2%。总体来看，除了克罗地亚与爱尔兰的政府债务水平呈递增趋势，只是克罗地亚的增长速度较慢，其他地区都呈下降趋势。具体来看，只有波斯尼亚和黑塞哥维那的整体债务水平相对较低，最高水平也只有 34.7%。克罗地亚的政府债务水平相对比较稳定，大体在 35% 左右。爱尔兰的政府债务占国内生产总值的比重波动较大，从 2005 年的 26% 上升至 2010 年的 92.9%，增长了 66.9%。此外，政府债务水平变化较大是塞尔维亚，2000 年政府债务占国内生产总值的比重为 104.8%，超出当年国内生产总值 4.8 个百分点，2008 年这一比重降至近几年的最低点，为 26.9%，到 2010 年又回升至 42.7%，较 2000 年下降了 62.1%。欧盟 28 国政府债务占国内生产总值的比率从 2017 年年底的 81.7% 下降到 2018 年年底的 80%，如表 2-4 所示。

表 2-4　政府债务占国内生产总值的比重　　　　　　　　单位：%

地区	2013	2014	2015	2016	2017	2018
欧盟平均水平	61.9	62.8	59.0	62.5	81.7	80
德国	78.2	75.3	71.6	68.5	64.5	60.9
法国	93.7	94.9	95.6	98	98.4	98.4
意大利	129	131.8	131.6	131.4	131.4	132.2
英国	78.2	80.2	82.6	82.3	85.1	84.7
卢森堡	23.7	22.7	22.2	20.7	23	21.4
芬兰	56.5	60.2	63.4	62	61.3	58.9
马其顿	47.9	38.4	24.0	20.6	23.9	24.8
塞尔维亚	104.8	50.6	31.2	26.9	34.1	42.7
土耳其	77.9	52.7	39.9	40.0	46.1	42.2
丹麦	44	44.3	39.8	37.2	35.5	34.1
波斯尼亚和黑塞哥维那	34.7	25.3	18.2	17.2	21.8	25.7

数据来源：https://zh.tradingeconomics.com。

5. 直接投资

对外直接投资，简称 FDI，即投资者在国外积累资产并投资于国外经济。由表 2-5 可知，2005 年，欧盟 27 个国家在非欧盟国家的投资接近 2400 亿欧元，到 2010 年，受金融和经济危机的影响投资额这一数字降至 1460 亿欧元。对外直接投资的水平普遍偏低，但 2010 年的数据显示海外投资的趋势处于不断增长中。考虑到一国财力的大小，无论从绝对还是相对的角度来看，各国对外投资呈现不断增加的趋势。随着外国直接投资流入欧盟，即非欧盟国家在欧盟经济中所做的投资，在 2000—2005 年间增加了一倍以上，其规模约为 800 亿欧元和 2005 年的 1290 亿欧元，但在全球金融和经济危机之后，2010 年外国直接投资减少了 19.6%。在 2000—2010 年间，除克罗地亚和前南斯拉夫的马其顿共和国外，欧盟所有扩大国家的外国直接投资都呈现增加态势。

表 2-5　外国直接投资　　　　　　　　　　　单位：百万欧元

地区	本国对外国的直接投资			外国对本国的直接投资		
	2000	2005	2010	2000	2005	2010
欧盟 27 国	142278	239880	145567	58286	129714	103894
克罗地亚	5	192	−115	1141	1468	227
爱尔兰	422	5700	1041	185	2475	268
黑山共和国	0	4	22	87	403	574
马其顿	−1	2	1	233	77	221
塞尔维亚	2	18	143	56	1268	1003
土耳其	942	855	1340	1063	8063	6842
阿尔巴尼亚	0	3	10	157	213	827
波斯尼亚和黑塞哥维那	0	0	32	159	493	174

（二）欧盟财政支出存在的问题

1. 政府财政负担过大

根据欧盟的稳定与增长公约，欧盟各会员国承诺将政府赤字和债务限制在一定范围内，即各个会员国的政府赤字不超过其国内生产总值的 3%，而政府债务不能超过国内生产总值的 60%。如果某个国家的赤字及政府债务超过了此限制便触发欧盟内部的过度赤字程序，因此，各个会员国应采取相应的措施以改善赤字或者政府债务过高的局面。

近年来，全球经济衰退引发了欧盟内部公共财政的急剧衰退。在欧盟国家中，一般的政府赤字从 2007 年占国内生产总值比例的 0.9% 增长到了 2010 年的 6.4%，再到 2016 年的 1.7%，呈现不断减少的趋势。除冰岛之外，其他国家政府赤字率均有所扩大，其范围包括前南斯拉夫的 2.5% 到马其顿共和国和波斯尼亚和黑塞哥维那的 5%，在 2008 年冰岛金融危机期间，其主要商业银行的崩溃导致冰岛政府赤字占国内生产总值从 2007 年的 5.4% 锐减到 2008 年的 13.5%，再到 2010 年的 10.1%。

2008 年，欧盟一般政府债务占国内生产总值的比例为 57.5%，已经接近 60% 的限定值，2009 年升至约 60.7%，2010 年则略高于 80%，2016 年政府债务占国内生产总值的比重为 83.2%，远高于 60% 的比率。与政府债务占国内生产总值比例逐渐上升相关的是，冰岛在 2005—2007 年期间，政府债务总额占国内生产总值的比例在 30% 以下，随后几年出现了大幅增长，在 2010 年达到了国内生产总值的 93%。尽管 2008—2010 年间，这些国家的公共债务出现了上升，从 2010 年的 24.8% 上升到了 42.7%，但与其他国家相比，其债务比率仍远低于国内生产总值的 60%。

2. 社会保障支出比例过高

一直以来，社会保障都是欧盟各国政府支出中最重要的领域，2015 年政府在社会保障方面的支出大约占国内生产总值比例的 1/5。在欧盟的一般政府开支的主要职能中，社会保障是最重要职能，占国内生产总值的 19.2%，其次是卫生保健，约占 7.2%，一般公共服务诸如对外事务及公共债务交易占 6.2%，教育占比为 4.9%，经济事务占比为 4.3%，公共秩序与安全占比为 1.8%，国防占比为 1.4%，娱乐、文化和宗教占国内生产总值的 1% 等。

各个欧盟会员国政府社会保障支出占国内生产总值的比例各不相同。芬兰社会保障支出占国内生产总值的比例则达到了 25.6%，已经超过了 1/4，而爱尔兰社会保障支出占国内生产总值的 9.6%，且爱尔兰、波罗的海三国、罗马尼亚、塞浦路斯、马耳他和捷克共和国在社会保障方面的支出还不到国内生产总值的 13%。社会保障支出可以进一步细分为若干个具体明细科目，如养老保障，是所有会员国社会保障支出的最大组成部分。2015 年，希腊在养老方面的政府支出占国内生产总值的比例最高，为 15.7%，其次是意大利，占比为 13.8%，法国占比为 13.6%，芬兰占比为 13.4% 以及澳大利亚占比为 13.1%。相比之下，爱尔兰养老方面支出占国内生产总值 2.4%，是养老保障支出占比最低的国家，塞浦路斯和立陶宛养老方面的政府支出占国内生产总值的比例均为 5.8%。总的来说，政府在老龄方面的开支占欧盟国内生产总值的 10.3%。

从 2008 年起，社会保障基金的支出比例开始增加。2010 年，欧盟总支出占国内生产总值的比例为 50.6%。从各级政府支出占国民生产总值及国内生产总值的比例来看，中央政府支出占国民生产总值的 38.5%，占国内生产总值的 18.8%，而州政府支出占国民生产总值的 5.7%，占国内生产总值的 4%，地方政府支出占国民生产总值的 24.3%，占国内生产总值的 11.9%，而社会保障基金占国民生产总值的 31.5%，占国内生产总值的 16%。

由表 2-6 可知，2008 年，欧盟社会保障支出总额为 33850.4 亿欧元，到 2015 年达到了 40119.1 亿欧元，增长了 18.5%，同时，社会保障支出占国内生产总值的比重也由 25.9% 上升至 28.7%，增长了 2.8 个百分点；人均社会保障支出在这七年中增加了 1149.4 欧元；政府投入占社会保障支出的 50% 以上，因此，社会保障支出成为政府财政的主要负担。此外，危机也导致社会保障基金支出的相对重要性增加，这些资金在经济衰退过程中能够发挥自动稳定器的作用。

表 2-6　欧盟社会保障支出情况

年份	社会保障支出总额（亿欧元）	社会保障支出占GDP的比重（%）	人均社会保障支出（欧元）	政府投入占社会保障支出比重（%）
2008	33850.4	25.9	6754.0	52.5
2009	35315.0	28.7	7025.0	52.6
2010	36655.8	28.6	7275.8	51.6
2011	37335.2	28.3	7414.8	53.2
2015	38573.3	28.7	7644.1	53.4
2014	39119.6	28.9	7730.3	53.0
2015	40119.1	28.7	7903.4	53.1

数据来源：欧盟委员会相关资料。

欧盟各国之间社会保障支出情况也存在一定的差异。从社会保障支出水平来看，瑞典、丹麦、英国、德国、法国等高福利国家社会保障支出水平最高。2015年，社会保障支出最多的国家是德国，为 8497.9 亿欧元，最少的国家是马耳他，为 15.4 亿欧元。经济发展水平越高，即人均 GDP 越高的国家，人均社会保障支出也越高。2015 年，人均 GDP 最高的 3 个国家是卢森堡、丹麦、瑞典，其人均社会保障支出也最高，其中卢森堡为 20157.8 欧元。2015 年政府投入占社会保障支出比重最高的国家是丹麦，为 84.8%，比最低的爱沙尼亚高 67.2 个百分点。在诸多社会保障支出项目中，其中养老和医疗所占的比重也比较大。2015 年，欧盟养老保障支出为 16139.9 亿欧元，占比 40.2%，医疗卫生支出为 11722.8 亿欧元，占比为 29.2%，其次为家庭和儿童支出（8.5%）及残疾人保障支出（7.3%），住房保障支出（2.1%）和社会融入支出（1.9%）占比最少。从各国来看，2015年，养老保障支出占比最高的国家是希腊（55%），医疗卫生支出占比最高的国家是德国（34.8%）。尽管欧盟的高福利制度有利于提高本国人民的生活水平，但也给政府财政造成了沉重的负担，在一定程度上产生"养懒汉"的现象。

3. 研发强度较低

2016 年，在欧盟所有会员国中研究与开发方面共支出 3000 亿欧元，研发强度即研发支出占国内生产总值的比重为 2.03%，而 10 年前即 2006 年研发强度为 1.76%，10 年间仅仅增长了 0.27 个百分点，如图 2-6 所示。与其他主要经济体相比，欧盟的研发强度远低于韩国（2015 年为 4.23%）、日本（2015 年为 3.29%）和美国（2015 年为 2.79%），也低于中国（2015 年为 2.07%），但远高于俄罗斯（2015 年为 1.1%）和土耳其（2015 年为 0.88%），如表 2-7 所示。为了进一步提高欧盟的竞争力，2020 年欧盟研发强度将提高到 3%，这是"欧洲 2020 战略"的五大目标之一。从研发支出所属的部门类别来看，企业部门仍然是研发支出的主要部门，占 2016 年研发总量的 65%，其次是高等教育部门，占比为 23%，政府部门占比为 11.2%，最后是私人非研发部门，占比为 1%。

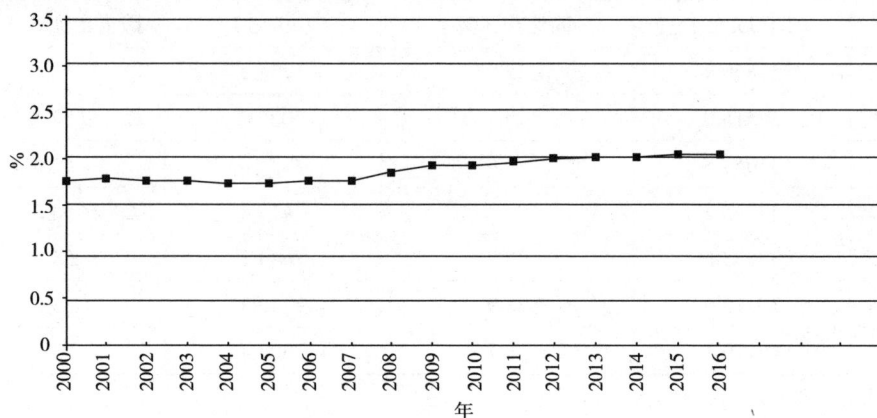

图 2-6　欧盟研发强度变化趋势

表 2-7　其他主要经济体研发强度

国家	研发支出（百万欧元）		研发强度（%）	
	2005	2015	2005	2015
土耳其	2432	6814	0.56	0.88
中国	30002	203202	1.37	2.07
日本	118295	129819	3.28	3.29
俄罗斯	8466	13437	1.01	1.10
韩国	22815	52493	2.83	4.23
美国	281402	453261	2.55	2.79

从欧盟各个国家来看，2016 年，瑞典研发投入最高为 3.25%，奥地利位居第二，占比为 3.09%，均高于 GDP 的 3%。研发支出占 GDP 的 2.0%～2.5% 的国家有，德国研发支出占 GDP 的比例为 2.94%，丹麦为 2.87%，芬兰为 2.75%，比利时为 2.49%，法国为 2.22%，荷兰为 2.03%，斯洛文尼亚为 2.00%。另外，有10 个会员国的研发强度低于 1%：拉脱维亚共和国（0.44%）、罗马尼亚（0.48%）、塞浦路斯（0.50%）、马耳他（0.61%）、立陶宛（0.74%）、保加利亚（0.78%）、斯洛伐克（0.79%）、克罗地亚（0.84%）、波兰（0.97%）和希腊（0.99%）。在2006—2016 年间，22 个会员国的研发强度有所上升，其中奥地利增幅最高，从2006 年的 2.36% 上升到 2016 年的 3.09%，增加了 0.73 个百分点，比利时位居其

后，增加了 0.68 个百分点；相反，有 6 个会员国的研发强度呈现下降趋势，下降幅度最大的是芬兰，从 2006 年的 3.34% 下降到 2016 年的 2.75%，下降了 0.59 个百分点，卢森堡下降了 0.43 个百分点，如表 2-8 所示。

表 2-8　2006 年与 2016 年各国研发支出及研发强度

研发支出（百万欧元）			研发强度（%）	
年份	2006	2016	2006	2016
欧盟平均水平	216330	302220	1.76	2.03
比利时	5927	10518	1.81	2.49
保加利亚	121	375	0.45	0.78
捷克共和国	1527	2963	1.23	1.68
丹麦	5420	7697	2.40	2.87
德国	58779	92419	2.46	2.94
爱沙尼亚	151	270	1.12	1.28
爱尔兰	2217	3243	1.20	1.18
希腊	1223	1733	0.56	0.99
西班牙	11815	13307	1.17	1.19
法国	37904	48643	2.05	2.22
克罗地亚	298	388	0.74	0.84
意大利	16831	21611	1.09	1.29
塞浦路斯	62	91	0.38	0.50
拉脱维亚共和国	112	110	0.65	0.44
立陶宛	191	286	0.79	0.74
卢森堡	564	659	1.67	1.24
匈牙利	900	1372	0.98	1.21
马耳他	31	61	0.58	0.61
荷兰	10175	14281	1.76	2.03
奥地利	6319	10906	2.36	3.09
波兰	1513	4112	0.55	0.97
葡萄牙	1587	2348	0.95	1.27
罗马尼亚	444	818	0.45	0.48
斯洛文尼亚	484	809	1.53	2.00
斯洛伐克	217	641	0.48	0.79
芬兰	5761	5926	3.34	2.75
瑞典	11722	15141	3.50	3.25
英国	34037	40451	1.59	1.69

	研发支出（百万欧元）		研发强度（%）	
年份	2006	2016	2006	2016
爱尔兰	398	381	2.92	2.08
挪威	4008	6838	1.46	2.04
黑山共和国	—	14	—	0.38
马其顿共和国	—	40	—	0.44
塞尔维亚	—	308	—	0.89

从研发支出的行业领域来看，斯洛文尼亚、匈牙利和保加利亚在商业领域的研发支出份额最高。2016 年除了塞浦路斯、拉脱维亚和立陶宛研发支出比例较高的是高等教育部门外，其他成员国研发支出中占主要组成部分的是企业部门。从研发支出占企业部分的比例来看，斯洛文尼亚占比最高，为 76%，匈牙利次之，占比为 74%，保加利亚占比为 73%，爱尔兰和奥地利占比均为 71%，比利时为 70%，德国研发支出占 GDP 的比重为 68%。在过去的 10 年中，在企业部门中有 20 个会员国研发支出占 GDP 的比重不断提高，而有 8 个国家其比重呈现不断减小的趋势。从政府部门研发支出占 GDP 的比重来看，在政府部门占比最高的前三个国家是罗马尼亚占比为 33%，拉脱维亚共和国占比为 32% 和卢森堡占比为 30%。从高等教育部门研发支出占 GDP 比重较高的国家来看，立陶宛和葡萄牙占比均为 45%，拉脱维亚共和国位居第二，占比为 44%，塞浦路斯研发支出占 GDP 比重为 42%，成为高等教育部门进行的研发活动份额较高的四个国家，如表 2-9 所示。

表 2-9　2006 年与 2016 年欧盟各会员国中各部门研发支出所占比例　　单位：%

	企业组织		政府部门		高等教育		非营利部门	
年份	2006	2016	2006	2016	2006	2016	2006	2016
欧盟平均水平	63	65	13	11	22	23	1	1
比利时	69	70	8	10	21	20	1	1
保加利亚	25	73	64	21	10	5	1	0
捷克共和国	59	61	22	8	19	20	0	0
丹麦	67	66	7	2	26	32	1	0
德国	70	68	14	14	16	18	—	—
爱沙尼亚	44	51	13	11	41	36	2	2
爱尔兰	66	71	7	4	27	25	—	—
希腊	30	42	21	25	48	33	1	1
西班牙	56	54	17	18	28	27	0	0
法国	63	65	16	13	19	20	1	2

企业组织			政府部门		高等教育		非营利部门	
年份	2006	2016	2006	2016	2006	2016	2006	2016
克罗地亚	37	45	27	22	37	33	0	—
意大利	49	58	17	13	30	26	4	3
塞浦路斯	23	33	29	11	41	42	7	13
拉脱维亚共和国	50	24	15	32	35	44	0	—
立陶宛	28	36	23	19	49	45	—	—
卢森堡	86	51	12	30	2	19	—	—
匈牙利	48	74	25		13		24	11
马耳他	66	63	4		1		29	35
荷兰	54	57	12		12		34	32
奥地利	70	71	5		5		24	24
波兰	32	66	37		3		31	31
葡萄牙	46	48	11		5		32	45
罗马尼亚	48	55	32		33		18	11
斯洛文尼亚	60	76	25		13		15	11
斯洛伐克	43	50	33		21		24	28

数据来源：欧盟委员会 2017 年 12 月 1 日最新发布的消息。

注：其中 0 意味着数字低于 0.5%。

三、优化欧盟财政支出的对策

（一）科学削减社会保障支出，减少政府赤字

近年来，尤其 2008 年欧洲债务危机以来，欧盟政府赤字率不断上升，政府债务规模不断扩大。在欧盟各个国家中，2011 年政府债务占 GDP 比例超过 100% 的共有 5 个，其中最高的是意大利，该比例高达 119.88%，英国和爱尔兰紧随其后，其比例分别为 104.46% 和 104.30%，第三是希腊与比利时，分别是 102.65% 与 101.92%。在居高不下的赤字率下，"从摇篮到坟墓"高福利的社会保障制度也受到了一定的挑战，而且在诸多社会保障项目中，养老和医疗支出所占较大。因此，为减少政府债务规模，应将一些福利项目的责任转移给雇员本人或者社会伙伴，同时降低商业收费和人工费用。尽管从全欧洲范围来看，除了年金领域，社会风险的简单私有化仍旧是个别现象，但是在儿童看护、学校教育、医疗照顾和老年护理等社会服务领域，使用者付费的情形不断增加。尤其是，私人经营公共财政资助的社会服务的情况大幅增长。同时，市场导向的行政管理措施也更为普遍。此外，大多数国家已经重新审视了各自的税收／福利待遇激励机制，使之更趋向"就业友好"。使用者适度付费不仅可以减少居高不下的社

会保障支出，减轻政府负担，还可以避免"养懒汉"现象的出现，促进本国的经济发展。

（二）合理控制债务规模，建立中期财政规划

2009 年的欧元区政府债务危机给世界各个国家敲响了警钟，即使是传统经济大国也无法逃脱主权债务所带来的威胁。各国应该清醒地意识到政府债务是一把"双刃剑"，适度的政府债务有利于促进国家的经济发展和本国人民生活水平的提高，如果举债多度，则会影响国家财政稳定甚至导致政府信用破产。从前文中政府债务水平来看，部分国家债务负担严重不仅阻碍了经济可持续发展，也不利于欧盟整体的经济稳定，因此，合理控制政府债务水平成为摆在各个国家面前重要而迫切的问题。首先，欧盟各个国家应统一思想认识，认识到债务规模适度，控制债务规模水平对保持预算平衡及健康的财政收支具有重要的意义；其次，应完善相关法律法规，从国际法律的层面出台相关债务水平监管体系，保证管理效率及执行力度，建立相应的惩戒机制，把各个国家的债务水平控制在合理范围内；最后，参照国际上其他国家的先进经验，欧盟各个会员国也应统筹规划财政收入、支出及借债规模大小等，建立良好的融资秩序，维护融资环境，在清查隐形债务规模的基础上，全面清算债务总量，并建立合理的长期偿付计划，逐步清偿政府债务，按期还本付息，保证国际社会中良好的政府信誉。

鉴于前期严峻的欧洲债务危机形势，欧盟各个国家应该建立年度预算与中期财政规划相结合的预算管理模式。中期财政规划是根据宏观经济形势和总体的财政政策对财政收支总额进行科学预测，在科学判断最近 3 年财政收支情况的基础上，根据实际情况来合理确定财政收支政策及重大项目资金安排，并采取逐年滚动管理的方式，将财政年度平衡转化为 3 年规划期间内的跨年度平衡，实现年度预算平衡到跨年度周期性预算平衡的转变。在中期财政规划的视角下，可以把预算安排的视野从 1 年扩展为 3 年，不仅可以提高政府工作的前瞻性，还可以充分发挥财政在国家治理过程中的重要作用。中期财政规划是一个连续的计划，实行滚动管理，在年度预算的前提下对财政收支规模进行合理调整，在大框架下规定了未来几年财政收支的宏观内容，而年度预算则是在中期财政规划下更加详细具体的工作任务。中期财政规划从制度层面制约了制度制定者的行为，在确保每个项目计划具有充足的资金来源的同时，有效避免了制度运行过程中实际情况背离制度目标情况的发生，而且避免了制度制定过程中的随意性及制定者的短视行为，防止本届政府给下一届政府造成的麻烦和负担。

（三）调整财政支出结构，提高研发支出比例

为实现"2010 年成为最具竞争力知识经济体"的目标，2002 年欧盟提出

研发投入占 GDP 比重达到 3% 的战略目标，此外，欧盟区域政策的重要目标之一是支持创新及企业发展，因此研发支出占国内生产总值的比重也是其重要的衡量指标之一。在政府诸多财政支出中，研发支出所占比例较小，2016 年研发支出占 GDP 的比重只有 2.03%，不仅低于中国（2.07%）、美国（2.79%）、日本（3.29%），甚至不及韩国的一半（2016 年，韩国研发支出占比为 4.23%）。调整财政支出结构，提高研发支出占 GDP 的比例不仅重要而且成为摆在欧盟面前迫切需要解决的难题。因此，欧盟应该建立有效的创新体系，增加对新型部门核心技术的研发投资，特别是把中小企业摆在突出重要位置，在制定有利于中小企业发展的创新政策的同时，提高政策的针对性与有效性，切实提高创新的市场竞争性。另外，研发人员也是创新的重要力量，针对欧盟高福利制度、研发投入少等结构性缺陷，为提高欧盟创新水平，也应转变研发人员人才培养模式，增加对研发人员的资金投入，提高研发人员的创新能力与潜力。

第二章　法国财政支出

一、法国财政体制

（一）法国的财政体制及机构设置

法国是由中央、大区、省、市镇组成的共和制国家，相应地，财政体制也是由相对独立的中央财政、大区财政、省财政和市镇财政构成。法国实行的是中央集权型的财政体制，财力主要集中在中央。财政部是法国政府部门中最核心、最重要的部门，其地位和职权高于其他部门。财政部是国家财政的宏观综合管理机关。它的主要职责是分析预测、管理和监督国家财政。

法国财政国库管理职能及机构的配备给我们的启示是：一是赋予国库财政管理职能。我国的国库只有监督权，只能对财政收支进行会计核算，而法国的国库则扩大到对财政收支进行全面控制，执行管理职能，这有利于促进财政资源的优化配置。二是采用国库单一账户。长期以来，我国财税务部门的银行账户多而杂，管理比较分散，而法国国库的单一账户就集中了所有的财政资金。比较而言，单一账户解决了多银行账户监管松散的问题，扩大了预算控制的范围，增强了预算的控制力，方便了国库对支出部门的资金使用情况的监督。三是硬化责任制。法国对国库的监督机制比较完善，特别是建立了规范的监督程序和严厉的制裁措施，而我国在国库管理方面一直存在责任不清、监督无力的问题。

（二）法国的税收体制与财政预算

从税收体制上看，虽然法国税收体制分为国家税收和地方税收两大类，但是负责收税的机构基本上是国家财政部税务总局，地方税也是由财政部派驻地方的公共会计师负责征收的，所有税收全部上缴国库，再由财政部返还地方政府。税收政策和税种由中央财政统一制定，税率则由中央财政制定一个幅度，地方政府只能在这个幅度内执行。

法国财政预算的编制基本上由预算执行部门和国家经济财政工业部完成。其编制程序基本分为三步，先由预算执行部门提出预算建议，再由经济财政工业部预算司分析、审查预算执行部门提出的建议书，设定预算支出上限，形成预算草案，报财政部部长和总统审议，最后，经总统和财政部部长审议通过的预算草案报国会审定。国会只对财政预算草案表示同意或反对的意见，不能改变预算草案中的项目。财政预算草案一经国会审议通过，即形成具有法律效力的文件。

（三）法国财政管理的主要特征

1. 预算管理体现了公共财政的理念

按照西方经济学家的观点，市场存在缺陷，必须由政府来提供私人企业不愿也不可能提供的公共产品和服务。公共财政的公共性主要取决于公共财政来源于哪里，又归宿于哪里。西方公共财政的理念基础归于公共财政来源于民众，服务于民众，体现公众意愿。其财政预算管理体制相应采取的是公共财政预算决策权即预算拨款来源于立法部门，政府行政部门拥有的是执行权。

2. 财政预算受到严格的法律性约束

法国的宪法对财政预算的权利归属和划分都作了明确的规定。所有的收支都有明确的法律依据，预算草案的编制、预算拨款的生成、每笔收支形成的文件都具有真正的法律效力，非经立法部门的同意，任何机构或个人都不得任意变更，否则就是违法行为。预算执行中的收支都由法定的机构或人员操作或监控。预算执行生成决算也是由法定的机构进行独立审计。

3. 财政管理体制与行政管理体制密不可分

法国是一个中央高度集权的国家，尽管其财政预算管理实行分级预算，但是中央政府集中税收，而且必要时可以代行地方政府的财政预算编制、修改和执行。法国的预算体制建立在法律规定和中央与地方事权划分的基础上。

4. 充分发挥财政预算在政府管理国家、经济、社会等事务中的综合作用

财政预算发展到今天绝不仅仅是解决公共服务人员的吃饭问题和提供公共产品及服务的作用，财政预算在国有资本运营、政策性金融、控制政府及其官僚、扶持社会弱势群体等方面发挥着越来越重要的作用。

5. 财政管理体制的决策、执行和监督机能健全完备

财政预算是政府管理运行的基础，财政预算管理的决策、执行和监督职能必须健全完备，才能充分发挥财政预算的作用。从前面的分析可以看出，法国的财政预算管理体系已经达到相当完善的地步，使国家的财政预算管理成为真正的公共财政。

二、法国的财政支出

（一）法国财政支出方式

法国财政支出分为费用支出（一般经费开支）和资本支出（购置固定资产）两大类。

1982—1995 年，费用支出占总预算支出的 85% 以上。费用支出由行政支出、

干预支出（国家补贴）、政府债务支出等组成。其中，干预支出占总预算支出的29%。资本支出由民用直接投资、民用投资补贴、军事装备投资等组成。资本支出约占总支出的11%。法国财政支出按支出功能可分为三大块：

1. 经济支出

法国长期推行的经济计划化和经济国有化政策，使经济支出占财政支出的比例保持较高的比重，占25%～35%。特别需要指出的是，法国财政弥补企业亏损支出仅用于那些因承担国家规定的某种义务而发生亏损的企业，这一点与中国的情况有所不同。

2. 教育科学文化支出

法国有重视教育的传统，其对教育的投入不遗余力。1980年法国公共教育经费占GDP的比重为6%，远远高于同时期的中国，比重仅为2.5%，也高于美国的5.4%、德国的4.8%。

3. 军费支出

1985—1996年，军费支出占财政总支出的比重保持在11%以上，占GDP的比重一直保持在2.3%以上。如此高的比重，与法国一贯奉行的军事强国政策是不无关系的，这也是造成法国财政经济困难的重要原因之一。

除了以上三种主要的财政支出外，我们不得不提法国的养老金开支。与欧盟其他国家相比，法国的人口老龄化程度是偏高的，法国的人均寿命也较其他国家偏高，以2004年为例，以出生为起点计算法国人口的预期寿命，男性为76.7岁，女性为83.83岁，明显高于欧盟其他国家水平。2010年年底，法国在职人口与退休人口的比率约为10∶4.2，到2050年可能达到10∶8。2003年法国养老金开支总额为2000亿欧元，占当年国内生产总值的12.8%，2005年达到了15.2%，之后徘徊在12%左右，法国国家统计与经济研究所预测2040年这一支出比重将达到20%，养老金支出成为法国重要的财政负担。

法国财政支出管理的主要特点是财政支出管理具有刚性约束和预算管理支出规范化。法国支出约束性极强，各单位的预算经费一经核定，当年不再追加，若发生新的增支项目，也要等下年再列入预算，这也是将来中国支出规范管理的方向。

（二）法国地方政府开支的分布

1. 地方政府开支的重心在市镇

1999年，法国地方政府总支出为1225亿欧元，其中，市镇开支为682亿欧元，约占全部地方开支的61%，法国市镇开支占全部地方开支的比例最大，因为市镇负责更多主要的服务。省政府开支为329亿欧元，约占全部地方开支比重为29%，这是因为省负责与卫生和社会福利相关的昂贵的服务。和市镇、省一起比较而言，大区的开支为113亿欧元，是所有地方开支中最少的，只占全部地方开支的 10% 左右 ❶，因为它负责的事情相对少一些，如图 2-7 所示。这就说明法国地方政府越接近居民，它的收入和开支就越多，地方政府的财政重心在基层，市镇、省拥有与其职责相匹配的财政资源。

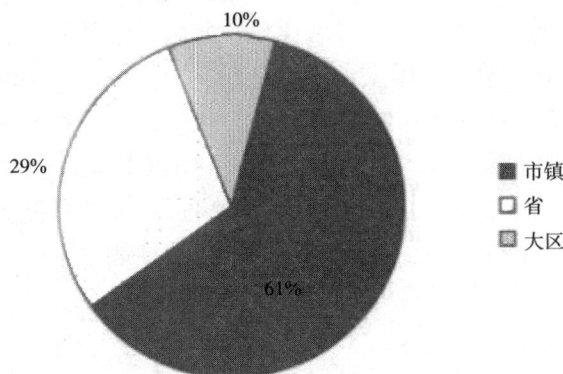

图 2-7　各层级地方政府占地方开支的比重
（资料来源：Local Finance in the Fifteen Countries of the European Union，2002：134）

2. 地方政府开支的重点在服务

在法国地方政府的开支中，地方政府工作人员的工资由中央政府与地方政府协商确定。医疗卫生方面的开支地方政府是不能自己决定的，其他开支如基本建设投资、教育等，地方政府是能自己决定的。社会救济由中央政府规定最低标准，地方政府可以在最低标准的基础上上浮。从表 2-10 可以看出，法国地方政府的基本建设开支占全部开支的 25%。其中大区的基本建设投资开支占其财政收入的 45%，远高于市镇的 21% 和省的 26%。这表明大区的主要作用是改善基础设施，发展经济。除去人员开支、投资开支和偿还债务外，地方政府 35% 的开支用于社会服务，如教育、卫生、住房、社会救济等方面。应该说，法国地方政府财政开支的自主支配权还是比较大的。

表 2-10　法国地方政府各种开支占总开支的比例　　　　单位：%

开支项	地方部门	市镇	省	大区
运行开支	60	67	64	43
其中：工作人员开销	25	34	11	3
建设开支	25	21	26	45
其中：设备开支	19	19	14	11
债务及利息	15	12	10	12
其中：债务利息	5	4	3	4
偿还资金	10	8	7	8
总计	100	100	100	100

资料来源：Local Finance in the Fifteen Countries of the European Union，2002：134。

❶　张旭. 法国养老金制度的重大转向——大众退休储蓄计划 [J]. 特区经济，2015（4）：89-91.

（三）法国地方政府开支对我国的启示

第一，单一制国家中的地方政府的财政能力比联邦制国家中的地方政府的财政能力强。一般认为，在联邦制国家中，地方政府有权开设税种和确定地方税的税率，所以联邦制国家中的地方政府比单一制国家中的地方政府的财政能力要强。其实不然，法国是单一制国家，德国是联邦制国家，但法国地方政府的财政能力比德国的地方政府的财政能力要强。地方税收占法国地方政府财政收入的近60%，国家转移支付占法国地方政府财政收入的比重比国家转移支付占德国地方政府的财政收入的比重要低得多。法国地方政府虽然无权开设新税种，但是它可以提高或降低税率。正是因为法国地方政府有权选择地方税的税率，所以地方政府可以根据各地的不同情况来征税和制定公共政策，地方政府具有较强的行政自治权。虽然法国还是单一制国家，但是地方政府具有行政自由，地方在执行法律过程中具有创造性和主动性。

第二，可以给地方税的税率设定上限和下限，由地方政府根据各地的实际情况进行选择。我国和法国同属单一制国家，地方税的税种和税率都由中央政府确定。由于我国地域辽阔，东中西部的经济发展水平相差较大，各地的经济结构也不一样。在同一时期，各地的税收收入结构也不一样。为了照顾各地差异，我国可以根据全国各地的实际情况，学习法国经验，将一些地方税的税率设定一个上限和下限，使地方政府可以根据经济发展的变化和本地的财政收支变化，因地制宜，确定当地企业、居民和政府都可接受的税率。这样一方面体现了国家对地方税率的控制，另一方面又给予了地方政府较强的自主性，增强地方政府的财政能力。

第三，完善地方政府借款制度。当前我国地方政府的债务总量比较大，地方债务存在一定的风险。有些人建议地方政府借款由中央政府来担保，虽然这样做中央政府可以加强对地方政府借款的监管，但是弊端也是显而易见的。托克维尔说："一个中央政府，不管它如何精明强干，也不能明察秋毫，不能依靠自己去了解一个大国生活的一切细节。它办不到这一点，因为这样的工作超过人力之所及。"中央政府不如地方政府对地方条件的认识和了解，如果把地方政府的事情都交给中央政府决定，中央政府会不堪重负。在这方面，我国可向法国学习。法国对地方政府借款有严格的规定，借款必须用来进行基本建设投资，不能用于投机，不能用来当作地方政府的运行费用使用。法国地方政府必须自己偿还借款，吸取法国经验，我国地方政府必须对自己的借款负责，地方政府必须自己偿还自己的债务。为防止地方政府过度借款，我国应建立与地方政府借款相适应的地方民主机制，地方政府借款不能由少数人说了算，关于地方政府借款的问题应该由地方人大决定。

三、法国财政资金管理模式

在欧洲，法国是一个财政体制比较集权的国家，特别是财政职能与政府职能协调一致，即只要是政府行为活动，就必然有财政的参与。政府财政支出责任与其承担的事权密切结合在一起，支出管理十分规范，预算约束性很强，具有可资中国借鉴的重要经验。

（一）实行规范化的部门预算管理

法国预算支出的编制和管理，采取的是国际通行的按部门（分类）管理办法。支出预算先按国防、外交、教育等部门分类，然后再根据支出性质分为工资（薪金）支出和一般公用经费支出。支出管理按照经费的不同性质实行相应的管理办法。对国家公职人员的工资支出，预算上编列到各部门经费总额中，作为单位预算的一部分，但资金并不划拨到单位，而是由财政部门每月直接汇到个人在银行开设的账户，这样既简化了程序，减少了具体事务，又严格控制了各部门公务人员的工薪水平。各部门实际上仅负责安排和管理用于业务活动的公用经费开支，开支标准根据业务性质和应当达到的服务水平分别予以核定，各项开支都要严格按照规定的标准进行安排。

（二）预算支出管理具有较强的约束性

法国政府财政支出的管理遵循的是法制化原则，注重预算的法律约束。年度预算一经议会审议通过，任何人无权自行更改变动，必须严格依法执行。如果预算执行过程中出现超收，可用于减少赤字，也可以用来追加当年支出，但开支项目和金额必须报议会审批。各单位的预算也要依照法律严格执行，一旦经费经财政核定后，当年不再追加，若发现新的增支因素，也要等待下年再列入预算。以收抵支单位如果没有完成年度收入计划，当年也不得向财政申请追加预算，必须自行想办法削减开支自求平衡。

（三）科学合理的单位收支管理

对公共事业单位的收入实行全部上缴主管部门或全部用于事业单位支出的制度。对于独立机构来说，其收入可留给单位，按财政部核定的标准安排事业支出，但一律不得用于个人奖励、福利。例如，在法国文化部下属的公共文化单位中，卢浮宫、凡尔赛宫和蓬皮杜文化中心的收入都留给单位，由其根据财政部核定的开支标准直接安排单位支出。这些公共事业单位员工的工资由财政部门通过银行直接支付，单位不允许支付个人工资。对非独立机构来说，其收入要上缴主管部门，在系统内部统一安排使用。对单位而言，由于人员工资由财政部门单独划拨到个人在银行开设的账户，单位的核算体制可以相对集中。比如，马赛市小学不单独建立预算，也不设财务部门和财会人员，有关教学活动的业务开支全部由市政府教育行政部门拨付，教学用品也由当地教育管理部门根据预算统一采购后按计划分配。这样不仅可以减少学校行政后勤人员，也有利于节约教育经费开支。

（四）完备的财政外部监督和内部监督系统

财政的外部监督系统——审计法庭，是检查使用公共资金的最高司法机关，它具有不受政府干预的显著特点，其基本职能是协助议会监督财政预算的执行，检查公共会计账目，如发现非正常现象，有权与有关会计进行讨论，然后根据实际情况对公共会计作出处理决定，直到审判、逮捕；每年都要向总统和议会提交公开的年度报告，有权对违反法律的有关部长、省长提出公开批评和处理。

财政内部的监督系统，包括两方面内容：一是财政部各司局内的监督，如预算局、国库局、税务总署等都设有自己的监督部门，实施本业务范围的财政监督；二是向各重要部门派驻公共会计员（即财务监督官）实施财政监督。在法国，公共会计员相当于出纳，其主要职责是对财务行政官（财务行政官是单位的首长，有权发布收付款的命令）进行控制。控制的方法是公共会计员在执行财务行政官收付款命令时，要分析这个命令是否合法，如不合法，有权拒绝执行。如果公共会计员不拒绝不合法的命令，那么他就违反了法令。公共会计员不归财务行政官领导，而属于财政部领导。

可以说，法国财政资金管理模式是比较完善的，它所体现的对财政收支实施严格控制的思想，是法国公共资金管理有效发挥作用的重要前提。

四、法国公共财政支持节能的运作模式

（一）欧盟公共财政支持节能的运作模式

1. 资金来源

财政预算拨款是欧盟公共财政支持节能的主要资金来源。欧盟目前用于能源研究方面的预算占欧盟全部预算的 4.5%，另外，在欧盟正在实施的一个涉及 165 亿欧元的 2002—2006 年"五年综合计划"中，财政拨款 22 亿欧元用于提高能源效率方面，其中标准、规范的制定以及宣传推广预算为 1 亿欧元。

2. 运行机制

欧盟对节能工作实行部门分工负责的体制，欧盟的节能工作主要由两个部门负责，分别是研究总司以及能源和交通总司。研究总司主要负责研究与开发项目以及示范性项目，其资金的支持也主要限于这两个领域；能源和交通总司主要负责示范和推广以及能效标准的制定，但是其示范性项目基本接近市场。为了保证

科学性和透明度，欧盟吸收社会有关方面人士成立专家小组，负责对项目进行评估和验收。此外，欧盟还成立了欧盟成员国委员会，负责对项目进行决策，以使欧盟的决策符合欧盟各成员国的利益。

3. 效果评价机制

欧盟及有关国家对公共财政支持节能项目的效果评价机制，主要体现在项目招投标制和项目合同管理制。欧盟各部门通过招投标制对项目进行直接管理，首先向社会公开发布项目指南，进行招标，各申请者将投标报告交给招标方，招标方再将投标报告交由专家小组，由专家小组打分，专家小组不进行决策，招标方将附有专家打分的报告交由欧盟成员国委员会讨论，并由其最终决定。对中标者，招标方与其签订一份详细的合同，这是整个项目管理的核心。为了加强对项目的监管，项目承担方每半年都要提交一份项目进度报告，招标方根据进度进行拨款。不仅如此，招标方中途还派出财务和技术官员对项目进行财务和技术上的检查和审计。

（二）法国节能体制与公共财政支持

法国是欧盟国家中最重视节能的国家之一，其节能管理体制最突出的特点是将提高能源效率与对环境污染的控制结合在一起，并成立了独立于各部门的综合机构"法国环境与能源控制署"，全面负责管理全国节能和对环境污染的控制工作。法国环境与能源控制署是法国中央政府直属事业单位，其署长由总统直接任命，在各级地方都有相应的机构。

环能署的业务费用来自中央财政预算，但中央财政部不对环能署直接进行财务预算。其预算方式是环能署每年根据选定项目和业务计划，做出自己的预算，并根据所申请项目的类型，通过环境部、工业部和科研教育部分别向财政部进行申请，如高效节能技术的开发通过科研教育部申请，节能技术的推广通过工业部来申请。这三个部门接到环能署的申请后，再进行自己的预算，然后向财政部申请拨款。财政部批准后向环境部、工业部和科研教育部拨款，再由它们将资金拨给环能署，由环能署进行组织运作。同样，法国的地方政府也对能源效率进行预算，对环能署的各地方办公室的业务开展提供相应的资金支持。

另外，环能署也向欧盟进行项目投标。因此，环能署的业务和日常运转费用来自四个方面，分别是环境部、工业部、科研教育部、欧盟和法国地方政府，2002 年这一比例分别为 81%、11%、5%、3%。2002 年法国环能署总预算资金为4 亿欧元，其中 2 亿欧元用于能源效率和可再生能源，1 亿欧元用于废旧固体物资处理，1 亿欧元用于环能署的办公费、人员工资和差旅费等业务运营费用。环能署是节能和环境污染控制的管理、组织机构，所有项目都通过合同委托其他单位来实施。虽然对项目的管理通过合同来约定，但环能署定期组织审计官员对项目进行审计，项目结束，环能署组织验收小组对项目进行验收。

（三）对我国公共财政支持节能的启示

多年来，在国家"资源开发与节约并举，把节约放在首位"方针的指引下，通过有关部门、单位和企业等各方面的共同努力，我国节能工作取得了可喜的成绩。但是，总的来说，我国能源利用与世界先进水平相比还有很大差距，节能任务仍然十分艰巨。从目前所面临的形势和任务来看，无论是机构设置还是相关的政策力度上都无法适应形势的需求。虽然近几年不断出台一些节能政策，但由于政策执行的机构和相应的财税政策不落实，大大影响了政策效果。在财政支持方面，我国同西方国家的做法正好相反。我们对节能的支持走过的路是由财政拨款到取消财政拨款，设立节能专项贴息贷款（全贴、半贴），直到最终取消专项节能贷款。现在我国的节能是既无刺激的财税政策，又缺乏强有力的财政预算支持。

我国是一个经济持续高速增长的发展中大国，能源需求增长和由此产生的环境问题将成为制约经济可持续发展的首要问题。国家发改委能源研究所的一项大型研究表明，未来 20 年，政策选择对能源需求总量的影响差额高达 8 亿吨标准煤，其中节能政策的影响超过了 60%。由此可见，今后 20 年节能对于能否实现我国经济社会可持续发展起到重要的作用。因此，我国应学习、借鉴国外的经验，加大对节能的投入，建立一套与实现可持续发展目标相适应的节能体制和机制，包括政府节能机构的设置、节能的财政支持以及相应的财税政策，这是一项非常紧迫而又复杂的任务。

1. 按照 WTO 规则，建立适合我国国情的公共财政运行机制

长期以来，我国的财政体制是建立在"国家分配论"基础上的，财政体制的弊端主要体现在政府职能的定位上，由于将政府职能扩大到生产建设投资和国有资本运营领域，传统体制下的国家财政也被称为"生产建设型财政"和"经营型财政"，"政企不分"和"政资不分"因此而生，国有企业的经营亏损也就有了依赖财政补贴的"理论依据"。随着市场化改革的加快和市场经济体制的不断完善，尤其是适应加入 WTO 后政府职能调整的需要，我们必须建立以市场经济为基础的公共财政体制。为此，一方面，我们必须在政府职能及其实现方式的转换过程中，完成市场经济所要求的政府公共财政的基本职能；另一方面，我们还必须对传统的"生产建设型财政"和"经营型财政"进行改革，使之适应新时期我国国情和发展目标的需要。此外，我们还应该改革预算制度和方法，完善预算管理，根据建立公共财政的要求，将原有的中央预算按功能编制预算的方法改革为部门预算，提高预算的科学性、全面性、规范性和透明度。

2. 理顺节能管理体制，完善公共财政支持节能的运行机制

为形成公共财政支持节能良好的运行机制，促进我国节能工作更好地发展，

我们必须理顺现有的节能管理体制，完善公共财政支持节能的运行机制。这方面，我们有两种模式可以选择，一是在新一轮政府机构改革中，明确国家发改委作为全国的节能工作主管部门，统一负责全国节能管理工作，在此基础上建立具体的执行机构，配备相应的人员，执行具体的节能管理工作，包括负责节能项目的招投标管理，节能宣传、教育与培训等。二是借鉴法国的模式，将分散在不同部门的节能管理工作统一起来，建立一个统一的政府节能主管部门，如国家节能管理署，全面负责全国的节能管理工作，直接负责项目的管理，节能宣传、教育与培训等各项工作。

3. 加大公共财政支持节能的力度，明确公共财政支持的领域

笔者建议在公共财政预算中大幅增加"资源节约与综合利用"专项经费，并专列预算科目。虽然，我国政府每年都对节能工作进行投入，但远远满足不了我国节能工作的客观需求。我们必须从实施资源战略、可持续发展战略的高度，充分认识节能工作的重要性，加大公共财政对节能的支持力度。就公共财政加大力度支持节能而言，一是要加大各级政府对节能的预算拨款，保证节能预算资金的稳定增长。特别应在公共财政预算中大幅增加"资源节约与综合利用"专项经费，并专列预算科目。二是要积极运用财政贴息的方式，加大节能利用信贷资金的力度。三是政府要利用税收优惠或补偿政策，鼓励企业加大节能投资。

4. 设立节能投资基金，吸纳社会资金促进能效提高

政府的财政资金毕竟有限，吸收社会资金，充分发挥财政资金的"杠杆"作用，也是市场经济国家公共财政支持节能的做法。这方面比较可行的办法是成立节能投资基金，对节能项目进行支持。节能基金的资金来源主要包括政府的直接财政投资和民间资金，政府投入部分追求保值，不要求回报。节能投资基金可以对外直接投资，作为项目的资本金，也可以向企业提供担保，为企业的节能投资融资进行担保。

5. 扩大政府采购范围，创新政策机制

创新的政策机制可使市场转向生产和消费能效更高的产品，这称为"市场聚合作用"，或利用买方需求来刺激增加这些产品或服务的供给。如果买方对效率更高产品的需求占有相当的市场份额，就能把市场"拉"向效率更高的产品结构。在降低生产者风险和鼓励高能效产品的生产与销售方面，政府采购起到重要作用。目前，随着我国政府机构改革和政府职能转换，以及财政支出体制改革，我国政府采购制度逐步走上规范的轨道。2002年国务院办公厅发布了《中央国家机关全面推行政府采购制度的实施方案》，这标志着政府采购在试点的基础上进入了全面推进的阶段。为了促进节能工作的开展，提高全社会的节能意识，笔者建议将节能型技术和设备纳入政府采购目录范围，可采取两项措施：一是政府采购更多地集中于那些能效高的产品，以鼓励企业对节能型设备或技术的开发；

二是政府公布采购标准，引导企业向高标准迈进，从而促进全社会能效的提高。

五、法国社会福利支出

法国是西方发达国家中社会性转移支付的最大国家之一。战后自 50 年代中期至 70 年代初大约 20 年的时期里，法国的社会福利开支迅猛增长。巴尔政府时期厉行紧缩政策，法国社会福利开支的增长处于低潮。自密特朗总统执政以后，社会福利开支又大幅上升，截至 1983 年，社会保险基金已处于入不敷出的紧急状态。

（一）战后法国福利政策的主要内容

在法国，社会保险在福利政策中占重要地位，其资金主要来源是征收社会分摊额，每个有职业的人都必须缴纳社会分摊额，不拿工资的纳税人的征收基础是其职业所得，纳税的比例随各保险项目及纳税人的不同而变，如表 2-11 所示。

表 2-11　1981 年法国一般体制的社会分摊额的征收情况

保险项目	总的比例	雇主应缴的比例	雇员应缴的比例	基础
疾病、分娩、伤残、死亡	10%	4.5%	5.5%	全部工资
老年	12.9%	8.2%	4.7%	工资中不超过封顶额的那一部分
家庭补助	9%	9%	不交	
工伤事故	随企业、行业而变化	随企业、行业而变化	不交	
住房	0.1%	0.1%	不交	

失业保险的社会分摊额由雇主及雇员向全国工商业就业联盟缴纳，1982 年雇主缴纳的比例为 2.76%，雇员为 0.8%。

（二）法国社会福利政策的特点

作为欧洲传统的高福利国家，经过 200 多年的发展，法国已经形成了一套比较完备、覆盖全国各阶层的社会福利保障制度，其主要特点如下。

1. 福利保障水平位居世界前列

法国福利水平远高于世界平均水平。从工人福利来看，当前法国政府制定的工人最低工资标准是 1405.4 欧元 / 月，每周的工作时间不得超过 35 小时，每年还可以享受 150 天左右的带薪假期；从医疗保障来看，法国居民可以享受政府 70% 的医疗费用报销，低收入者甚至可以全额免费接受治疗；从养老保障来看，法国政府向法国工人支付接近其退休前工资的养老金；从失业福利保障来看，法国政府会向失业者第一年发放接近其工资 80% 的福利；从住房补助来看，法国政府兴建了几百万套廉租房供低收入者居住。

2. 拥有种类繁多的福利保障项目

法国的福利保障项目已经接近 50 种，每一个法国人从出生起就可以享受各项福利待遇。主要包括：医疗疾病补助类福利保障项目、养老福利项目、失业福利项目、家庭福利项目。

3. 福利保障项目覆盖全国各个阶层

根据受众阶层的不同，法国的社会福利制度包括：一是针对各个阶层的普遍性福利保障制度；二是针对从事农业生产人员的农业类福利保障制度；三是针对法国的公务员系统的特殊类福利保障制度；四是针对法国商人的非领薪类的福利保障制度。在这样严密的福利保障体系之下，法国各个阶层都被纳入了福利保障体系，全体民众因此受惠。

（三）法国的社会保险支出

法国社会保险支出有以下几种规定：

1. 疾病保险

医生门诊费用报销率为 75%（其余自理）；绝大部分药费的报销率为 10% ~ 40%；住院费用的报销率为 80% ~ 100%；在职人员因病不能工作，社会保险将给予病假补助，一般为工资的 50%。

2. 分娩

分娩医疗费用和产妇住院费的报销均为 10%。社会保险还在产妇休假期间发给补助（工资的 90%），产假期一般为 16 个星期。

3. 退休

自 1983 年 4 月起，凡是缴纳了 37.5 年的退休分摊额的在职人员，均可在 60 岁时退休。退休金为其一生中最好的十年中工资平均数的 50%。但是，这一平均工资不能超过社会保险规定的封顶额，缴纳分摊不到 37.5 年的人将享受社会保险及全国团结基金会发给的最低养老金。

4. 家庭补助

法国的家庭补助种类繁多，金额不一。主要是根据子女数目、年龄及家庭收入情况而定。具体包括：①孕妇产前补助。1979 年规定为 1879 法郎。如果婴儿成活，再补助 2467 法郎。②社会保险发放的"家庭补助"。任何一个有 2 个孩子的家庭，无论其收入高低，每月可领取 218 法郎（1979 年的规定）；有 3 个孩子的可领取 607 法郎；3 个以上的，每增加一名可增领 32 法郎。③家庭补充收入。每一个有 3 岁以下儿童的家庭或拥有 3 个孩子的家庭，收入不超过一定限度的，每月可领 45 法郎的补助（1980 年）。④住房补助。每个有 2 个孩子以上的，收入不超过一定数目的家庭，每月可领取 337 法郎的补助（1980 年）。⑤其他补助。

社会保险还发放学生开学补助、孤儿补助、残废补助（现在由政府预算负担）、特种教育补助、父母分居补助和取暖补助等。

5. 失业救济

1979 年开始实行新的失业救济体制主要包括：①基础救济。凡 65 岁以下的失业者均可领取，其数额分为固定部分为每天 2 法郎，比例部分为失业前工资的 42%。领取失业救济的最长期限是：年龄为 50～55 岁者，不得超过 791 天；55 岁以上者不得超过 912 天；50 岁以下者不得超过 365 天。②特别救济。因经济原因而失去工作的人可在 365 天内领取此项救济，其数额的固定部分为每天 2 法郎，比例部分第一季度为工资的 65%，第二、三、四季度分别为 60%、55%、50%。③权宜期末救济。不再领取上述两项救济的失业者可领取此项救济，救济数额为每天 22 法郎。领取救济的最长期限：50 岁以下者为 274 天；50～55 岁者为 365 天；55 岁以上者为 456 天。④定额救济。自愿停止工作的妇女、服了兵役的待业青年及刚从学校毕业的待业青年在 365 天内可分别领取每天 43 法郎、32 法郎、22 法郎的救济。⑤保证收入救济。60 岁以上的失业者可领取失业前工资的 70% 的津贴，其数额不得超过最低工资的 90%。

实施以上各项福利政策的结果使法国社会福利总开支在国内生产总值中的比重大大提高。1970 年时占 19.2%，到了 1981 年，已高达 27.2%，1980 年的社会津贴总额达到法国人家庭收入的 1/3。

（四）法国高社会福利支出的后果

自 1970 年以来，法国社会保险机构几乎年年出现入不敷出的财政危机。每次危机发生时，法国政府和社会保险机构都是依靠临时的补救措施才渡过了难关。社会保险支出急剧上升的因素主要有四个：一是人口因素。人口老龄化使社会保险中的医疗保健项目的支出迅速增长。1978 年，法国"消费科研与文献中心"发表的"医疗消费的微观经济学"研究报告指出：一个老年人的医疗消费为一个 40 岁以下的成年男性的 2 倍。人口老化还使社会保险中的养老金支出不断上升。二是医疗技术的进步，导致医疗成本的提高。三是由于社会保险承担医疗费用的绝大部分，同时由于社会保险机构实行统收统支。这就使消费者的医疗开支和他所缴纳的社会分摊额完全没有联系，消费者不注意节约医药开支，造成浪费。四是 20 世纪 70 年代初期，法国经济危机加深，导致失业人数大幅增加，加重了失业救济的负担。1982 年，失业救济支出为 750 亿法郎；1985 年达 950 亿法郎（其中赤字 300 多亿），而到了 1994 年，法国用于失业救济的支出高达 1200 亿法郎。据估计，失业人数每增加 10 万人，社会保险即欠收 6 亿法郎，而失业救济支出将增加 20 亿法郎。面对社会保险的财政危机，法国政府和民间学者都在积极寻找对策。

六、法国教育支出

（一）法国教育支出概况

1992 年法国的国内教育支出（以下简称 DES）为 4606 亿法郎（1992 年 1 美元相当于 5.3 法郎），相当于其国内生产总值的 6.6%。从国家总体支出结构来看，其教育的投资比率是比较高的，平均每个公民为 8050 法郎，每个学生为 281 法郎。

从 1975 年到 1992 年，法国的 DES 在 GDP 中所占比例一直徘徊于 6.3% ~ 6.8%。1975 年该比例为 6.5%，1982 年上升到 6.8%，这一比例一直保持到 1985 年。1986—1989 年，由于控制了财政支出和对公务人员的薪金实行紧缩政策，DES 在 GDP 中的比例呈下降趋势。到 1989 年，DES 在 GDP 中所占的比例已降到了 1974 年的 6.3%。1989 年以后，这一比例又出现反弹，主要有两个原因：一是政府的教育优先发展的政策；二是 GDP 增长速度放慢，这两个因素使 1992 年 DES 在 GDP 中的比例增到了 6.6%。

自 1975 年以来，DES 以每年 2.5% 的速度增长，略高于国家财政 2.4% 的年增长速度，但与保健支出相比，这还不足为道。据法国卫生部统计，与同期（1975—1992）的 DES 相比，保健支出在 GDP 中所占比例由 7.5% 上升到 9.4%。

教育支出的增长与学生数目的增长之间，没有它与生均费用增长的关系那么紧密。1975—1992 年，教育支出的大部分被中、高等教育以及初等教育的师资培训所占用，这使得生均教育支出每年仅增长 2.1%。

随着教育支出的增长，各团体和机构所承担的教育支出的比例也在不断调整。总的来看，虽然国家仍然是教育支出的主要财政来源，但随着来自地方当局投入的不断增多，这一比例逐年变小。

（二）小学至高中的教育支出

法国教育部预测与评估司发表的最新数据显示，2006 年法国政府教育开支约为 1214 亿欧元，相当于人均 1920 欧元，或者每名学生人均 7168 欧元。

自 1980 年以来，法国政府教育支出几乎翻了一倍，特别是 1990 年以后，增长速度明显加快。主要原因有：学生数量急速增长、各类学科迅速增加、教师工资大幅提高。此外，从 20 世纪 90 年代初开始，初、高中的管辖权逐渐下放到地方，地方政府为翻新校舍也增加了不少开支。2002 年以后，教育开支才开始趋于稳定。据统计，法国一名普通类高中毕业生或技术类高中毕业生的总教育支出平均为 10.2 万欧元。与经合组织（OECD）的其他成员国相比，法国幼儿园和小学生的教育开支处于中等偏低水平，初中生和高中生的教育开支高于其他成员国的平均水平。但就法国政府对教育的投入而言，法国政府在学前教育的支出占教育总支出的95.6%，投入水平最高，其次是初等和中等教育支出，占总支出的比重为92.4%，如表2-12所示。

表2-12 法国各级教育公共支出占总支出的比重 单位：%

教育级别	公共支出	私人支出	对教育机构支付的公共补贴
学前教育	95.6	4.4	0
初等和中等教育	92.4	7.6	1.5
高等教育	81.3	18.7	2.3
各级教育支出	90.4	9.6	1.5

资料来源：OECD内部数据（2003），Table B2，1a。

（三）法国职业教育支出

法国政府对职业技术教育的重视始于20世纪80年代，2007年11月12日，法国以"聚焦学校企业关系"为主要目的，通过了一系列改革促使教育体系与就业体系的有效接轨。具体到职业教育经费的支出方面，法国政府对职业教育的支出是同学习阶段其他普通教育的3倍多，同时对高中阶段学龄人口接受中等职业教育提供教材、实训以及费用等方面给予很大优惠。

法国中央政府承担全部职业教育教师工资并将其纳入中央政府预算，同时还承担了大部分对职业技术教育的财政补贴，大区政府提供专项经费支持。由此可见，法国职业教育的政府支出责任主要在于中央政府，地方政府通过专项经费有重点地支持与地方产业发展相吻合的职业教育专业发展。

除中央政府和大区政府的经费，法国职业教育还获得了欧盟社会基金和行业协会资助。此外，法国政府给予学徒培训中心一定的创收自主权，允许其进行产品研发，创收收入用于改善教育教学。法国还通过立法，强制企业必须承担实施职业教育的义务。比如，在教育经费方面，法国政府规定，企业在完成各项缴税义务后，还必须承担至少两项与职业教育相关的支出：一是法律明确规定企业每年需按上一年职业工资的1.5%提取出一定的继续教育经费，用于本企业职工的在职职业技能培训；二是征收具有一定协商余地的学徒税。学徒税按上一年雇主支付工资总额中扣除0.5%的比例缴纳，政府将这部分经费用作支持整体职业技术教育的发展。如果雇主能够证明自己已经在职业教育方面投入了至少等额的资金时就可以不再缴纳学徒税。根据OECD2003年的统计数据，法国以职业为导向的高等教育支出占国内生产总值的比重为0.29%。

（四）法国各级教育支出资金来源

由表2-13可以看出，法国的各级教育支出中，初中和中等教育支出占GDP的比重最高，为4.21%；其次是初等和初中教育支出、高中教育支出以及高等教育支出，占 GDP 的比重分别为 2.64%、1.56% 及 1.37%。如果从教育支出的资金来源看，与其他国家相比，法国的公共教育支出规模最大，占 GDP 的 5.8%，高于美国（5.4%）、英国（5.1%）、韩国（4.6%）等。此外，在各级教育支出中，法国政府承担了主要责任，在初等和中等教育支出中，公共资金占 GDP 的比重为 4%，而私人资金比重只有 0.3%；在高等教育支出中，公共资金占 GDP 的比重是 1.1%，高于私人资金所占比重的 0.2%。

表 2-13　法国与其他国家各级教育支出占其 GDP 的比重　　　单位：%

国家	法国	英国	德国	美国	日本	韩国
公共资金	5.8	5.1	4.4	5.4	3.5	4.6
私人资金	0.51	0.97	0.58	2.07	1.24	2.95
合计初等和中等教育	6.3	6.1	4.9	7.5	4.8	7.5
公共资金	4	4	2.9	3.9	2.7	3.5
私人资金	0.3	0.6	0.6	0.3	0.3	0.9
合计高等教育	4.2	4.6	3.5	4.2	3	4.4
公共资金	1.1	0.8	1	1.2	0.5	0.6
私人资金	0.2	0.3	0	1.6	0.8	2
合计各级教育支出	1.4	1.1	1	2.9	1.3	2.6
学前教育	0.7	0.37	0.35	0.41	0.19	0.16
初等和中等教育	4.21	4.58	3.49	4.2	2.97	4.4
初等和初中教育	2.64	1.52	2.02	3.07	2.07	2.96
高中教育	1.56	3.06	1.26	1.13	0.9	1.43
高等教育	1.37	1.14	1	2.85	1.26	2.59
高等教育（职业导向）	0.29	—	0.07	—	0.21	0.58
高等教育（学术导向）	1.08	—	0.93	—	1.04	2.01
合计	6.31	6.09	4.94	7.46	4.77	7.53

资料来源：OECD 内部数据（2003），Table B2，1a。

第三章　意大利财政支出

一、意大利政府财政支出现状及结构

（一）意大利财政支出现状

巨额财政赤字和公共债务一直是意大利经济的两大难题。自1992年开始，意大利加大私有化力度，先后对国民劳动银行（BNL）、意大利信贷银行（1993年12月）和意大利商业银行（1994年3月）以及伊利、埃尼、国家保险公司（INA）、国家电力公司、高速公路公司等大型国有企业采取出售股份的方式实施私有化。同时削减公共开支，并进行社会福利体制改革，财政状况不断改善。截至2011年，意大利财政赤字情况十分良好，扣除为偿还债务利息的支出外，意大利财政为盈余，为西方各国政府中良好的财政预算之一。意大利财政赤字占GDP之比为3.2%（仍在持续降低中），接近欧盟标准3%，为欧盟赤字最低的国家之一，但意大利公共债务仍然十分庞大，总量集欧洲第一，世界第三，占GDP之比接近120%，位居欧洲第二，仅次于希腊。

（二）意大利财政支出结构

根据宏观经济学的基本理论，政府购买是总需求的重要组成部分，因而财政支出增加有助于拉动经济增长。然而，纵观20世纪70年代以来意大利经济的发展历程，财政支出膨胀与经济增长低迷却如影随形、长期并存，20世纪90年代之后的情况尤其如此。意大利政府财政支出主要分为两类，一类是公共投资支出，主要用于公共工程建设和支持科技创新研发活动，约占财政支出总额的7%；另一类是经常性支出，这类支出约占财政支出总额的93%。经常性支出又分为两个方面：一方面是购买性支出（约占50%），包括商品购买支出（政府机关购买办公设备，公立医院购买药品等）；服务购买支出（公共部门通信费、电费、取暖费等）；公共部门雇员工资（占购买性支出超过50%）。另一方面是转移支付（约占50%），包括：社会性支出（养老金占比超过70%）；公债利息支出（占GDP比重3%，最高超过13%）；其他支出（补贴国有企业、向国外捐款）。

虽然过去若干年意大利财政支出占GDP的比重常有波动，但是结构性变化并不大。一般而言，根据财政支出的性质，可分为投资支出与经常性支出两大类，经常性支出又分为购买性支出与转移支付。从投资支出来看，公共投资支出旨在增加一国的公共持久财产，主要用于：①公共工程建设，包括道路、铁路、港口、桥梁、机场等公共交通基础设施，公立医院等卫生基础设施等。②支持科技研发创新。近年来，意大利的公共投资支出占财政支出的比重大约为 7%，明显低于其他欧洲大国。再从经常性支出来看，意大利政府的经常性支出占财政支出的比重约为 93%，其中购买性支出与转移性支付约各占一半。购买性支出又可分为三类：①商品购买支出，如政府机关购买办公设备、公立医院购买药品等。②服务购买支出，包括公共部门支付的通信费、电费、供暖费等。③公共部门雇员工资。值得注意的是，公共部门雇员工资占购买性支出的比重长期超过 50%，贝氏政府执政的 2001—2006 年，这部分支出增长尤为迅速。转移支付也可分为三类：①社会性支出，包括养老金、医疗、失业救济等。②公债利息支出。③其他支出，如补贴国有企业和向国外捐款等。具体而言，在社会性支出中，养老金支出所占比重长期超过 70%，几乎为发达国家中的最高水平。另外，利息支出也是一项沉重负担，最高时（1993 年）曾达到 GDP 的 13%，虽然在加入欧元区后随着利率下降而显著减少，但是 2015 年仍高达 GDP 的 2.7%。

基于上文，可归纳总结出有关意大利财政支出结构与经济增长之关系的若干基本认识。从总需求的角度看，该国财政支出中超过 45% 用于转移支付，这部分支出只是将资金使用权由公共部门转移到特定领受者手中，对 GDP 的分配具有直接影响，但是对生产、就业和总需求的影响是间接的，也不计入 GDP。转移支付比重偏高必然使财政支出对经济增长的拉动作用大幅削弱。从总供给的角度看，该国财政支出结构对长期经济增长的负面影响不容忽视。首先，公共投资支出占比过低，公共基础设施与科技研发投入不足限制了必要的资本积累与全要素生产率的提升；其次，社会性支出中养老金给付过于慷慨，抑制了劳动力市场的参与率与活力，造成高素质人力资本长期不足，不利于经济可持续增长。

综上所述，意大利财政支出膨胀迅速，但是从结构上看非生产性和弱生产性支出占比过重，因而对经济增长的拉动作用并不明显，甚至还在诸多方面产生了抑制效应。尤其是当财政支出需要依靠发行公债来维持时，利息支出又会进一步加剧财政支出结构的扭曲，从而放大后者对经济增长的抑制作用。应该说，财政支出结构不尽合理是近年来欧洲福利国家普遍存在的问题。然而，不可否认，这一问题在意大利表现得尤为明显，产生的后果也更加严重。

二、意大利财政支出存在的问题及原因

（一）意大利政府财政支出存在的问题

虽然欧债危机已渐趋平复，但不可否认的是，无论从一体化层面还是从成员国层面看，欧洲的根本性问题仍未得到有效解决，尤其是南欧重债国的经济结

构性改革将是一个漫长的过程。作为欧元区第三大经济体，同时也是最大的重债国，意大利能否切实推进改革关乎整个欧盟的经济前景乃至欧洲一体化的前途，而该国能否成功削减公共债务尤其受到欧洲和外部世界的广泛关注。换言之，意大利公共债务问题的走向是观察欧洲经济和欧洲一体化前景的一个重要视角。对于市场经济国家而言，公共财政与公共政策的互动关系是一国经济体系的核心内容之一，涉及政府在经济生活中担当何种角色、公共部门与私人部门的相对地位与关系等诸多深层次问题。公共债务问题既是意大利公共财政问题的重要内容，也是该国公共政策的一面镜子，其经验与教训对于我国在全面深化改革进程中进一步转变政府职能、塑造更具可持续性的公共财政无疑具有启示意义。

1. 政府机构臃肿，冗员严重

从上文中我们可以看出在整个意大利政府的财政支出中，公共部门通信费、电费、供暖费和公务人员的工资占购买性支出的比重超过 80%。而购买性支出约占财政支出总额的 45%，这意味着公共部门费用和公务人员工资总和占整个财政支出总额的近 1/3。而用于公共投资的支出仅为总支出的 7%，比意大利整个国家所有退休人员退休工资的总和还多。

从公共经济学的角度看，政府规模大小取决于由公共部门支配的经济资源的相对数量，通常用财政支出占 GDP 的比重来衡量。1980 年之前，意大利的财政支出比重与其他欧洲国家相比并不算高，之后增速加快，于 1983 年超过欧洲国家的平均值，此后一直处于较高水平。2006—2014 年，意大利的年均财政支出比重为 49.2%，明显高于德国（44.8%）、英国（46.3%）和西班牙（43.3%），在大国中仅低于法国（55.1%）。由此可见，相对于欧洲其他国家而言，意大利政府是名副其实的"庞大政府"。

2. 政府职能失位，司法效率低下

从公共经济学的角度看，对市场经济国家的政府而言，其职能可多可少，但是"最小化的政府"应确保履行两项职责：一是对竞争性市场的保护与监督；二是确保法治。当市场无法达到效率状态或无法保证社会公正时，积极有为的政府还应进一步拓展职责，包括纠正市场失灵、通过再分配缩小社会不公正、积极制定国家经济发展战略等。反观意大利政府，在以上各方面都存在明显的功能缺位。首先，在纠正市场失灵方面，干预力度明显弱于其他发达国家，尤其是在支持科技研发与提供公共产品（如基础设施）方面。以科技研发为例，2005—2015 年，意大利政府预算中公共研发投入比重平均为 1.25%，远低于德国的 1.85%、美国的 2.51% 和日本的 1.88%，也不及近年来同样实行财政紧缩的法国（1.54%）和西班牙（1.66%）。其次，在缩小社会不公正方面，社会性支出过度向养老金体系倾斜，挤占了其他必要的社会开支，如失业救济、家庭贫困救济等，造成整个社会保障体系的综合效率相对较低。再次，在制定国家经济发展战略方面，也明显逊于其他发达国家。例如，对于近几年欧美多国掀起的新工业革命浪潮，意大利政府至今未出台相应的战略对策。最后，即便是"最小化的政府"的职责，意大利政府做得也不够好，如保护市场竞争秩序不力、司法体系效率低下、偷税漏税现象严重等。

从政治上看，意大利的"弱政府"特征更加明显。这体现在两个方面：第一，政府缺乏稳定性与连续性。在"二战"结束至今的近70年里，平均每届政府执政期不足2年，最短的政府甚至仅存续了1个月，频繁的政府更迭导致政策连续性较差。第二，政府缺乏推进改革的勇气与魄力，涉及公共财政领域的改革尤其如此。究其原因，若暂时抛开历史与文化因素，战后以来的政治体制能够在很大程度上给出有力的解释。"二战"结束后，基于对法西斯时期独裁政治的深刻反思，意大利实行了以多党制为基础的议会共和制。然而，由于选举制度与议会结构设计不尽合理，该国长期深受议会内党派众多、小党林立、党派结盟随意、执政联盟脆弱等问题的困扰，历届政府都不得不以寻求党派利益平衡为主要目标，因而怯于或根本无暇顾及真正的经济改革。由此可见，无论从经济还是政治上看，意大利政府之"弱"都是难以否认的，而政治之"弱"既可在很大程度上解释经济之"弱"，又通过政策渠道不断强化后者。近年来，随着经济全球化的加速，意大利面对激烈的国际竞争所表现出的"力不从心"，则更加凸显了其"弱政府"的弊端。而"庞大政府"与"弱政府"长期并存又造成其公共财政问题具有独特的复杂性。

3.财政支出难以削减，财政赤字成为常态

20世纪70年代，意大利财政支出方面的两个变化尤为突出，且产生了深刻的后续影响：其一，这一时期增加的财政支出，尤其是用于社会保障和公共部门雇员工资的支出，具有相当大的结构刚性，难以削减；其二，在高赤字形成的巨大惯性之下，意大利政府逐渐抛弃了此前多年坚持的财政审慎理念，赤字财政趋于常态化，乃至逐渐成为该国政治与经济文化的一部分。上述变化在很大程度上决定了该国公共债务问题的进一步恶化。进入20世纪80年代，意大利政府继续大幅增加财政支出。首先，公共机构继续膨胀，增设了大量辅助性工作岗位，工资与津贴支出随之增加。其次，社会支出继续扩张，尤以养老金支出增长最快。再次，利息支出迅速增加，成为新的财政负担。利息支出增加一方面缘于公债存量的攀升，另一方面则是利率不断走高所致。在此背景下，财政支出占GDP的比重从1980年的41%快速增至1989年的51%。在财政收入增长相对缓慢的情况下，20世纪80年代的赤字比重一直保持在11%以上。同期，由于通货膨胀得到有效控制，公债比重呈现出直线上升态势，由58%升至94%，10年间增长了

36 个百分点。

（二）意大利政府财政支出问题形成的原因

1. 现实原因

意大利政府财政支出问题尤其是公债问题的形成原因，既有现实原因，也有历史原因。现实原因方面，自 2008 年年底以来，意大利连续遭受了国际金融危机、经济危机和主权债务危机的重创，至今仍未走出经济衰退的泥潭。根据意大利国家统计局（ISTAT）的数据，2008—2015 年，该国的国内生产总值萎缩 9% 以上，目前仅相当于 2000 年的水平，金融危机爆发前近 10 年的经济增长成果损失殆尽。同期，失业率一路攀升，由 6.9% 升至 13.4%，创意大利自 20 世纪 70 年代有失业率记录以来的最高水平，青年失业率更高达 43.9%。回顾意大利经济的发展历程，不难发现，就程度之深与持续时间之久而言，近几年该国经历的经济衰退的确是"二战"结束以来最为严重的，其造成的社会冲击亦相当强烈。就意大利陷入经济困境的原因而言，发端于美国的国际金融危机固然是"罪魁祸首"，欧元区制度设计的缺陷也难辞其咎；然而，意大利经济自身"虚弱"的内因更加不容忽视。正是多年来累积的结构性弱点，使意大利与德国、法国、英国等其他欧洲大国相比，其经济遭受危机的冲击更为严重，抵御危机的能力也更弱。一方面，正是高额公共债务直接将意大利拖入了欧债危机的旋涡之中；另一方面，危机发生后公共债务的继续攀升又成为该国摆脱衰退的主要障碍。

2. 历史原因

历史原因方面，从时间轴的角度来看，进入 20 世纪 70 年代，受国内外经济社会环境急剧变化的影响，意大利的财政支出快速增加。首先，在第一次石油危机与布雷顿森林体系瓦解的冲击下，意大利发生了战后第一次经济衰退，政府被迫采取扩张性财政政策应对危机，公共开支明显增加。其次，20 世纪 60 年代末至 70 年代初，以大规模大批量生产为特点的"福特制"遭遇危机，发达国家的大企业进入艰难的转型期。在意大利，大型公有企业也纷纷陷入困境，政府用于补贴亏损企业的支出大幅增加。再次，为应对日益激烈的社会矛盾和初露端倪的失业问题，意大利追随其他欧洲国家，开始加快"福利国家"建设，包括开始建立以公费医疗为基础的国家卫生服务体系，同时普遍提高各类社会保障支出。最后，政府机构进入快速扩张期，新签署了大量雇佣合同，同时引入了浮动工资制度，公共部门工资与津贴支出快速增长。在上述因素的推动下，1970—1979 年，意大利财政支出占 GDP 的比重由 33% 升至 41%，而同期政府财政收入占 GDP 的比重仅由 29% 增至 32%，赤字水平大幅走高。20 世纪 70 年代后半期，赤字比重始终在 10% 左右，远高于此前 20 年的水平。虽然这一时期公债比重因通胀率波动影响偶有下降，但是总体上仍呈现不断攀升趋势。

进入 20 世纪 80 年代，意大利政府继续大幅增加财政支出。首先，公共机构继续膨胀，增设了大量辅助性工作岗位，工资与津贴支出随之增加。其次，社会支出继续扩张，尤以养老金支出增长最快。最后，利息支出迅速增加，成为新的财政负担。利息支出增长一方面缘于公债存量的攀升，另一方面则由利率不断走高所致。在此背景下，财政支出占 GDP 的比重从 1980 年的 41% 快速增至 1989 年的 51%。在财政收入增长相对缓慢的情况下，整个 20 世纪 80 年代的赤字比重一直保持在 11% 以上。同期，由于通货膨胀得到有效控制，公债比重呈现出直线上升态势，由 58% 升至 94%，10 年间增长了 36 个百分点。

进入 20 世纪 90 年代以后，意大利的国内外政治经济环境发生了剧烈变化。1991 年签署的《马斯特里赫特条约》（以下简称"《马约》"）确定了建立欧洲经济货币联盟的目标，同时规定包括公共财政状况在内的入盟标准。然而，作为签署国之一，意大利的公共财政却加速恶化。虽然初级财政赤字比重略有下降，但是利息支出膨胀导致赤字比重仍达 10% 以上；公债比重则近乎"失控"，自 1990 年至 1992 年由 95% 猛增至 109%。脆弱的公共财政加上"净手运动"揭露的惊人政治腐败，一时间引起了外界对意大利能否加入欧元区的强烈担忧。随着国际金融机构大规模抛售里拉，意大利被迫于 1992 年 9 月宣布退出欧洲货币体系，陷入"货币危机"。为了应对危机，不被即将成立的欧元区边缘化甚至排除在外，意大利终于开始了严肃整顿公共财政的切实努力。

自 2001 年贝卢斯科尼中右政府上台后，意大利的经济政策理念发生重大转变，再次走上了公共财政恶化的道路。根据贝氏政府的经济政策逻辑，只要给予市场充分的自由，就会自然地带来经济增长，从而促进财政收入的增加，公债比重也会随之下降。基于此，政府不再将改善公共财政作为首要目标，也不再重视推进结构性改革，而是简单地诉诸降低税负和私有化等措施，同时放宽了此前对财政支出的诸多限制。然而，上述政策并未取得预期成效。

自 2008 年下半年起，意大利的政策导向与经济形势均发生了重要变化。首先，贝卢斯科尼再度出任总理后在经济政策上改弦更张，不再注重改善公共财政。其次，国际金融危机爆发导致欧美国家普遍陷入经济衰退，包括意大利在内的发达国家一致认为强有力的财政政策是应对危机的良方。基于此，意大利财政支出再次大幅增加，2009 年财政支出占 GDP 的比重增至 52.5%。在公共开支增加与经济衰退的双重压力下，2008 年赤字比重增至 2.7%，2009 年猛增到 5.3%。相应地，公债比重又开始攀升，2008 年为 106%，2009 年猛升至 116%（相当于 1999 年的水平），2010 年继续升至 119%。公共财政问题恶化产生了两个严重后果：第一，2009 年 12 月，欧盟理事会再次启动了针对意大利的过度赤字程序；第二，自 2011 年下半年起，公债比重的疯涨直接将意大利拖入了欧债危机的旋涡，并陷入高利率与高债务相互助推的恶性循环中，甚至一度威胁到欧元的存亡。

2015年2月伦齐政府上台后，意大利的经济政策基调开始由以财政紧缩为绝对主导向寻求改善财政与实现经济复苏的平衡转变。一方面，欧债危机最糟糕的时刻已经过去，来自国际金融市场的压力明显减弱；另一方面，过去几年的经历表明，在经济衰退时实施严厉的紧缩措施难以真正改善公共财政，降低公债比重尤其困难。基于此，伦齐政府适度放宽了实现财政平衡的目标期限，开始适度减税，增加基础设施与教育方面的财政支出，以期刺激经济，为可持续的财政改善创造条件。2015年，意大利赤字比重为3%，公债比重继续升至135%，公共财政仍处于艰难的改善进程中。综上所述，自20世纪70年代以来，虽然意大利公共债务问题的整体走势似乎不断趋于恶化，但确实经历了三次严肃的调整过程。这些调整使公共债务问题偶尔得以缓解，却又囿于结构性改革的缺位而始终未能彻底解决。

三、意大利政府优化财政支出的改革

总体而言，目前意大利的公共财政正趋于改善，赤字比重已连续3年保持在3%以下，削减公债比重是当前及未来一段时期的核心任务。鉴于其债务规模之巨与经济地位之重要，无论是债务违约，还是大规模的债务重组，都难免对欧元区造成剧烈乃至致命性冲击。这不仅会遭到其他欧元区成员国的反对，也有悖于意大利积极参与和推动欧洲一体化这一最重要的国家利益。可见，就中长期而言，意大利要解决公共债务问题，仍须致力于循序渐进地降低债务比重这一稳妥可行之方式，具体又要通过影响决定公债比重走势的各项重要因素来落实。

基于公债累积的成因，可将影响公债比重走势的因素分解为四个方面：①初级财政平衡状况。②债务成本，即利息支出。③债务存量的短期调整空间。④经济增长。自20世纪70年代以来，意大利两次比较成功地降低公债比重，都不同程度地得益于上述因素的积极作用。就当前形势而言，上述因素的具体表现与影响各不相同。首先，虽然赤字比重已控制在3%之内，也实现了初级财政盈余，但若要降低债务比重，须进一步压低赤字水平，而要实现预算平衡的目标仍需更多努力。其次，公债利率已降至历史低点，债务成本的潜在压缩空间极为有限。再次，债务存量的短期调整通常指变现国有资产以迅速偿还债务的可能性，考虑到当前适宜出售的国有企业与资产已相当有限，借此削减债务的潜在空间不可高估。最后，经济难以稳步复苏已越来越成为削减债务的最大障碍。综上所述，意大利要持续稳固地降低债务比重，关键在于进一步压低赤字水平和尽快实现可持续经济增长。换言之，这两者是该国解决债务问题的核心待解难题。然而，要同时实现继续压低赤字与经济增长这两个时常相互冲突的目标并不容易。

具体而言，从压低赤字的角度看，若要兼顾经济增长，就不能继续倚重增税的方式，而必须致力于控制财政支出。考虑到投资支出不仅已无压缩空间，而且有适度增加的必要，因而控制支出只能从经常性开支入手，尤其是占比过重的养老金与公共部门雇员工资支出。从经济增长的角度看，为兼顾财政目标，除适度增加公共投资支出外，只能求助于结构性手段，诸如激发市场活力、提高公共部门效率、改善生产运营环境，等等。基于此，意大利政府为破解上述难题面临重要而迫切的政策选择。

（一）进一步推进养老金体系改革

意大利 20 世纪 90 年代进行的养老金体系改革侧重控制增量支出，并未从根本上触及原有支出结构，养老金支出始终居高不下，这严重削弱了相关人群的就业积极性。根据欧盟统计局的数据，2001—2010 年，意大利 55 ~ 64 岁人口的平均就业率仅为 32.2%，远低于欧元区的平均水平（40.8%），更远低于"里斯本战略"目标（50%）。近年来，随着人口老龄化问题日趋严重，养老金给付与缴费关联度小、领取养老金门槛太低等弊端更加充分地暴露出来。近两年，以降低养老金替代率和提高退休年龄为主要内容的改革正在推进中，未来仍需进一步加大力度。

（二）继续推动劳动力市场改革

意大利自 20 世纪 90 年代起开始启动劳动力市场改革，也取得了一些成绩。然而，从总体上看，劳动力市场僵化的问题仍较为突出，表现为高度的就业保护、劳动力市场二元化、不同年龄段人口的劳动力市场分割、在职者与新进入者的待遇差距大，等等。伦齐政府的改革方案主要针对就业保护，旨在修改《劳动法》第 18 条，放宽对雇主解雇员工的限制，以减少企业的投资顾虑，促进经济增长。这项改革已于 2015 年年底原则上获得议会通过，但仍需充实具体内容。此外，与之配套的就业支持措施以及针对劳动力市场其他问题的后续改革仍有待推进。

（三）增加公共基础设施与研发支出，提高经济潜在增长率

伦齐政府上台后，开始有计划地增加基础设施方面的财政支出。被意大利政府列为重点的投资计划包括修建北方威尼斯至米兰的高速铁路，以及修建南方多个大区之间的高速铁路。这些计划的资金来源主要有两个渠道：其一，优化财政支出结构，将节省的经常性开支转用于投资；其二，借助欧盟层面的投资计划，尤其是 2015 年年底出台的总金额达 3150 亿欧元的投资项目，拉动国内私人投资。此外，意大利政府还需进一步增加公共研发支出。

（四）缩减政府规模，提高公共部门行政效率

自蒙蒂政府起，意大利已开始了精简公共机构的努力，包括不再签署新的雇佣合同，裁并一些政府派出机构等。然而，机构重复设置与冗员现象仍较严重。实际上，早在金融危机爆发前，就有不少意大利学者指出该国四级行政区（中央、大区、省、市镇）的划分过于烦琐，导致行政成本过高，建议取消省级行政区，同时通过合并减少市镇数量。此外，为保证公共服务的质量，在精简机构的同时，还须配合减少规制与简化审批程序的措施。虽然阻力重重，但是近年来意大利已将此事提上日程。

（五）支持欧洲一体化，充分利用欧洲内部市场深化的机遇

意大利是高度外向型经济体，在经济上与欧元区其他成员国高度融合，欧洲经济一体化前景对其经济增长至关重要，而意大利也有意依托欧洲内部市场深化为自身的改革与增长创造有利条件。例如，能源市场一体化是新一届欧盟委员会的优先日程之一，其内容既包括成员国能源基础设施的互联互通，也包括规制的统一与协调，而这对于降低意大利的能源成本显然是有利的。

目前，上述政策有的正在艰难推进中，有的仍迟迟未能正式启动。究其原因，主要在于这些政策大多属于结构性改革之范畴或与之密切相关，其落实必然触及方方面面的既得利益群体，引起强烈的社会乃至政治抵制，而"弱政府"的特点又决定了意大利政府在面对强烈抵制时的决策与执行能力难以适应现实的需要。为从根本上改变这一局面，伦齐政府上台伊始即明确提出了两项关键的政治改革计划：选举法改革与议会结构改革。具体而言，依照目前的选举法，几乎无法在议会产生稳定多数，因而无法产生稳定持续的政府，改革旨在对此做出修正，主要办法是给予超过一定比例选票的政党（或政党联盟）更大额度的"多数奖励"，保证其在众议院的多数席位，同时提高政党进入议会的门槛。议会结构改革的主要内容则是大幅削减参议院的立法权，改变之前立法决策过程漫长、低效的状况。这两项改革的出发点都在于"强化"政府，为结构性改革的持续推进创造必要的条件；虽然遭遇强大阻力，但若最终得以通过和落实，将显著提高意大利政治体系的效率，从而有望改变其"弱政府"状况。从这个意义上说，伦齐政府的政治改革计划是务实且着眼于未来的。

此外，就中长期而言，考虑到"强化"政府的努力恐难取得立竿见影的成效，适度的外部压力仍必不可少。基于意大利过去几十年的历史经验，最强大有效的外部压力莫过于对本国被欧洲一体化"边缘化"甚或成为导致一体化倒退的"罪魁祸首"的担忧。目前来看，意大利的公共债务问题仍为德国等其他欧洲伙伴所关注，而相应的"压力传导"对其持续改善公共财政与实现经济增长是重要

且必要的。

四、意大利财政改革对我国调整财政支出结构的启示

在借鉴上述意大利财政支出变化趋势和意大利政府改革的基础上，笔者对优化我国财政支出结构提出如下对策建议：

（一）调整完善财政支出结构

凡是市场能够解决的，政府就应退出；凡是市场不能解决的，政府就应进入。总的原则是，一方面把应由市场配置资源的事项推向市场，另一方面把该由政府举办的事项纳入进来并保障好。与政府职能转变相适应，财政要积极退出"越位"，弥补"缺位"。从目前情况看，财政应加快从一般竞争性生产建设领域退出的步伐，加快事业单位管理体制改革，并加大对政权建设和社会公益事业投入力度，即：加大政权建设投入力度，为加强党的执政能力建设提供财力保障；加大教育、科技投入，为经济社会发展提供人才和智力保障；加大对卫生、社保、农业投入，推动和谐社会建设；加大基础设施建设投入，为经济社会全面发展提供支持。

（二）采取综合治理措施，控制行政经费的膨胀

在财政内部全面实行"下管一级"的管理办法，也就是上级对下级财政的行政经费总量限额、行政人员编制及人均行政支出综合定额提出控制指标，进行动态考核，辅之以一定的奖罚措施。其目的和作用在于建立一种制约和控制机制，形成从中央到地方"一级抓一级、一级管一级"的管理格局，实现行政经费管理的科学化和规范化。与此同时，要推进行政改革，精简机构，这是减少财政供养人员和压缩行政经费的治本之策。

（三）强化社会文教支出，支持社会公共事业的发展

首先，根据我国政府提出的科教兴国战略，要保障科教投入的增长高于正常财政收入的增长速度，把支持科教作为财政投入的重点。要提高科教资金的使用效率，合理调整科教支出的投向，在目前政府财力紧张的情况下，应首先重点保障基础教育、义务教育、基础科学领域的财政投入。其次，在文化、医疗、卫生领域，对公益性事业，如文物、遗产保护、图书馆、博物馆、全民健身运动、传染病的防疫与防治等，财政支出应予以保障。再次，建立符合我国国情的社会保障体系，是构筑公共财政体制极为重要的内容，是维护广大人民最根本利益的一项重大措施。因此，我国财政下一步通过调整分配结构，一是着力强化社会保障支出。二是明确财政社会保障政策的重点。拓宽社会保障覆盖面、做实社会养老

保险个人账户、强化社会保障结余资金管理等方面应成为我国财政社会保障政策的重点；农村社会保障改革要力争在建立农村最低生活保障制度、新型农村合作医疗制度以及农村计划生育奖励扶助制度等方面取得突破。三是建立社会保障预算。未来我国财政预算将分为公共收支预算、国有资本经营预算、社会保障预算。社会保障预算要解决的核心问题是改变目前社会保障资金收支分散管理的状况，通过社保预算方式为社会保障发展提供稳定的财力保障。最后，公益支出中的环境保护支出是代表社会共同利益和长远利益的支出，也是公共财政支出的一项重要内容，财政必须加大对环境保护的投入，扭转生态环境恶化的局面。

（四）调整经济建设支出

建立市场经济体制，财政的经济建设功能必须进行相应的调整。根据市场经济原则，经济建设的投资主体应进一步由政府转向企业，财政要退出竞争性、生产性的经营领域，只进行涉及国计民生的公益性投资、基础设施和重点建设项目的投资，改变与民争利的局面，实现财政职能的"归位"。具体来说，应增加道路、桥梁、水利、电力及城市公共工程设施和科学文教部门固定资产投资，加大对农业和扶贫支出力度，支持生态环境建设、天然林保护、防沙固沙、退耕还林（草）工程，做好防灾体系建设等。同时，财政要逐步从竞争性的经营领域退出。

（五）增加国防资金投入，推进现代化国防建设

经济建设是国防建设的基本依托，国防实力是综合国力的重要体现。强大的国防是国家安全和现代化建设的基本保证。要深刻认识世界军事发展新趋势和中国发展新要求，遵循国防建设与经济建设协调发展的方针，在集中力量发展国民经济的同时，在国家经济实力不断增强的基础上，逐步增加财政对国防的投入，不断提高国防和军队现代化水平。

（六）改革完善预算管理制度，提高资金使用效益

建立和完善公共财政体系，需要有科学规范的预算管理制度来支撑，需要有现代化的信息技术提供保障，因此必须大力夯实预算管理基础性工作，建立一套完整的财政分配、使用和监督管理机制。一是要深化部门预算改革，完善定员定额标准和项目预算管理模式，扩大部门预算的编制范围，编制综合预算，编制多年滚动预算。二是要深化国库集中收付制度改革，规范国库单一账户管理，改进国库动态实时监控系统，建立健全现代财政国库管理体系，进一步规范支付操作程序，逐步扩大财政直接支付的资金范围。三是要进一步规范政府采购制度，进一步扩大范围、规范操作，提高政府采购工作效率。四是要加强政府非税收入管理，全面推进"收支两条线"管理工作。对现行所有的政府非税收入项目进行清

理整顿，取消不合法和不合理收费项目，对符合税收性质的政府非税收入项目进行改革，进一步规范税收与政府非税收入的关系，逐步以税收的形式替代收费管理。五是要全面开展财政支出绩效考评工作，建立绩效预算评价体系，促进财政支出效益的最大化。

第四章　德国财政支出

一、德国财政管理体系现状

（一）完备的预算管理法律体系

运用法律手段调整经济活动和调节财政分配是德国非常重视的手段，与其相关的法律主要包括基本法、促进稳定及经济增长法、预算法、年度预算法等。德国的宪法也就是《基本法》对国家预算做出了总体上的规划，十分精确地划分了政府的财权和事权：联邦政府的事权是所有和整个国家利益的相关事务，包括国防、外交、社会安全、协调地区间财政平衡、货币政策等；各个州的事权包括警察、文化事业、教育、社会救助、财税管理等；区的事权包括管理辖区内的公共事务、公共设施的发展和维修等。

为了能够让各州或各地区的收支有比较的可能性，《预算法》规定三级财政应使用相同的预算程序和评价标准。第一个方面是经济和节约性原则，就是用尽可能少的支出获得尽可能多的效果或者用一定的支出获得尽可能好的效果；第二个方面是总体覆盖原则，也就是追求整体收入和支出基本平衡；第三个方面是债务到期原则，也就是年终的结余不能结转下一年度继续使用而是到期收回；第四个方面是单项预算原则，也就是每一项收入和每一项支出根据其来源和目的作出它们的概算；第五个方面是预算的真实性和清晰性原则，也就是要求每一项预算都能够准确计算和清楚地分类。

（二）科学的预算编制方法

1. 五年财政计划和年度预算相结合

五年和当年的财政计划是德国预算制度形成的主要方式。五年财政计划是根据现有的经济发展水平和综合实力等因素对未来五年做出的相关预测，而且年度预算必须以其为依据；同时五年计划又是连续的一个计划，而且它必须在年度预算案的前提下对未来几年的数据进行修改。年度预算案则是更加具体实际的工作任务，当它获得批准的时候即具有法律效力。五年计划则是从制度上制约了制度的制定者，不仅可以确保各个项目有足够的资金来源，同时避免了计划与实际情况相脱离的现象发生，还可以避免年度预算编制过程中的较短时期行为以及产生的随意性，防止由于这些政府造成的短期行为给接下来的一届政府造成各个方面的困难，最终确保国家宏观政策的选择和执行过程中的统一与持续，维持国家整体经济的稳定运行。

2. 财政预算编制和审批程序严谨

德国联邦财政预编制过程科学严谨，预算草案是由多个部门共同讨论形成的最终结果。向联邦财政部和联邦审计院同时提交预算概算是各个部门首先要做的工作，审计院从预算概算编制的合理合法性以及重要事件的可行性等角度提出自己的见解；然而财政部从预算概算的总体收支是否平衡以及它的支出是否符合决策的相关要求对制定的预算进行审核操作，只要是和预计税收收入方面的资料有联系的，那么财政部就要将得出的最终结果传送给独立的工作小组，也就是税收预算小组来进行检验。与此同时也要提交给各州财政部、联邦银行、联邦统计局、经济部、市镇最高联合会、联邦经济顾问委员会和财政计划委员会，然后由这些部门做出最终评价结果，最后由联邦财政部与各个有关部门以及在有关部门内部的各个层次之间的谈判达成各部门支出概算的调整。在这个基础上形成的联邦预算草案需要经过联邦议会和联邦参议院的多次审议后并根据最终的审议意见来进行相关调整。经总理府和议会一致同意后，该预算草案才能成为年度预算法并且最终产生法律效力。

（三）详细具体的开支标准

财政部根据不同支出的性质对预算中支出那一部分进行测算和控制，一般分为两种情况：一种是比较具体详尽的开支标准，如办公经费、差旅费等；另一种是没有明确的开支标准，但通过给每个人一定的开支标准来对预算进行控制，如办公用品、公务用车的采办等。对于有具体详尽标准的那一部分项目，政府部门在制定开支标准时尽可能详细而具体；对于没有具体开支标准的那一部分项目，政府部门通过预算的核定来进行控制，在相应的管理上十分严格。与此同时，对于电话等行政办公经费一般根据单位的等级确定相应具体的准则；对于办公用品的更新换代、计算机的采办以及人员增加开支等新增费用，由各个主管部门根据具体的工作需要进行资金安排，然后财政部门进行审核；对于专车，财政部对什么人可以使用公务用车进行了非常严格的规定，在地区和市一级单位只有职务最高的人员才可以有公务用车并且使用公务用车的具体开支直接在预算中进行安排。对于一般的公务用车财政部没有具体的安排和限制，也不做出具体的专门的预算费用，各部门可以根据具体的工作需要自行决定公务用车的数量。一般来说，每个政府部门都会成立公务用车公司，如果哪个部门有用车的需要，经上级领导批准便可租用公务用车公司的车辆，具体费用在日常消耗中进行支出安排，但是具体的控制非常严格。

（四）有力的预算支出监督管理

内部监督和外部监督是德国财政支出的基本结构。内部监督主要分为财政部门的监督以及各个部门的内部监督，财政监督主要安排在财政管理的事前和事中，事前监督主要通过预算的编制来实行，事中监督则体现在财政预算的执行中。政府的各个部门都专门安排具体的机构进行监督——监督检查委员会，主要负责对国家安排的预算资金支出使用情况进行监督并且发现问题立刻纠正。外部监督主要由两部分组成：一是联邦审计署、联邦州审计署及其所属地方审计局（州一级的监管机构派驻地方对地方政府工作实施监督，与地方的审计局不同，主要负责完成工作具体情况的评估和咨询，但是一般情况下它不对具体的项目和数据进行审查和计算，也没有相应的处罚权）、地方政府审计局；二是联邦、联邦州及地方议会下属的审计委员会，它们主要负责对提交议会的年度预算、决算草案、审计报告进行审议并且提出意见和建议，审计署在整个预算周期始终参与并发挥着十分重要的作用，它们除了通过年报的形式将它们在工作中发现的主要问题进行详细的报告外，还可随时对具有特殊意义的事件提出特别报告。根据审计署的年度审计报告，议会审计委员会将审计预算的执行情况，并在此基础上提出它们的决议草案提交给议会，它们分别对审计委员会的决议草案进行审议表决最终形成决议。

（五）不断创新和改革的预算管理模式

1. 探索以产出和成果为导向的支出预算管理模式

由于最了解资金具体用途的便是资金的使用者，德国财政正在积极寻找以产出和成果为导向的新型支出预算管理调控模式，政府将具体的支出权下放到各个相关职能部门，并且从事前审计转为事中和事后审计两个部分，以此来增强各个具体的操作部门的资源控制权。这种支出预算管理模式为支出单位提供了更大的灵活性，同时给予部门及其管理者更加方便的处事方式。新制定的预算管理模式具有统一的标准，但是不规定具体的操作过程，以此避免资金分配者的信息不一致情况。同时，激发资金管理者的积极性，使其更加谨慎地决定其投入资金的组合使用，以满足其对产出的要求，使资金发挥更大效益。

2. 改革预算结余资金的管理

德国政府将原来的每年的预算、每年使用完剩下的资金在预算年度结束后被收回的年度管理方式，改为年度各部分经费的结余资金留给部门在下一个年度继续使用的管理方式，但是项目资金剩余不能留下来继续使用，这部分资金将被财政部收回，然而因特殊情况没有完成的项目结余可以申请结转到下一年度继续使用，但不能进行调剂使用。这种制度激励各部门按照具体情况来完成各自相关的任务，鼓励各部门节约使用资金，避免年终突击花钱的现象。

3.探索政府采购电子化模式

德国联邦政府只有内政部、经济部、财政部和国防部四个部门有政府采购机构，且各部门之间的职能各不相同，采购种类各有侧重。联邦政府为使需要的人掌握更加详尽的供货相关信息而最终达到节约采购成本的目的，同时防止采购过程中腐败现象的严重问题，就推行了政府采购电子化模式，并且建立了政府采购网站。国家最终通过参与者的身份参与到采购活动中，而不是以组织者的身份指挥相应的采购活动，联邦采购机构并不代替需求者直接采购各企业提供的商品，而仅仅提供一个交易平台，将它们的需求信息收集起来予以发布；各企业得到需求信息后向政府部门提交报价单，采购机构最终通过与各企业谈判确定采购商品的选择和价格；各政府部门通过访问政府采购网站得到他们想要的信息，最终决定是否向政府采购网站给出的供货商进行采购。

二、德国财政支出结构

（一）按支出方式分类的结构

德国公共财政支出按支出方式分为两大类，即经常项目和资本项目。经常项目由四部分组成：第一，人员支出。它包括国家公务人员和一般工作人员的工资和奖金、福利津贴和供给方面的开支以及相关的救济和补助。第二，经常性实物开支。它具体包括办公楼的维护费或者租金、相关设备的购置以及其他设备的采办。第三，利息支出。它具体包括对公共部门和对非公共部门的利息支出。第四，经常性补助。包括对个人、企业、养老保险基金、社会设施和国外的经常拨款和补助。资本项目则主要由两部分构成：第一，实物投资。它包括建筑投资、不动产的购置和设备的购置。第二，财产转移。它包括联邦参与州的投资项目、州参与市镇的投资项目或者政府部门参与公共部门和非公共部门的投资项目的拨款以及对投资项目的补助，对参股的私人股份公司的股票购买以及公共部门的债务偿还和对公共部门和非公共部门的贷款。在1996年公共财政总支出中，经常项目开支占85.8%，资本项目占13.8%。在经常项目中，人员支出为36.2%，经常性补助为35.8%。从1990年至2003年，联邦政府支援东部地区输送资金达1.5万亿马克，为继续帮助东部最终建立具有自我发展能力和竞争力的经济，联邦每年提供约500亿欧元资金直至2017年。此外，在经常性支出中，社会保障支出较大。2002年，德国社会保障总支出10140亿欧元，约占GDP的31%，2007年约占GDP的1/3。由此，德国各级政府财政支出水平屡创新高。

（二）按任务划分的支出结构

联邦、州和市镇三级公共部门的财政支出根据任务范围可以划分为 21 个大项目，它们是：政策实施和集中管理、国防、公共安全和秩序、外交、司法保护等。

社会保障开支由三项构成：社会保险中最主要的养老保险，其所占比例大概在 33%；家庭、社会和青年补助所占比例基本上为 40%；战争和政治事件受害者的补助所占的比例在近几年有所下降，从 1989 年的大约 12% 下降为 1994 年的 8.21%。

德国的公共财政支出的重要组成部分是文教卫生和科学技术支出。1989 年，它在德国公共财政中支出的比重为 23.22%，但是在东西德统一以后它的比重有所下降，1991 年它的比重为 21.02%，但是在 1992 年以后这一比重缓慢恢复上升，并且基本稳定在 23% ~ 24%。但是从各个具体的项目来看，中小学和学前教育支出在总支出中所占比例最高，它所占的比例在 1994 年为 37.56%，与此同时，它的增加也较快，比如 1994 年与 1989 年相比就增加了 79.6%，而同期的文教科学总支出就增长了 67.8%。

在德国联邦政府的财政年报中没有设置行政管理支出这一项。虽然在经常性项目支出中包含人员经费和经常性实物支出，但是如果将人员经费和经常性实物开支一起列为行政管理费，那么就是过于夸大行政管理费。这是因为德国各级各类学校的教师以及其他的所有工作人员都是公务员，其中高校由州管理，中小学由市镇来管理，这些人员和实物开支都包括在经常项目的人员开支和实物开支中。但严格说来，这些开支不应当列为行政管理费。除此以外，由于东西德之间的统一对财政统计范围产生的影响，造成德国政府人员开支在 1992 年比 1991 年出现了大幅增长，总增长率为 24.6%。在这些增长中，州和市镇的人员增长是最为显著的。在市镇一级它的增长率为 40% 以上。1993 年进入统一后的正常阶段，1993 年和 1994 年的总增长率分别为 4.57% 和 5.78%。精简人员、削减人员开支的政策在联邦和市镇都取得了相当显著的效果，从 1994 年开始联邦和市镇的人员开支为负增长或者很低的增长。原因在联邦一级，主要是邮电和通信事业的私有化同时使部分人员转化为企业人员。但是在市镇一级，一些原来的企业转为收费的营利性经营企业，其中的员工转为企业人员，从而相应减少了人员开支。

社会基础设施就是建设项目的支出是财政统计中的资本项目支出。1991 年德国公共财政支出中资本项目支出为 1505 亿马克，然而 1992 年，由于国家统一的需要，资本项目支出上升为 1919 亿马克。1993 年、1994 年和 1995 年的资本项目支出基本有所下降，但是仍在 1800 亿马克以上，却在 1996 年下降为 1665 亿马克。在资本项目的支出中实物投资为主要部分，1992 年达到 1034 亿马克，占资本项目支出的 53.92%，从 1994 年开始下降，但是仍然维持在 51% 以上。

实物投资的主要内容是建筑投资，比如兴建地方医院等，并且实物投资的主要投资者是当地地方政府。投资项目拨款和其他财产转移支出占资本项目支出情况：1991 年为 29.25%，1992 年有所下降，1995 年和 1996 年则有明显上升，基本占到 34%。投资拨款主要是联邦对州和市镇或者州对市镇的投资项目参与投资的支出，对其他部门的投资补助是指对非公共部门的投资项目的资助，例如对私人住宅公司建造社会福利住宅的补助。

（三）财政支出的规模及其发展趋势

公共财政支出指的是德国联邦政府、州和市镇三级财政的总支出，20 世纪 70 年代中期，德国公共财政支出占国内生产总值的比重达到 35% 以上。国家财政赤字一度达到国内生产总值的 5.6%，这种情况引发了人们对凯恩斯财政政策的大讨论，讨论的结果使政府认识到，只有通过公共开支来增加投资，从而刺激经济增长的政策必须被控制在一定限度内，对于滥用必须加以限制。因此德国政府在 20 世纪 70 年代后期和 80 年代持续削减公共财政支出。与此同时，它的核心是实现"苗条的国家"。1980 年公共财政支出为 5092 亿马克，占国内生产值的 34.59%，到 1989 年总支出为 7015 亿马克，占国内生产总值的比重下降为 31.54%。1991 年以后，由于东西德统一，公共财政支出增加，占国内生产总值的比重在 1991 年和 1992 年上升为 34% 以上。1993 年和 1994 年超过 35%。1995 年公共财政总支出为 11996 亿马克，占国内生产总值的比重下降为 34%，1997 年恢复到 32% 左右的水平。2018 年，德国的国内生产总值（GDP）本币实际增速约为 1.5%，名义 GDP 总量按平均汇率折算，正好是 4 万亿美元，2019 年德国的 GDP 只有 3.85 万亿美元，再次低于 4 万亿。虽然 2013 年以来德国经济逐步走出危机低谷，但社会投资的积极性并未完全恢复，政府投资的资金并不充足，特别是公共基础设施建设作为政府支出责任的重要领域，其投资需求与财政资金的供给之间存在较大的差距。2018 年联邦财政将加大对地方政府进行基础设施建设的支持力度，筹集资金帮助地市级政府缓解投资不足的压力。

三、德国的财政支出监督

（一）德国财政支出审计的基本概况

根据德国《基本法》和联邦各州《宪法》的有关规定，联邦和州成立独立于政府的审计院，与此同时，各市县在政府成立审计局，但是人口在 5 万人以下的市县可不成立审计局。现在执行的法律基本上保证了审计机关可以作为独立的机构来进行相应的监督，在此期间不受法律的执行部门和行政机关的相关约束，只服从于法律，除此之外，相关的法律还保证了审计院成员的法官独立性和核心责任范围。就财政支出审计而言，它是德国审计机关的重要工作内容之一，德国各级政府部门的财政支出是各级政府财政收支的组成部分。审计机关依据法律的相关规定对政府各部门的财政支出进行审计，这是其工作的重要组成部分。

1. 财政支出审计的目的

财政支出审计的目的主要通过两个方面体现出来：第一，向议会提供信息和咨询，然后通过审计向议会报告政府预算执行的相关内容，报告的内容主要包括各项支出是否合乎情理、是否符合法律规定及其效益情况。第二，帮助被审计单位提高管理的规范性以及工作效率的有效性，由于审计机关没有处罚权，因此，对审计过程中发现的问题以及提出的建议主要是通过议会和社会舆论的监督等途径，最终促使被审计部门按照法律要求来规范自己的工作以及纠正和杜绝浪费国家资金等严重现象，对触犯相应法律法规的有关人员则依法提交有关部门进行处理。

2. 财政支出审计的内容

审计机关要严格按照《联邦预算条例》的有关规定来进行审计，并且要严格检查被审计部门是否违反了预算规则，以及它的收入和支出是否符合情理，有没有按照经济和节约性原则来处理相关事务，可不可以用更少的人力、物力以及其他方式更加合理高效地完成相关任务。

3. 财政支出审计的要求

大体来看，财政支出审计的要求主要包含五个方面：第一，所有的支出部门都必须经过审计的审查，在这个基础上审计机关可以根据实际情况来确定需要审计的相关对象；第二，必须有相对完整的计划，并且能够恰当地估计重点是什么，充分考虑将会遇到相应的风险；第三，整个审计过程要实行严格的管理和对审计质量进行把关；第四，审计机关要做好所有数据的保管工作，并且要不断地引进各类先进的技术手段和工作条件，为此必须加强对人员的培训以及改进硬件管理和配置；第五，审计工作必须严格遵守相应的法律法规要求。

4. 财政支出审计的组织方式

德国是联邦制国家，财政支出分别由相应的联邦审计院、州审计院或地方审计局依法律规定组织审计。联邦财政支出由联邦审计院组织审计，各州财政由州审计院审计，州以下财政由地方政府审计局进行审计。对于财政资金转移支付的审计，主要组织方式有：第一，属于欧盟、联邦、州、地方共同投资的项目，其财政资金的审计实行时间优先原则，但审计报告须送其他有关各方；第二，属于联邦和州各投资 50% 的项目，则由州审计院组织审计，也可由双方协商解决。此外，按德国法律规定，人口在 5 万以下的市县可不设地方审计机关，其财政资金支出审计由州审计院组织进行审计（被称为"跨区审计"）。

5. 财政支出审计的一般程序

第一，制订工作计划。该计划由审计机关各相关部门制订，在计划中必须明确审计的任务、重点、所需人员、工作时间，以及审计机关内有关部门之间需要相互配合的事项等。第二，编制审计方案。在方案中要明确所审计的对象、目的、方法、步骤、每个审计员的具体分工，需要对方准备的材料等，以上内容经部门负责人审核后，通知被审计单位。第三，进点审计。首先要与被审计单位的有关人员进行座谈。内容主要是告知本次审计的目的、需要对方配合和支持的事项。发现问题及时交流。第四，审计结束。现场审计结束后，要出具审计报告初稿征求意见，最后形成审计报告，审计报告需经部门负责人和审计机关负责人共同签署后送被审计单位，并要求对方在规定的时间内，以书面形式向审计机关反馈意见。由于德国法律规定审计机关只有报告权，审计报告送出后，该项审计工作即告结束。

6. 财政支出审计质量与风险控制

首先，在制订审计计划时，要充分估计审计风险，制定审计方案后，需送达被审计单位，使其对审计的目的、要求、重点有充分的理解，以取得被审计单位的配合。在实施审计过程中，要根据实际情况的变化，及时对计划进行调整。其次，结合审计机关实际情况，正确地确定审计对象、内容、重点及审计的方式方法。再次，适时运用计算机分析被审计单位有关数据、以取得比手工抽查更佳的效果，提高和保证审计工作质量。最后，严把审计机关进入关，同时加强对在职人员的培训，以保证审计工作由高素质的审计人员进行。

（二）关于德国纳税人联盟对政府财政支出的监督

德国的财政支出审计，由审计机关负责，民间审计组织不承担此项职责，但有一个全国纳税人联盟，也发挥监督政府财政支出的职责。该联盟成立于1949年，总部设在黑森州威斯巴登市，各州均设有分支机构，目前有43万会员，主要职责是充分利用国家法律允许的结社自由、言论自由，向政府、议会反映和表达纳税人对各级政府财政支出的意见。（通过所办刊物向社会披露，引起政府、议会的重视）这些意见主要集中在两个方面：第一，运用科学的理论和方法评估现实的纳税水平；第二，研究政府的财政支出是否遵循了节约、有效的原则，同时揭露政府的腐败行为。联盟提出的口号是："主张奉行理智的政策，反对浪费纳税人的钱。"

该联盟的工作方式和发挥作用的途径主要有五个方面：第一，设立债钟和税钟。让公民和纳税人时刻了解政府在每一秒钟新增的债务额和每时每刻为国家提供的税金额。为了扩大影响，联盟还将税钟设到了互联网上。第二，参与议会听证会。通过议会来表达纳税人的意见。第三，与审计院建立合作伙伴关系。由于该联盟在德国有相当大的影响力，对政府的支出是否节约、有效，是否存在腐败问题等，可以通过其会员、公民、公务员、记者等途径得到信息、线索，并将其中的一些重要信息和线索通报给审计院，审计院经调查、研究之后，会给联盟一个明确的反馈。这种配合和协作，已经取得了良好的效果。第四，出版刊物。通过创办联盟刊物，发挥新闻舆论监督作用。目前该联盟有月刊《纳税人》和年册《公共浪费》，在《公共浪费》上，联盟公开对那些在财政支出中有腐败和浪费的单位予以点名（联盟称之为"黑名单"）。第五，通过所办刊物直接向有关部门提出质疑。根据德国法律规定，对来自新闻舆论的质疑，政府部门必须做出回答，否则将被依法告上法庭。因此，各级政府部门对联盟提出的质疑均十分重视。

（三）对我国的启示和建议

中德两国社会制度不同，审计体制和工作方法各异。但德国的审计工作有值得我国学习和借鉴的地方。

1. 法律性

《德意志联邦共和国基本法》《预算基本原则法》《联邦审计院法》《联邦审计院条例》《联邦审计院工作守则》《审计院审计计划与实施的暂行指南》等一整套严密完整的法律、法规，对审计机构的地位、权力、工作方式、工作方法和程序都作出了严格的规定，使审计主、客体双方的行为严格限定在法律法规所规定的范围内。

2. 独立性

德国审计机关作为独立的审计监督机关，不受执法、立法机关的指令约束，只服从于法律，它独立决定审计什么、在哪儿审计、什么时间审计及如何评价审计结果，政府和议会都不能对其发布指示、命令。德国《基本法》保证了联邦审计院成员的法官独立性，为其提供了在决策中不受工作指令约束和免职或调离的保证。例如，《联邦审计院法》规定，院长的任职期限为12年，不得连任，因此不用考虑要为继续留任而获得议会的多数同意。

3. 公开性

审计揭露的事实，一是在议会公开，二是在宣传媒体上公开，从而使审计监督作用和公共舆论的监督作用都得到充分发挥。

4. 广泛性

除监督职能外，德国审计机关还提供咨询服务。例如，在议会预算委员会确定政府年度预算过程中，审计机关要派人参加，并根据自己的经验发表独立的意见，并在预算执行过程中，实施不间断的审计监督。年度末，审计机关出具的年度预算执行审计报告，是议会确定下一年度政府预算的重要依据。此外，联邦审计院院长还以联邦行政管理经济顾问的身份承担政治经济和其他专业领域内的法律咨询工作。

四、优化财政支出的手段与方法

（一）西方发达国家财政支出管理的成功经验

1. 先进的管理理念

西方市场经济国家（特别是那些发达的盎格鲁－撒克逊国家）在长期的财政支出预算管理实践中，凭借优秀的文化传统和人才优势，不但改善和强化公共部门管理，逐步形成了与市场经济相适应的普遍认同的公共管理新理念，指导着财政支出预算管理的方方面面。首先，西方国家预算管理中的法治观念强，法治化水平高，不但严格依法确定政府财政支出预算的编制程序和内容，而且经过批准的预算也要在严格的法律约束和监督下执行。其次，以责任制为目标加强财政支出管理中的"绩效"考评，根据公共部门提供公共服务的特点，先从主观努力和客观结果两个角度定义绩效，再按投入、产出、结果、过程等多项指标对绩效进行客观考评，绩效指标的设定采用"CREAM"标准（即明晰、相关、经济、充分以及可监控），通过恰当的激励机制增强财政支出管理中的业绩取向，真正提高财政支出管理效率。再次，竞争意识、质量意识、合规意识和服务意识不断增强，在管理实践中强调私人部门的经验，落实责任制并实施有效的政府监管。最后，强调政策、规则合理性、公正和绩效的有机结合。

2. 明确的管理目标

西方国家财政支出管理的主要目标为财经纪律（总支出控制）、战略性资源配置和良好的运作管理三个方面。首先，财政支出管理的首要目标就是实现总支出控制，他们不仅要求支出预算的编制要现实、可靠，还建立了一个良好的预算执行体系，如通过国库单一账户体系加强对支出过程的控制；通过完整的预算（拨款）会计系统，加强对支出周期的各个阶段实施有效的跟踪和控制，并密切关注各项拨款项目之间的资金动向；通过一套用于管理多年度合同和远期承付项目的系统，能够及早地预测各种支出趋势和财政风险；通过一套规范的人事管理系统，能够配备精明强干的管理人员；一整套完善且具透明度的竞争性政府采购管理系统，能够保证政府采购过程的廉洁高效。其次，战略性资源配置。战略性资源配置就是根据经济发展战略和发展规划、政府的政策重心对稀缺财政资源进行科学安排，以最大限度地提高财政资源的使用效益和效率。战略性资源配置需要良好的规划以及政府内部各职能部门之间的协调。最后，良好的运作管理。通过建立健全的财政支出运行机制、设计规范的支付程序以及加强政府部门责任制、提高透明度等措施，实现财政支出管理的节俭、效率和有效性。

3. 完善的管理机制

机制对预算运行结果产生深刻的影响。西方国家财政支出管理的改善在很大程度上得益于完善的运行机制，包括政策制定中的制度机制和实施中的协调机制、预算执行中的激励机制和事前、事中、事后的监督机制等。比如，通过政策制定中的权力制衡机制来依法确定各级政府及其各职能部门之间的责权利关系；通过建立政府内部政策制定的协调机制来加强政策与预算之间的联系；通过建立适当的激励机制来增加部门和地方管理的灵活度；建立健全财政部门内部审计与独立审计机构的外部审计相结合的支出监管体系来加强对预算全程的监督等。

4. 规范的管理控制程序

西方国家经过多年的实践，已经形成了一套高度标准化、规范化、程式化的管理控制程序。一是预算编制程序规范。年度预算的编制以宏观经济框架的制定为起点，从而保证了财政目标与宏观经济目标的一致性。在预算编制的具体组织方式上，根据资源约束和政府的重点与优先项目安排确定各部门的支出上限，然后采取自下而上，从微观到宏观的方式，由各部门根据确定的上限制定具体的支出规划，通过一系列讨论、谈判和调解机制，最终实现政策目标和可用资源之间的协调统一。二是支出控制程序严谨。借助国库单一账户对财政资金的拨付实行严格控制。例如法国的支付程序大致为：①由支出部门签订购买商品或支付劳务合同。②由支出部门审核供应商的发票，计算国库实际支付的资金数额。③支出部门附上相关的凭证提出支付指令，由财政部派驻部门的公共会计师审核并签发支付令。④出纳署通过银行清算系统将资金由国库单一账户实际支付给供应商或劳务提供者。

5. 科学的管理方法

西方发达国家优质的财政支出管理是建立在良好的公共治理的"四大支柱"——责任制、透明度、预测能力和参与性之上的。首先，责任制要求政府预算官员有责任在具体规定的质量、成本以及时间安排范围内向公众提供公共物品和服务，有责任定期就资金去向和资金使用效果等问题回答相关机构的质询，并对相关财政事项和他们的行为后果负责。其次，透明度着重强调明晰财政职能和责任、公众获取信息的可能性、预算编制、执行和报告过程的公开操作；对财政预测、财政信息和各账目进行独立审核等。再次，制定并实施统一而有效的法律法规来增强公共部门对财政资源的预测能力，使预算官员能对政府支出总额以及政府支出在各部门之间的配置做出客观的预测。最后，公众参与度高是西方发达国家政府财政支出管理的重要特征。上述四个方面的有机结合确保了稳健财政发展目标的实现。

6.扎实的管理基础

近年来，西方少数发达国家正加大对政府会计和财务报告系统的改革力度，利用国库分类账系统履行会计职能并及时掌握预算执行中的各种信息以加强对支出预算执行的监管；逐步用修正权责发生制（或完全权责发生制）来替代现金收付制，使政府会计除了反映现金以外，还能涵盖政府全部负债和金融资产，为评估政府的完全成本和绩效提供了一个合理的框架。内外结合的管理控制系统的应用对杜绝欺诈、滥用职权、低效以及人为错误等违规行为起到了预警和防范的作用，保证了各预算主体合理有效地运作。独立的审计系统对确保政府及其实体财务会计信息的真实性和可靠性发挥重要作用。而专业化的项目评估系统同样为确认和测定政府政策和项目的效果、提高投资效率提供了一条有效途径。

7.强大的技术支持

信息与通信技术（ICT）的发展，特别是政府的电子服务交付系统（EDS）、国库分类账系统（TLS）以及各国政府采用的信息与通信技术计划，如西方七国政府在线（GOL）项目、印度的信息时代改革、菲律宾预算拨付网址、芬兰"信息社会"政策、意大利行政管理网络中的数字文件、丹麦的信息社会2000、美国的信息高速公路项目等多种政府财政管理信息系统的开发和应用，极大地降低了政府公共管理成本，增强了政府工作的透明度和参与度，提高了公共部门运作的效率和有效性，拓宽了公众获取公共服务的渠道，为高效地实现政府财政支出管理目标提供了强大的技术支持。

应该指出的是，西方发达国家财政支出管理制度是在西方国家特定的社会、经济、政治、文化、人文传统等主客观条件下，经过二百多年的实践逐步提炼出来的，有些措施只是少数国家在特定发展阶段的产物，受各种因素的约束并不具备普遍推广的条件。但从这种比较研究中我们发现，我们在财政支出管理方面存在的问题和差距，同时也为我们进一步深化财政支出管理制度的改革提供了重要的参考依据。

（二）借鉴西方国家管理经验，不断创新我国财政支出管理制度

借鉴西方国家财政支出管理的成功经验，反思我国财政支出管理中存在的问题，在进一步深化我国财政支出管理改革过程中，应遵循着"理念—目标—规则—机制—程序—基础—技术"这一思路来进行，因为上述环节既是公共理财的基本规程，也是目前我国财政支出管理中的薄弱环节。

1.变革和创新管理理念

在知识经济时代，知识经济的兴起以及随之不断增强的经济全球化趋势，对政府公共理财提出了更高的要求，即必须适应中国社会、经济、政治、文化背景的变化，在积极学习和借鉴国外先进的财政支出管理理论、技术和方法的同时，

以全新的思维方式，从更新、更高的视角对政府公共理财行为进行包括管理理念、管理重心、管理制度、管理组织以及管理战略等全方位的管理变革和创新，其中，管理理念的变革和创新又是决定我们改革成败的关键性因素。因为一种先进的文化、一种好的哲学或一种新的价值观的形成是一个长期的过程，它对政府管理行为的影响是深远的、根本性的。管理理念的变革和创新就是要重塑政府管理的价值观和行为取向，以市场经济原则和公共财政要求为根本，以最大限度满足社会公共需要为目的，以实现经济和财政的可持续发展为宗旨，不断增强政府的法治意识、竞争意识、质量意识和服务观念，并通过经济的、法律的、行政的和文化道德的等各种政策工具为人民当好家、理好财。

2. 确定高效的管理目标

财政支出管理作为政府公共管理的核心，其目标的确定应体现科学性、前瞻性、经济性、先进性、协调性和可实现性。为此，根据我国具体国情和财政支出管理的客观实际，借鉴国际成功经验，我国财政支出管理的主要目标可确定为预算总规模控制、战略资源配置、良好运作管理三个方面。首先，预算总规模控制应成为政府财政支出管理的首要目标。原因在于中国的综合国力还不够强大，政府可以动员的社会资源是有限的，如果财政过度扩张，必定会造成宏观经济的过大波动。或许从短期看，不断扩大财政支出规模尚能解决一些问题，但从长期看，巨额财政赤字是经济发展中的不稳定因素，而且要付出巨大的代价。因此，支出预算的编制应以宏观经济框架为起点，在"谨慎"预测收入水平及经济发展趋势的基础上，依法科学地确定财政支出总规模，并通过建立国库集中收付系统、权责制政府会计系统、政府集中采购系统、精干高效的人事管理系统等措施来保证财政支出预算的执行。其次，战略资源配置也是政府财政支出管理的核心目标。而受经济发展水平所决定，政府动员社会资源的规模是有限的，如何高效地配置财政资源，提高经济效益和社会效益是政府不可推卸的责任。所有这些都要求对财政资源的配置必须根据我国的具体国情和政府的政策重心做出科学的安排，使有限的资源发挥最大的效益。最后，良好的运作管理无疑是政府财政支出管理应努力达成的目标。结合我国实际，目前和今后一段时间内的工作重心应是进一步完善正在推行的部门预算制度、国库集中收付制度、政府采购制度，加强项目细化和绩效评价工作，以推动支出控制和资源配置的改善。

3. 创新管理机制

先进的管理理念和管理目标的实现依赖良好的管理机制。深化财政支出管理改革，必须创新支出管理机制并依法硬化预算约束。首先，要创新政策制定的制度机制，依法明确规范政府各职能部门在预算管理方面的责权利，尤其要依法保障财政部门统管所有政府收支的权力，实现预算管理权的合理归位。其次，要创新政策制定的协调机制，特别要注意协调预算与政策之间的关系、政府之间以及政府内部的关系。再次，要创新预算管理制度，通过实行部门预算来提高预算的透明度，通过实行综合财政预算来提高预算的完整性，通过实行零基预算来提高预算的准确性，通过实行国库单一账户制度和政府采购制度来提高财政资金的使用效率。最后，要创新预算监督机制，加强财政执法检查力度，对违反财政法规、造成国家资财损失的行为必须从严惩处，决不姑息。

4. 制定公开透明的运行规则

加强财政支出管理需要公开、公正、公平、统一、透明的规则。市场经济条件下，规范财政支出管理行为的规则是国家颁布的各项财政预算法律法规、规章制度及国际惯例。目前，规范我国财政支出管理的规则主要是《中华人民共和国预算法》（以下简称《预算法》）、《中华人民共和国预算法实施细则》及政府制定的有关方针、政策和制度。与国外法治建设的"高、全、细、严"相比，我国财政预算管理方面的法治建设还相当滞后。因此，加快颁布《中华人民共和国财政法》，继续完善《预算法》，提高相关法律法规的立法档次，完善财政预算法律法规体系，清理与国际规则不符的法律条款，是当前深化财政支出管理改革中的一项十分紧迫的任务。

5. 依法规范管理程序

目前，我国推行的部门预算采取了"两上两下，上下结合"的编制程序。这和以前由上级部门代编预算或以指标代预算的做法相比已经是一个很大的进步。但与国外相对规范的预算编制程序相比，我们还存在预算编制准备期偏短、预算执行期限与预算通过法定审批程序的时间不一致、对未来影响预算执行的各种政策性因素预测估计不足以及支出预算编制过粗、透明度不高等问题。对此，应进一步依法规范我国预算编制程序，以提高预算编制的科学性。

6. 夯实管理基础

政府会计和财务报告制度是制定政策、落实责任制、加强财政管理和监督的基础和重要工具。我国现行的政府会计和报告系统虽然进行了较为全面的改革，但与市场经济发展和财政改革的要求还有很大差距。因此，为了更真实、全面、系统地反映政府的财务活动情况及财务状况，提高政府财务信息质量，应首先改进政府会计确认基础，由现金制逐步改为修正权责发生制，使政府会计对象除了反映当期预算资金运动情况及结果外，还能完整反映整个预算资金连续运动的过程及累积结果，使政府财务信息更加真实、完整、可靠，为有效落实财政责任制、沟通政府与社会公众的信息交流、加强监督提供可靠的依据。

7. 加快财政管理信息系统建设

当今社会，信息化已经成为一种国际潮流，各国政府已经意识到信息与通信技术（ICT）能够为财政支出管理带来巨大收益，正在加强信息基础设施建设，积极采用信息与通信技术加强管理。中国的财政支出管理改革涉及预算编制、预算执行等多方面的根本性变革，是一项庞大的系统工程，如果没有现代化的政府财政管理信息系统的技术支持，要想顺利完成这一改革重任是绝对不可能的。因此，加快建立我国的政府财政管理信息系统既是应对信息全球化和加入 WTO 所必须，又是加速我国社会主义市场经济的发展，实现国家公共管理现代化，促进财政改革和发展的迫切要求。

第三篇　欧盟就业政策篇

第一章 欧盟就业政策概况

20 世纪 70 年代石油危机发生前，欧共体各成员国一直保持相对较低的失业率，此次危机发生之后，欧洲的经济逐渐暴露出一系列问题，包括产业结构不合理等，使欧洲的失业率持续走高，各成员国都面临严重的失业问题。为此，欧共体在 20 世纪 70 年代初就针对严重的失业问题进行了许多探索，但还未形成系统完善的就业体系，20 世纪 90 年代关于促进就业的措施得到了快速发展。据相关数据表明，20 世纪 80 年代前 5 年，失业率急速上升为 11%，后 5 年有所回落，但仍为 8%。从 20 世纪 90 年代开始，失业率又上升到 11%，90 年代末，各个国家都采取促进就业的政策，使欧盟的平均失业率下降到 9%~10%。据欧盟委员会预计，欧元区 2017 年失业率为 9.1%。欧盟较高的失业率引发了一系列社会问题，影响经济发展与社会稳定。值得一提的是，与美、日等其他国家相比，可以发现欧盟的高失业率具有独特的特点，其中有三大明显的特点，即长期失业率高、女性失业率高、青年失业率高。欧洲传统消极的就业政策以及传统的高福利政策致使失业问题越加严重，因此，为了提高欧盟的经济增长水平进而提升国际竞争力，抑制失业、促进就业就成了欧盟国家最为迫切的问题之一。欧盟从 20 世纪 90 年代开始就积极促进就业，从 1994 年的埃森战略，到 1997 年的卢森堡进程，再到 2000 年的里斯本战略，2003 年的新欧盟就业战略，直至 2010 年的欧盟 2020 战略，这一系列就业政策的出台与推进落实使欧盟各成员国的失业问题得到了妥善解决。

一、欧盟就业政策的出台历程及其原因

（一）欧盟就业政策的出台历程

20 世纪 70 年代的石油危机使欧洲的失业问题日益凸显，高失业率导致的种种问题迫使欧盟开始介入干预就业政策的制定。此后的埃森战略、卢森堡进程、里斯本战略、新欧盟就业战略以及欧盟 2020 战略，都是欧盟就业政策发展史上的重要标志，这几个就业战略代表了不同年份欧盟在就业政策方面所进行的不断探索。

1. 埃森战略

1993 年欧盟理事会发表《德罗尔白皮书》，最引人注目的是关于就业方面的

政策措施，其中包括在劳动力市场政策中为了迎接经济结构性挑战，提出要加强职业培训与终身学习以提高就业率。次年，欧盟理事会在德国埃森举行会议，会议中把减少失业与促进就业列为欧盟发展最为迫切需要解决的问题，经济发展滞缓、产业结构不合理、劳动力市场结构调节失衡以及宽松的失业救助政策等高福利政策是导致欧盟失业率高居不下的重要原因。为此，欧盟理事会在此次会议中确立了五个行动的优先领域，其中涉及职业培训、女性与青年就业、劳动力市场效率等方面，此后这几项原则被系统整合称之为"埃森战略"，这一战略的推进与落实表明欧盟已经开始干预欧盟各成员国的就业政策。在这一过程中，欧盟不断探索适用于欧盟整体的共同就业政策，但因为欧盟在就业政策落实过程中没有充分发挥其主导性与指导性作用，所以欧盟各成员国在制定各自的就业政策时只是根据本国国情的需要，没有站在欧盟整体的角度考虑分析问题，在整体就业政策的协调性上存在不足，仍需完善。

2. 卢森堡进程

欧盟首脑会议于 1997 年在阿姆斯特丹举行并顺利通过有关欧盟就业问题的《阿姆斯特丹条约》，在这一条约中将欧盟国家的就业问题提到了至关重要的位置，而且从法律的角度加以明确，此外，这也是首次从欧盟整体的角度将就业政策提高到与经济增长的重要性同一高度上，拉开了欧盟就业战略的新序幕。半年后又在卢森堡举行第一次以就业问题为主题的会议，并审议通过"埃森战略"后的又一就业战略——卢森堡进程，本次就业高峰会议的举行表明欧盟正式启动欧盟就业战略。卢森堡进程实施期限为 5 年，这一战略的总体目标是协调好欧盟各成员国的就业政策进而提高其就业水平，并设计了相关预期目标，在卢森堡进程实施过程中就业率要达到 65%，失业率要降到 7%。此外，它在埃森战略的五个行动的优先领域的基础上又提出了四个优先领域，被称为四大支柱，卢森堡进程修补完善了埃森战略实施中因未明确欧盟权利而导致欧盟整体就业政策缺乏协调性的问题，欧盟此次明确了就业目标，并且权责清晰，欧盟各成员国在制定本国的就业政策时也充分考虑到欧盟整体的就业政策并逐渐实现双方的协调与合作，促进欧盟整体的发展，实现合作共赢。

3. 里斯本战略

欧盟于 2000 年 3 月在里斯本召开会议，本次会议概括分析了卢森堡进程在推进实施中所取得的一系列成效以及存在的问题，并制定了 10 年后要达成的目标，即目前到 2010 年的 10 年间将欧盟发展成为"世界范围内最具竞争力和发展力的经济体"。里斯本战略的重中之重是达到充分就业，并预期 10 年后能达到 70% 的总体就业率以及 60% 的女性就业率。在知识经济快速发展的情况下，为成功实现预期目标，欧盟委员会明确要求各成员国在充分考虑欧盟整体立场的角度制定有利于本国发展的就业政策，进而提出几项促进措施，如为知识经济的发展培育专业化人才就需要加强职业培训，尤其是信息方面与技术方面的专业培训。次年于斯德哥尔摩召开的欧盟首脑会议中将里斯本战略的十年战略目标分成两个阶段，即两个五年战略目标循序渐进。第一个五年战略目标是到 2005 年使欧盟总的就业率达到 67%，女性就业率达到 57%，除这两点以外还作了一个特别的规定，即将 57~65 岁老年人的就业率目标设定为 50%。

4. 新欧盟就业战略

欧盟委员会于 2002 年发布了一篇报告，报告中详细分析了这 5 年间欧盟就业战略所取得的成效，尤其是欧盟劳动力市场结构调整方面的完善，虽然取得了一系列的值得称赞的成绩，但从宏观角度看仍然存在亟须解决的问题，于是次年欧盟委员会出台了新欧盟就业战略，这一战略可以视为对欧盟就业战略的修正完善与简化，目的是促进欧盟经济与社会的一体化程度，新欧盟就业战略为了实现更好的管理以及以积极的姿态迎接接下来所要面临的就业挑战，提出了三项就业战略目标，即充分就业、高工作质量与高工作效率以及扩大劳动力市场等。值得一提的是，工作质量被提到重要位置，工作质量不仅包含对工资的满足程度，还有更广泛的内涵，如保障就业者的健康与安全、灵活的工作时间、工作环境的舒适度等，提到就业不仅仅关注数量方面的就业率，更要重视工作质量。为了顺利实现新欧盟就业战略的三大目标，委员会继埃森战略的五个行动的优先领域、卢森堡进程的四个优先领域后提出了十一项优先领域，其中涉及培育企业家精神来为失业者提供更多就业岗位，提倡职业培训与终身学习来进行人力资本投资，消除性别歧视与对老弱病残等弱势群体的歧视等十一个方面，概括来说，新欧盟就业战略就是将复杂的欧盟就业战略简单化，以达成完全就业和更好的工作的就业政策目标。

5. 欧盟 2020 战略

欧盟委员会于 2010 年出台了关于以后 10 年间欧盟的经济发展计划，该计划被称为"欧盟 2020 战略"，这一战略的目的是应对气候变化，促进经济增长与扩大就业，由此可见，就业问题在该战略中的重要地位。欧盟 2020 战略包括三大优先领域，就业就是其中之一，即通过包容性增长来提高就业率以及消除贫困，需要解释一下包容性增长的含义，它指的是经济与社会协调、可持续发展。除三大优先领域外，欧盟 2020 战略还包括五大执行目标，涉及就业的就有三项，第一，10 年后欧盟整体就业率达到 75%；第二，学校辍学率低于 10%；第三，贫困人口低于 2000 万。除了三大优先领域、五大执行目标外，还包括七大欧盟战略旗舰行动计划，该计划中又有三项涉及就业。

（二）欧盟就业政策出台的原因

1. 欧盟日益严峻的失业现状

20世纪70年代至今50多年来，欧盟的失业问题一直受到国际社会的广泛关注，居高不下的失业率很大程度上影响了欧盟整体的一体化进程以及欧盟在国际上的竞争力和影响力。从20世纪70年代开始，欧共体就开始提出抑制失业的措施，但各成员国并没有从整体利益出发形成共同就业政策，而且劳动力市场结构的失衡导致失业人口不断上升，出现长期失业率高、女性失业率高、青年失业率高三大特点。欧盟成员国在巨大的失业压力下开始从欧盟整体利益出发，同时根据成员国自身的国情，出台了欧盟就业政策。值得一提的是，据欧盟预计，欧元区2017年的失业率为9.1%，根据委员会每年发布的关于就业与社会发展方面的报告可以得到十分详细的欧盟的就业状况。今年的报告分析得出由于劳动力市场结构的转型发展致使一部分年轻人处于十分不利的就业地位，而且日益严峻的人口结构变化将导致劳动人口逐渐减少，年轻劳动力的就业状况依旧停滞不前。

2. 经济增长滞缓的影响

20世纪70年代石油危机的爆发，使欧洲经济遭受了前所未有的打击，2008年爆发金融危机，2009年以希腊为代表的一部分欧盟国家相继爆发欧债危机，使欧元区经济再一次遭受沉重的打击，当年的经济衰退幅度一度攀升至4.4%，欧债危机导致大量劳动者被迫离开工作岗位，出现大规模的罢工示威游行现象，这在希腊、法国等国家更是寻常可见。希腊的失业率在欧盟成员国中一直高居榜首，这与其经济衰退有直接的联系。对希腊来说，走出危机的根本途径在于恢复经济，实现经济复苏。希腊经济的问题主要在于产业结构不合理，因此，走出经济衰退，实现经济复苏，就必须调整其产业结构。次年欧盟经济开始恢复，但2015年再次出现衰退，2014年欧盟经济开始停滞不前。持续的经济衰退致使就业岗位不断减少，失业人数逐渐增多。另外，在经济滞缓的情况下实行财政紧缩政策，减少财政支出和国债的发行，这一政策本身就与经济增长相矛盾，对经济衰退严重、失业现状严峻的成员国而言更是雪上加霜。而且，欧盟各成员国经济增长程度存在较大差异，由此阻碍了欧盟整体的经济发展。

3. 传统的高福利制度的影响

欧盟多年来实行的高福利制度使一部分人对福利产生过度依赖，出现“养懒汉”现象。宽松的失业保险制度加上较高的失业补贴，对比较高的劳动力成本与较高的税收，这两种现象并存。失业救济比一个岗位工资缴完税后的个人实际工资还要高，致使一部分人宁愿领取救济也不愿工作。欧债危机爆发后这一现象更是常见，很多失业青年依靠社会福利保障，安心地领取失业救济，他们这个年龄阶段该有的责任感与尊严彻底丧失。高福利制度运行的前提是充分就业与高税收，随着经济增长出现低迷，失业现状加剧，就会出现税收不足，难以维持福利制度的运行，高福利制度成为经济发展的累赘。对福利的过度依赖严重影响了劳动力市场的正常发展，影响了社会公平与效率，同时加重了企业招收劳动力的成本与负担，造成就业需求不足，进而导致失业现象更加严峻。由于社会福利具有刚性特征，欧盟的社会成员已经习惯于高福利水平，如果政府调低福利标准，广大社会成员就会通过各种方式来捍卫自己的权益，这在一定程度上影响社会稳定，甚至会出现社会混乱。

4.产业结构转型困难的影响

随着经济全球化进程的不断推进，国际竞争愈演愈烈，谁掌握了高新技术谁就掌握了经济的主导权，美国和日本在高新技术产业方面一直领先于其他国家，占据高新技术产业链的顶端，两国在电子通信、信息网络、自动化等产业的发展中创造了大量的就业岗位，但欧盟在这方面落后于美国与日本，因为欧盟传统工业结构的拖累、高福利制度的累赘、劳动力市场僵化等因素的存在，使欧盟在产业结构转型与升级过程中明显被美国和日本甩在后面，欧盟未能抢占信息科技的先机，从而在产业结构中拉开了与美、日的差距，国际竞争力日益拉大。正因为欧盟的产业结构不合理，一边是大规模的失业人员，另一边是短缺的高技术人才，大量的失业人员无法胜任高技术的工作岗位，于是存在难以调和的矛盾。

经过以上分析可以了解到欧盟出台就业政策的必要性，为了欧盟各成员国经济与社会的持续健康发展以及欧洲一体化进程的全面推进，抑制失业、促进就业已经成为欧盟不可推卸的责任。欧盟必须从整体出发，协调好各成员国的利益，克服经济低迷、高福利制度的弊端、产业转型困难等难题，不断修正完善欧盟共同就业政策，推动欧盟就业数量与质量的同步发展。

二、欧盟整体就业现状

2016 年，比其他发达经济体稍晚一些，欧盟的就业水平恢复了自全球金融危机以来所经历的全部净损失。2008 年，欧盟仅有超过 2 亿 2300 万人在工作；在 2014 年危机后低谷期间，2 亿 2360 万人在工作，数字刚好超过 2 亿 1550 万。以银行业危机为基础的经济衰退更为剧烈，而复苏需要更长时间。莱斯莱和罗格夫（2009）估计，恢复——将国内生产总值（GDP）恢复到危机前的水平——在金融危机发生后的 7 年内，比"正常的衰退"后的 4.5 年要多。欧盟整体的人均国内生产总值（GDP）在 2015 年第二季度中已恢复到 2008 年的水平，这是由于劳动力市场指标导致大致相似的结论。它花了 7~8 年的时间才恢复到危机前的水平。然而，自 2014 年第二季度以来，一直有持续的就业增长，这在各会员国中得到了广泛的分享。欧盟在 2014 年第二季度和 2016 年第二季度之间增加了大约

800 万个新的就业机会，其中 380 万是在 2015 年第二季度和 2016 年第二季度之间创造的。尽管欧盟总就业人数已恢复到危机前的水平，但在过去 8 年中，就业构成发生了重大变化。本文详细说明了就业转移（例如，按国家、部门、性别、工作时间或合同地位）如何在工资或工作质量上分担分布。

在某些方面，近年来，创造就业机会的势头不断增强，这是出乎意料的；2015 年第二季度至 2016 年第二季度期间，每年就业净增长 1.7%，这通常是由高于标准的产出造成的。但欧盟的实际产出增长只是间歇性的，然后在很长一段时间内略微超过了 2%，可以回到 2008 年的水平。为什么就业增长超过产出增长？可以提出两种可能的解释。第一，正如雇主在经济衰退开始时囤积劳动力一样，他们在经济复苏之初可能会毫不犹豫雇用劳动力，直到他们开始工作。从这个角度来看，最近的就业增长主要来自延迟的招聘决定或受周期性因素影响的周期性行业的延迟复苏。2008—2014 年尤为急剧收缩。第二，像欧洲就业委员会分析所表明的那样，经济复苏是由消费带动的，而不是由出口或投资推动的。这导致在服务业创造了更强的就业机会，这对消费的动力更为密集，更具反应性（欧洲委员会，2016）。这样的就业增长也可能降低生产率，这部分解释了相对温和的产出增长。必须强调指出的是，以人头法为基础的，由于平均工作时间的减少和兼职就业人数的增加，欧盟工人在 2016 年第二季度的总工作时间仍然比 2008 年第二季度低了将近 2%。

就业水平的提高反映在劳动力市场参与程度较高、就业率更高和失业率下降的情况下。然而，人口因素已不再希望就业水平能达到曾经的水平。自 2010 以来，欧盟的劳动适龄人口开始以每年平均 0.15% 的速度增长，而 2000—2010 年平均每年增长 0.32% 人。在德国，持续劳动需求和承包供应的结合导致劳动力市场紧张（2016 年第三季度，失业率下降到 4%）。

在 2008 年和 2016 年，鉴于欧盟的就业人数非常相似，这是一个很明显却很有趣的现象，可以比较一下经济危机期间发生的变化。危机时期尤其与就业构成的迅速变化有关，因为某些部门和职业在经济低迷时期的选择性工作造成了不成比例的影响。2008—2010 年，制造业和建筑业在这场危机的最早期和最严重的年份里，所有的净就业人数都在下降，这是很明显的情况。尽管三年就业呈增长趋势，但几乎每个成员国的建筑业和制造业的就业份额仍然大大减少。初级部门（主要是农业和矿业）在大多数国家的就业份额也在下降——克罗地亚、波兰、葡萄牙、罗马尼亚和斯洛文尼亚的情况迅速下降。

这些下降的对应方是所有成员国中服务部门就业的份额增加。服务现在占欧盟就业的 71%。在一些成员国（奥地利、德国和匈牙利）中，向服务业转移的幅度很小（少于 2.25 个百分点），但在 13 个成员国中，这一转变明显更尖锐（超过 5 个百分点）。这些可以大致分为两组。

在第一组中，已经指出的那些成员国，主要的就业重组从相对较大的初级部门到服务行业。在第二组中，包括波罗的海国家、塞浦路斯、爱尔兰和西班牙——制造业和建筑业的就业大幅下降，在很大程度上解释了就业增加的服务份额。

由于技术创新（资本替代劳动力）和贸易的双重影响（全球化和外国对国内劳动力的替代），制造业就业在发达经济体中的长期衰退已超过 40 年。这种长期的衰落倾向于在经济增长时期表现为稳定的就业水平，随后则是衰退的急剧收缩。在过去的 8 年中，这种历史模式在某种程度上已经重复。

建筑业是一个通常被认为更具周期敏感性的行业——就业倾向于在好转和衰退中增长——以及更多的劳动力密集型，但近年来的证据却因各种原因而令人惊讶。首先，在几乎所有成员国中，建筑的订约就业份额似乎是一种共同的模式，尽管危机对个别成员国的影响程度不同，但在爱尔兰、拉脱维亚和西班牙等国家，建筑业在衰退中所起的作用不可忽视。其次，该行业的就业率比制造业的情况更缓慢地恢复了到 2014 年水平。到目前为止，恢复经济增长并没有出现预期的建筑业就业反弹。2016 年，欧盟的建筑业就业机会相较于 2008 年减少了近 20%（370 万）。是什么解释了这种收缩？显然，其中一个因素是旺盛，回想起来，在一些国家危机前的年份，该部门不可持续地增长。建筑业的就业份额在爱尔兰和西班牙等国长期平均增长了近一倍。随后的工作损失大部分是对平均值的逆转。

各国建筑业就业人数普遍下降表明，其他因素可能起了作用。也许有一个更多的技术解释，基于增加的资本。该部门的投资和劳动力密集程度下降。其他可能的因素包括：人口趋势，特别是人口增长率下降；公共投资水平下降，包括公共房屋开支，以及成家年龄组别人士的房屋负担能力下降。员工队伍也发生了变化，涉及到许多其他方面。表 3-1 列出了劳动力构成中最重要的变化。

表 3-1　欧盟劳动力市场指标变化情况

EU	2016 年（%）	2008—2016 年变化率（%）
就业率（20~64 岁）	71.1	0.6
性别就业差距	8.1	−2.5
兼职工作份额	20.5	2.3
老年工人（55 岁以上）就业份额	18.6	4.6
高技能白领工人就业份额	41.0	1.8

注：高技能白领指国际标准职业分类（ISCO）主要组 1, 2 和 3（管理人员、专业人员和相关专业人员）。更改数据 IS 指标为 2011—2016 年，只是因为分类中断。

数据来源：EU-LFS（authors' calculations）。

除了已经注意到的服务业就业比例增加之外，确定的主要变化还有：由于青年参与和就业减少、提前退出可能性和后来退休的复合效应而增加的老年工人的份额；增加非全日制工作的发生率；按性别分列的性别比例就业差距下降；在需要高技能水平的白领职业（经理、专业人员和助理专业人员）中的就业比例增加。

三、失业问题治理与发展中的欧盟就业政策

根据西方经济学理论，宏观经济政策的目标包括：充分就业、价格稳定、经济持续均衡增长和国际收支平衡。充分就业是宏观经济政策的第一目标。为了实现充分就业的理想状态，解决失业问题，政府采取的就业政策主要分为两大类：第一类是积极的劳动力市场政策，它建立在对失业成因分析的基础上，通过对劳动力的有效管理、劳动时间重新分配、职业培训、提供完善的就业信息服务、增强劳动力市场调节功能等手段来促进就业增长。第二类是失业保障制度，即建立一套完善的失业保障体系，使失业者能够维持基本的生活水准，达到社会公平的目的。与积极的劳动力市场政策相比，失业保障制度是被动的失业治理，但是二者又是相辅相成的。

（一）劳动力市场的干预与调节

劳动力市场正常、稳定地发挥其劳动力资源的配置作用必须依赖一定的制度结构。最低劳动标准、最低社会保障和工会三方面要素在保障劳动力市场稳定运行、实现劳动力资源的有效配置方面，发挥着不可替代的作用。由于劳动力市场是不稳定的，缺乏自行调节和自动恢复均衡的能力，必然要求政府通过一系列行政的、法律的、经济的手段对市场运行进行全面的干预和调节，以稳定劳动力市场运行状况。

1.劳动力市场的制度结构

世界各国的劳动力市场制度存在较大的差异，主要表现在：工资通过正式或非正式的合同确定的程度；工资合同由工会和企业集体谈判的程度；谈判的集中化程度；工资合同的时间安排；收入政策和政府在工资谈判中的角色；工资指数化的应用。劳动力市场制度结构一般由以下三个要素组成：

（1）最低劳动标准

首先，最低工资是国家为保证维持劳动力再生产的最低需要，通过一定的立法程序规定的，雇主对在正常时间内从事劳动的雇员必须支付的最低限度的劳动报酬。支付给雇员的工资不得低于所规定的标准。最低工资标准通常以法律或法规的形式颁布。最低工资标准不仅属于工资制度的范畴，同时也是政府调节经济活动，干预收入分配，调控劳动力市场竞争的重要手段。最低工资标准的影响因素包括：工人最低生活费用，包括维持劳动者基本生活的衣、食、住、行等方面的需要；维持工人家庭生活的最低费用，包括抚养子女、赡养经费拮据的

父母的费用；一定的劳动力教育和训练费用；工人的平均工资水平；消费品零售价格指数及其变动情况；其他因素，如居民的平均生活费用、最低社会保障；等等。

其次，最长劳动时间标准包括国家通过立法确定的工时制度、延长工作时间的条件和最高限额以及休息休假制度等。同时，此项标准还包括其他劳动条件标准，如最低就业年龄标准、保护劳动者在生产中的安全和健康所采取措施的各种法律规范以及对女工和未成年工的特殊保护等。

（2）最低社会保障

最低社会保障与最低劳动标准一样，通常是国家以法律或法规确定下来的，对暂时或永久丧失劳动能力的劳动者，以及其他在经济上不能独立的人提供的一种物资帮助制度，使他们在没有劳动收入或其他生活来源的时候，可以得到适当的物资帮助，使其能够维持基本生活。最低社会保障包括享受或领取社会保险、社会救济、社会福利、社会优抚等各种物质帮助的条件、物质帮助的标准、物质帮助的领取等内容。其中以社会保险与社会救济最为重要。

（3）工会

工会是工人自愿结合的群众组织，是工人的代表者，工会的权利与义务受到法律的保障。工会的权利主要包括：①工会有参与管理国家和企业、参政议政的权利。②工会有召开职工代表大会的权利，并通过代表大会形式对企业实行民主管理。③工会有调节劳动争议和代表职工签订集体合同的权利。④工会有监督执行劳动法律、法规的权利。工会有权监督企业执行有关工资、劳动保险、安全卫生和其他有关改善生活、劳动条件等方面的法律、法规。⑤工会有维护职工合法权益的权利。工会有权保护职工各项民主权利和经济权益，受理职工的申诉案件并进行调解。

最低劳动标准、最低社会保障、工会的权利与义务三个制度结构在许多国家都以法律形式确定下来，受到法律的保护。这三个构成要素在保障劳动力市场稳定运行，实现劳动力资源的有效配置方面，发挥着不可替代的重要作用。

2. 劳动力市场的稳定与制度结构

劳动力市场是否具有自动调节、自行恢复稳定平衡的功能是市场经济体制中存在的一个问题。劳动力市场均衡的变动，即由市场决定的工资率、就业量的变动取决于各种影响劳动力需求与供给因素的变动。若劳动力市场具有自动调节、自行恢复稳定均衡的能力，即使受到来自市场外部的强烈冲击，出现暂时的工资与就业的波动，也能够通过市场的自行调节，使工资与就业和市场外部条件相适应，从而使劳动力资源的配置保持在一个稳定均衡的最佳水平。否则，劳动力市场缺乏自动调节、自行恢复稳定均衡的能力，那么，在经济波动的不同阶段，就可能出现工资和就业不稳定或劳动条件恶化的局面。

如果劳动力市场具有自行恢复稳定均衡的能力，那么就无须为实现劳动资源的优化配置，建立控制劳动力市场运行的制度结构体系，也就无须为保持就业和工资的稳定而采取人为的政策干预。自由竞争的结果，完全可以使劳动力时常自然地达到资源的最佳配置，使工资和就业稳定在最佳水平。但如果劳动力市场处于不稳定的波动时期，缺乏自行恢复稳定均衡的能力，那么，就必须建立市场以外的制度体系并进行政策干预。问题的关键在于确定劳动力市场究竟是哪种类型。

在经济周期的变动过程中，就业与工资确实存在变动周期。市场不景气，生产萎缩，失业扩大。为了维持已有的生活水平，大量劳动力涌入劳动力市场，导致工资降低和劳动条件恶化。如果没有有效控制劳动力市场运行的制度结构体系，这种劳动条件的恶化直接影响劳动力的再生产，并进一步通过人口再生产的调节来实现对劳动力供给的调节，从而使工资下降的趋势停止。由于劳动力市场均衡的不稳定性，各国政府需要通过市场以外的制约手段和政策措施加以限制，借助各种制度政策建立起保证正常的市场竞争秩序的制度结构体系。

3. 政府税收对劳动力市场的影响

不同的政府税收会对劳动力市场产生不同的影响，其中个人所得税和社会保障税对劳动力市场的影响较为突出。

（1）个人所得税对劳动力市场的影响

假设劳动力需求的弹性不变，个人所得税对工资和就业的影响就完全取决于劳动力供给弹性，因此可以从以下两个角度来分析：

第一，劳动力供给完全无弹性。这种情况下，劳动力供给曲线是完全无弹性的，这表明工资的变化对劳动力参与率没有影响；劳动力需求曲线反映了税前工资率和相应的劳动力需求量；由于个人所得税一般采用累进税率，税后工资率与劳动力需求的差距随着工资率的提高而逐渐扩大。由于劳动力供给完全无弹性，个人所得税不影响劳动力的供给量，雇员将承担全部税收，即使雇员对承担全部税收不满意，也无法将税收转移给雇主。在竞争激烈的劳动力市场，劳动力供大于求必然导致税前工资率下降，劳动力市场达到均衡。因此，这种情况下，雇员无法将税收转移给雇主，个人所得税不影响市场均衡工资率和就业量。第二，劳动力供给有弹性。这种情况下，劳动力供给曲线是有弹性的，工资率的变动将对劳动力的供给量产生影响。征税以后，劳动力供给量减少，使工资率上升并达到均衡。因此，部分税收是由雇主来分担的。

因此，在其他条件不变的情况下，若劳动力供给曲线向上倾斜，个人所得税将导致劳动力供给量减少，工资率提高，就业量下降。在需求弹性不变的情况下，供给弹性越大，雇主分担的税收部分越大。

（2）社会保障税对劳动力市场的影响

在市场经济国家中，通常根据工资总额来征收社会保障税，主要用于支付养老、医疗保险、失业补助、工伤补偿等。假设只有雇主是纳税者，而且社会保障税是按每个雇员一定数额而不是工资的一定百分比来计算。征税以后，雇主应付的工资成本比雇员得到的实际工资高，因此，雇主对劳动力的需求量降低，形成新的劳动力需求。此时，只有降低工资率，雇主付出的工资成本与征税前相同，才能恢复以前的就业量，从而造成劳动力剩余，形成降低实际工资的压力，使实际工资降低，形成新的均衡工资。同时，就业量随着工资的降低而上升，但是仍然比以前的就业量少。实际上，雇员以工资和就业水平的降低为代价在部分地承担着社会保障税。从以上分析可以看出，雇员和雇主共同承担着社会保障税。雇员承担的部分税收是实际工资的降低额，雇主则承担其余税收。至于雇主支付的社会保障税有多少转嫁到雇员的工资上，取决于劳动力供给曲线的弹性和劳动力需求曲线的弹性。劳动力供给曲线的弹性越小，以减少工资的形式转嫁给工人的税收就越多。相反，劳动力供给曲线的弹性越大，以减少工资的形式转嫁给工人的税收就越少，但就业水平下降的幅度更大。劳动力需求曲线的弹性越大，就业量下降的幅度就越大；相反，劳动力需求曲线的弹性越小，就业量下降的幅度就越小，以减少工资的形式转嫁给工人的税收就越少。

4. 最低工资立法对劳动力市场的影响

不同国家制定的许多法律法规都直接或间接地影响劳动力市场的工资和就业，制定最低工资法是政府干预劳动力市场的最普遍形式。在市场经济条件下，许多国家都颁布了最低工资立法，其目的是使每一个雇员都得到合理的报酬，从而稳定劳动关系。笔者从两个方面分析最低工资立法对劳动力市场的影响。

（1）最低工资立法对完全竞争市场的影响

最低工资是根据名义工资制定的，随着通货膨胀和生产率的提高，最低工资的实际价值下降，所以有时政府在一段时期后提高最低工资，以恢复其原有实际价值。最低工资立法根据覆盖面不同，可以分为两种情况：一种是最低工资立法完全覆盖劳动力市场；另一种是最低工资立法部分覆盖劳动力市场。

第一，最低工资立法完全覆盖劳动力市场。首先假设雇主都是遵守法律的，且其他因素不变。在实行最低工资之前，劳动力市场处于均衡状态。实行最低工资后，由于最低工资高于实际工资，实际工资上升，此时企业对劳动力的需求量则表现为下降，而劳动力的供给量上升。供大于求的情况本应导致工资下降，但由于最低工资立法限制了工资的下降，造成一定数量的劳动力失业。因此，在这种情况下，最低工资的直接影响就是减少就业量。劳动力供给和需求弹性越大，所造成的失业就越多。为了减少失业，政府将采取较为宽松的货币政策和财政政策，即增加货币供给和政府支出，同时减少税收，其结果将导致价格水平上升，实际最低工资下降。因此将形成这样的循环：最低工资上升将导致就业减少，通过通货膨胀降低实际最低工资可以恢复就业水平，周而复始。第二，最低工资立法部分覆盖劳动力市场。首先假设：①价格不变，实际工资和货币工资可以交替作用。②非熟练劳动力市场的供给曲线完全无弹性，总就业量保持不变。③劳动力市场由被覆盖部门和未被覆盖部门组成。④非熟练工为寻找高工资的工作而在部门之间自由流动。在不存在最低工资的情况下，不存在最低工资立法覆盖部门和未覆盖部门的区别，劳动力可在两个部门之间自由流动，从而达到同一的均衡工资率。现在假定在覆盖部门实行最低工资，所有非熟练工都愿意在此部门工作。由于该部门工资率增加，劳动力需求量下降，雇佣量减少。根据总就业量不变的假设，在覆盖部门失业的雇员将转移到未覆盖部门就业，导致未覆盖部门的供给量增加，劳动力供给量的增加迫使工资率下降。从上述分析可以看出，最低工资既造成了获益者，也造成了受损者。获益者是在实施最低工资后仍然在覆盖部门工作的雇员，而受损者是原先在覆盖部门工作，现在不得不到更低的未覆盖部门工作的非熟练工人，以及仍然在未覆盖部门工作，却不得不接受更低工资的非熟练工人和被迫失业者。

（2）最低工资立法对垄断市场的影响

上述分析是假定市场是完全竞争的，下面将分析最低工资对垄断市场的影响。首先假设最低工资完全覆盖所有雇员，且市场上只有一个雇主。当劳动力市场出现垄断情况时，垄断性企业便是市场上的唯一需求者，它所面临的是一条向上倾斜的劳动力供给曲线，要想增加雇佣量，就必须相应地提高工资。由于垄断性企业对所有雇员支付相同的工资，为了增雇一个雇员而提高工资时，还要提高其他雇员的工资，所以雇佣劳动力的边际成本高于工资率。为了实现利润最大化，任何企业的劳动力雇佣量都应达到劳动边际收益等于劳动力边际成本的交叉点。如果最低工资等于或低于这一交叉点所决定的工资率，利润达到最大化，工资和就业都将增加；如果最低工资超过交叉点所决定的工资率，将会降低就业水平。

5. 就业总量的宏观调节政策

财政政策和货币政策是对就业总量影响最大的宏观调控政策，同时也是从总需求的角度提高就业水平的宏观经济政策。

（1）财政政策

财政政策是指政府运用财政预算来调节总需求水平，以促进充分就业、稳定物价和经济增长的一种宏观经济管理对策。财政政策包括两种：扩张性财政政策和紧缩性财政政策。扩张性财政政策是通过扩大政府购买、增加政府转移支付、降低税率等措施来刺激消费和投资，增加总需求，进而提高就业水平的宏观经济政策。政府在经济处于不景气时期采取扩张性财政政策。紧缩性财政政策是通过减少政府购买和转移支付、提高税率等措施削弱消费与投资，减少总需求，以稳定物价的宏观经济政策。政府在经济处于繁荣时期实行紧缩性财政政策。政府实行财政政策的主要手段包括：改变政府购买水平、改变政府转移支付水平和改变税率。

（2）货币政策

货币政策是指政府以控制货币供应量为手段，通过调节利率来调节总需求水平，以促进充分就业、稳定物价和经济增长的一种宏观经济管理对策。由于货币政策对经济的调控是间接发生作用的，见效较慢。货币政策包括两种：扩张性货币政策和紧缩性货币政策。扩张性货币政策是通过增加货币供应量，降低利率，来刺激投资和消费，增加总需求的宏观经济政策。当经济处于不景气时期，政府就要实行扩张性货币政策，如降低法定准备金率、降低贴现率、中央银行买进政府债券等。紧缩性货币政策是通过削减货币供应量，提高利率，来减少总需求的宏观经济政策。当经济处于繁荣时期，政府实行紧缩性货币政策。政府实施货币政策的主要措施包括：调节法定准备金率、调整贴现率和公开市场业务。

财政政策和货币政策都是通过影响总需求水平来调节经济运行的。由于货币政策的间接调控性，通常与财政政策结合使用。同时，在运用财政政策和货币政策降低失业率时可能导致一个无法接受的高通货膨胀率，此时应考虑结合使用其他对策，如收入政策和人力政策，来达到降低失业率的同时又能避免高通货膨胀率的目的。

（二）积极的劳动力市场政策

积极的劳动力市场政策是主动的失业治理政策，它的制定和执行是按照经济发展对劳动力的需求，调节和改善劳动力供给，进而加强劳动力市场自身的调节，优化劳动力资源配置，最终达到改善劳动力供给结构、提高劳动力市场的运行效率和降低失业率等目的。

1.调节劳动力供给的积极政策

（1）控制劳动力供给

在失业率上升、失业人数不断增加的情况下，解决失业问题首先是控制劳动力供给。具体措施包括：①延长平均受教育年限。推迟年轻人进入劳动力市场的年龄，缓解失业状况；提高劳动力的素质，降低结构性失业的可能性；通过改善人力资本素质提高国家的竞争力。②采取提前退休措施。通过制定法律降低退休年龄，使一部分劳动者提前退出劳动年龄人口，空出岗位以吸收失业者就业。

（2）职业培训、职业指导和职业介绍

职业培训不仅针对失业者提高技能培训，同时也包括对就业者的在职培训，对劳动力重新教育和培训，把非熟练工人培训成有一定技术熟练程度的工人；把不适应职业空缺要求的失业者培训成能够满足企业需要的劳动者，以缓解因劳动力供求结构失衡造成的失业问题。职业培训在一些国家已经是伴随终身的，否则就业者也会面临失业的危险。职业培训的目的一是提高劳动力的素质，二是满足再就业的需要。职业培训可以使劳动力供给在质量和结构上都符合劳动力的需求。因此，职业培训对消除结构性失业具有重要的意义。

鉴于职业培训在就业政策中的重要作用，许多国家通过政府的财政补贴和企业的一部分税收来进行职业培训，职业培训在积极劳动力市场政策中占有十分重要的地位。

（3）对弱势群体的倾斜政策

失业的风险对于不同的劳动者分布是不同的，劳动力市场上的弱势群体更容易受到失业的威胁。各国对于劳动力弱势群体的定义虽存在一定的差别，但主要包括女性就业者、移民劳动力、低技能劳动力、初次就业者和长期失业者等。对于弱势群体，积极的劳动力市场政策采取特殊的扶持措施，使之能够融入劳动力市场。

对劳动力弱势群体的政策倾斜主要包括两个方面：一是给予雇用弱势群体的企业适当的优惠政策，如免税、补贴等，使企业愿意雇用他们，同时使弱势群体就业者能够享受平均工资和与他人相同的待遇。二是设法提高弱势群体就业者的劳动生产率，如对年轻就业者实行学徒制或在职培训，对长期失业者实行职业培训和专项服务等。通过对企业和弱势群体双向的政策倾斜，把弱势群体积极地推向劳动力市场。

（4）劳动弹性制度

劳动弹性制度是发达国家近年来采取的增加就业的主要措施。由于市场经济资源配置的结果是选择一部分人就业，另一部分人失业。灵活安排劳动时间和缩短劳动时间将有助于解决失业问题。劳动弹性制度就是灵活地运用各种劳动要素，如劳动质量、劳动时间等，使劳动力不断改进、流动变化，以满足企业对劳动力资源的要求。劳动弹性制度主要分为内部弹性制和外部弹性制，内部弹性制是指在企业内部根据实际情况制定的灵活工作时间制度；外部弹性制则是指企业与其他职业服务机构或个人签订的非固定用工合同等。

2.劳动力市场自身的调节政策

（1）灵活使用劳动者数量

增加企业对劳动力使用数量的灵活性可以使企业不必为签订长期劳动合同而为难，尤其是在宏观经济处于波动状态和市场前景不明确的情况下，企业不必害怕一旦雇用工人以后，因为劳动合同的种种限制而无法减少雇员，从而造成企业在一开始就缺乏雇用的热情。因此，加强劳动力市场自身的调节作用，首先体现在劳动力使用数量的灵活性上，这样才能够鼓励企业尽量多地利用劳动力。一个完善的劳动力市场要给企业充分的合理利用劳动力的权力，也就是说，企业雇用的劳动力数量正好满足生产的需要。

（2）工资收入弹性化

许多失业理论模型把失业的原因归结为雇佣劳动力的成本太高，在市场经济体制下，当一个企业的目标是追求利润最大化时，企业势必要把劳动成本超过劳动边际生产率的那部分职工辞退，这是一种理性行为。因此解决失业问题的方法之一就是如何使劳动成本（即工资收入）较为容易地变动，从而增加就业。自从1973年第一次石油危机以来，失业率上升最快的国家几乎是那些工资水平刚性的国家，如欧洲国家，这类国家的社会保障体系较为完善，国家对工资的干预较为明显。因此，自20世纪80年代以来，许多国家纷纷放松对工资的种种限制，如最低工资的限制，都在寻求工资谈判分散化的方法。

3. 积极劳动力市场政策的发展

近年来，由于欧盟国家的失业现象较为突出，欧洲的经济学家也较为关心就业问题。为了解决失业和促进就业，他们呼吁政府和社会各界要对此引起高度重视，并在以下几点达成共识：第一，失业本身是不会自行消失的，其目前的不断上升不仅仅是最近20年经济增长缓慢所致，因此单纯的经济复苏已不足以消灭失业现象；第二，解决失业，不仅需要采取常用的宏观经济政策，还需要金融、社会和文化各方面政策的配套；第三，失业是当前经济社会中的首要问题，需要全体共同努力。在劳动力市场的供求运动中，价格要扮演一个重要角色。在一些国家的经济中，工资受到政府的管制，工资政策屈服于公共政策，因此对市场的供求不起作用。这种工资政策目前还残留的有最低工资制度，要改变目前的工资制度，需要财政税收政策等的进一步改革。

（三）欧盟国家传统的就业政策

就业政策是指一个国家或地区政府为了调节劳动存量，合理配置劳动力资源，使之适应产业结构的变化，促进经济发展而制定的具有相关性的政策。由于就业政策的制定是建立在经济和社会文化基础上，欧盟就业政策的改革同欧洲福利制度的变迁密不可分。

1. 欧洲福利国家制度的变迁

第二次世界大战以后，欧洲建立了福利国家制度。福利国家制度的发展经历了两个不同阶段：第一阶段从1945年到1973年，这一阶段经历了战后长期经济增长与繁荣，其特点是较成功地将经济发展与社会福利融合在一起，欧盟主要国家普遍实行了高福利、高税收及高工资的"三高"政策；第二阶段是从1973年石油危机至1990年年初，由于石油危机的影响，欧洲经济受到了沉重打击，高失业率和高水平失业救济使欧洲的经济竞争力和社会政策受到前所未有的挑战。欧洲国家传统就业制度的根本特点是以市场经济体制为基础，劳动力市场较为完善，劳动力供求通过自由选择、相互竞争和契约形式实现就业。同美国、日本等发达国家相比较，欧洲国家失业保障体系更完备，更多地关注公平问题，因此其就业制度偏重于使失业者得到较好的保障，以免贫富差距过分悬殊。

"辉煌的 30 年"随着石油危机到来成为过去，它为当代欧洲留下了思索：首先，战后福利国家的核心政策是充分就业，而这种充分就业是建立在传统家庭模式上，男性劳动力承担赡养家庭义务，他能够得到一份全日制的工作（每周工作 48 小时，每年工作 48 周，一生大约工作 48 年）。战后 30 年欧洲的经济成就、福利制度、史无前例的充分就业与这种模式密切相关。一方面，福利制度有助于传统的核心家庭的结构稳定；另一方面，传统家庭又有助于社会福利和劳动政策的实行，依靠充分就业的安全保障和核心家庭的稳定（家庭主妇的帮助），社会福利只需在一个人的生命开始和即将结束时才发生作用（教育福利和老年保险福利等），从而保证了福利制度在履行责任义务时不会陷入经济困境。其次，社会生产方式表现为巨大的生产规模，标准的工作方式以及泰勒和福特生产管理原则的广泛推行，这成为战后福利国家经济扩张的驱动力，并造成了劳动力市场的大规模需求与容纳。

2. 欧盟国家高失业形成的内在原因

石油危机以来，欧洲国家的就业率逐年下降，失业率逐渐攀升并长期保持在 10% 左右。欧盟高失业率形成的原因是复杂而多方面的，除了世界经济一体化进程加快，美、日高科技产业的发达，第三世界发展中国家的竞争和低工资的优势等外部因素影响外，还有深刻的内在原因：

（1）制度性原因

长期以来，欧盟各国普遍实行高福利、高税收、高工资的"三高"制度。"三高"制度的实行在很大程度上保证了欧盟市场经济的效率和社会公平的统一性，但是，其负面影响和作用也在不断加大。

第一，高福利制度。欧盟国家实行从"摇篮到坟墓"的高福利社会保障制度，失业者可以长期甚至无限期地领取可观的失业救济金，足以保证失业者的基本生活。欧盟的福利制度使其在失业者资格认定、失业救济金数目、发放期限以及政府为阻止工人有意逃避工作所采取的限制条件较为宽松，保护失业者的程度也较高。据统计，英国、法国、德国的失业救济金发放的持续时间一般是美国的 3~4 倍。欧盟这种高福利制度平均用去了欧盟各国国内生产总值的 1/4，而美国仅为 1/7。欧盟各国政府自然难以拿出更多资金进行生产性投资和扶植企业技术创新活动。高福利制度会使部分失业者选择"自愿失业"，削弱了或丧失了寻求再就业的动力与压力。第二，高税收制度。高福利制度需要高税收制度来支持。

由于高福利制度的长期实行，使欧盟各国的财政赤字、公共债务居高不下。近年来，欧盟不少成员国财政赤字都大大超过《马斯特里赫特条约》规定的 3% 的标准；公共债务占国内生产总值的比重超过 70% 以上，也大大超过该条约规定的 60% 的标准。为了压缩财政赤字和公共债务，欧盟许多国家大幅增税。目前，欧盟各国税收占国内生产总值的比重已高达 41%。高税收使企业用于生产和投资的积累大大减少，加大了企业的成本支出，导致企业创新能力、竞争能力下降，只好纷纷裁员。同时，个人所得税率提高又降低了消费者的购买力，消费品市场萎缩，进而严重阻碍了生产的发展和就业的解决。

第三，高工资制度。以德、法为首的不少欧盟国家的企业除了要负担社会保险、失业救济、劳动保险等各种名目的税赋，还有许多限制临时解雇和强制实行的众多假日及其他带薪休假制度，并制定了较高的最低工资标准。欧盟许多成员国工资水平在工业化国家中偏高，工资增长率也大大高于美国。高工资制度普遍加大了劳动成本，使企业不堪重负，使企业吸收就业的难度增大。"三高"制度的长期实行，不仅使欧盟在世界经济一体化进程中竞争力下降，而且使劳动力市场极为僵化，阻碍了解决高失业率问题。

（2）传统工业的衰退

20 世纪 60 年代以来，欧盟各国先后开始实行经济结构调整，逐渐将经济重心移向高新技术和金融服务领域，大力发展计算机、微电子、基因工程、航天、生化和新材料等产业。尽管如此，欧盟的经济结构调整仍明显落后于美国。美国在许多传统产业部门重新获得优先地位，使欧盟的产业结构调整难度相对较大。由于欧盟产业结构调整缓慢，一方面，新型产业竞争优势不明显，规模和效益均受到极大影响，因而难以吸收较多的失业者和学校毕业生；另一方面，夕阳产业如钢铁、煤炭、纺织和建材等部门因不断减少投资而萎缩，吸收就业人员有限，甚至还造成大量失业。从贸易结构看，尽管欧盟是世界上开放程度颇高的地区经济集团，但其贸易额的 60% 以上是在各成员国之间进行。这种经济贸易结构的内向性又使结构性生产过剩问题更加严重。为了提高企业竞争能力，许多企业利用新技术和新型科学管理来降低生产成本。而新型技术，尤其是生产线自动化技术和管理自动化技术的使用，使一大批产业工人和低技术工人又加入了失业大军，同时，也造成了大批工作岗位永久性消失。另外，还有不少企业由于财力不足，难以购置降低成本的新技术、新设备，不得不宣布破产。结构性生产过剩导致失业率长期居高不下。

（3）滞后的经济增长

20 世纪 90 年代以来，欧盟高科技和信息产业随着经济结构的调整有了明显的发展，贸易产品构成逐渐向高科技、绿色环保产品和服务贸易倾斜，在世界贸易中所占的比重不断上升。由于欧盟以往对高新技术研究和开发重视不够、投入不足以及科研体制相对落后，以致在世界尖端科技领域里欧盟从总体上落后于美国，与日本旗鼓相当。由于对高科技研究与开发投入不足，使欧盟高科技产业相对滞后，更使经济增长乏力。1991—1996 年的 6 年中，欧盟年平均经济增长率仅为 1.5%，而美国年平均经济增长率为 2.4%。经济增长率低使就业难以扩大，总的就业岗位数减少了 450 万个，而失业人数近年来始终高达 1800 万人左右。

3. 欧洲传统就业政策的困境

20 世纪 80 年代以来，欧洲在经济、社会发展等方面都发生了巨大变化。在经济方面，传统产业的衰落，高新技术的发展，金融国际化，服务业的兴起，满足多种需求的高质量的生产方式，企业工作组织的转变，国家（政府）从社会经济活动中的退出，使经济形态发生了深刻变化。在社会发展方面，新的生活风格，单身家庭超过了传统的核心家庭，妇女大量涌入劳动力市场，人口老龄化等因素使传统的社会结构遭到破坏。所有这一切都对欧洲的劳动就业政策提出了挑战。1993 年，欧盟理事会布鲁塞尔首脑会议发表了《增长、竞争力和就业白皮书》，把欧盟在经济社会方面变迁摆在和欧洲第一次工业革命同等重要的地位。《增长、竞争力和就业白皮书》认为，20 世纪 90 年代以来，随着全球性的经济竞争，欧洲见证了高新技术、创新革命和社会组织及经济组织之间前所未有的整合，然而这一整合却受到高失业率的挑战。自 20 世纪 70 年代末第二次石油危机以来，欧洲一直经历着高失业率，劳动就业政策的改革势在必行。欧盟劳动就业政策的改革首先反映在对社会福利系统的改革，而在这个问题上欧洲与美国有较大分歧：20 世纪 70 年代的石油危机使欧美经历了经济不景气，然而欧洲僵化的劳动力市场政策使之保持着高失业率，相比较而言，美国实行的自由劳动力市场政策促进了美国失业率的持续下降。这些政策包括：实施真正的最低工资制度，对失业保险金进行完全税收，对享受福利待遇而有工作能力的人提出就业要求，劳动力市场更富于弹性。欧洲则认为这种低失业率是以不断增长的社会不公和部分人贫穷为代价的，它摧毁了福利制度，不是解决失业问题的正确方法。1997 年欧盟在荷兰阿姆斯特丹召开了"劳动就业，福利制度与经济竞争——欧盟国家的社会政策与经济表现"的论坛会议，会议对欧盟的劳动就业、福利制度与经济竞争力进行了反省与探讨。虽然欧盟仍坚持不动摇福利社会的根基，但认为某些福利政策，特别是与劳动力市场有关的就业政策需要改革。

4. 欧盟一体化发展中的劳动就业政策

1952 年，欧盟六国外长在欧洲煤钢共同体理事会起草政治共同体宪法时，提出共同体的长远目标是在成员国内部发展共同市场、提高生活水平和增加就业机会。20 世纪 70 年代的石油危机使得欧共体 9 个成员国相继出现了经济增长率下降而失业率增加的危机，就业问题日趋严重。1981 年，在欧共体成为 10 国联盟之后，成员国经济和社会发展的差异使南部新入盟国家面临北部优势经济带来的高失业率压力，北部老成员国经济形势和就业状况继续恶化。随着欧盟南扩，欧共体内部成员国和地区发展的不平衡使就业问题更加复杂。1986 年，12 个成员国签署了《单一欧洲法令》，在《罗马条约》尚未涉及和重视不够的领域，如环境政策、社会福利政策等方面赋予欧共体更广泛的职权。1988 年，布鲁塞尔欧盟首脑会议提出到 1993 年"结构基金"比 1987 年增加一倍，其使用的目标包括"控制长期失业"和"缓解青年人就业困难"。

尽管欧盟的就业政策有了一定发展，但是 1992 年《欧洲共同体条约》中所列举的欧洲共同体目标并没有把提高就业水平和充分就业包括在内，"高就业"的内涵是力争持久和稳定的经济发展。而当时的实际情况是几乎所有成员国就业率都有所下降，失业率上升，这种现象使"提高就业水平"这一目标通过《马斯特里赫特条约》而载入欧洲共同体条约中。根据马斯特里赫特首脑会议决议，成员国力争在社会政策方面实现广泛的合作，在《马斯特里赫特条约》附有的 17 个议定书中专设了"社会政策议定书"。这个议定书使关于劳动条件、劳工法、男女平等的工作机会及劳动力市场上的职业划分等政策得以实施。1993 年年底，欧盟理事会布鲁塞尔首脑会议上，委员会主席德洛尔发表了《增长、竞争力和就业白皮书》，第一次展开了对欧洲就业政策真正的公开讨论，是欧盟劳动就业政策的转折点。

1994 年年底，欧洲理事会在埃森会议上通过了就业政策的行动计划，把减少失业和促进就业认为是欧盟经济发展中首先需要解决的问题，同时指出高失业率的原因一方面是由于经济增长缓慢，成员国将精力过多放在实现经济货币联盟的准备上，普遍紧缩公共开支；另一方面是产业结构变化和劳动力市场结构失衡，制度僵化，尤其是过高过松的失业救济金发放制度，使得再就业动力不足，失业率长期过高。会议的重点是推行教育与职业培训，搞活企业与劳动力市场，实行新的劳动时间模式，降低工资辅助费用，更有效地利用社会资金，对培训有困难的青年采取特别措施并加快结构调整。

埃森会议后，欧洲议会在 1995 年和 1996 年相继举行了一系列关于欧洲就业战略问题的国际研讨会，目的在于动员各成员国政府、学术界及其他各方面力量，为欧盟寻求统一就业战略并通过各国的政策而得以实施。研讨会的成果主要集中于五个方面：①促进就业培训，增加就业机会。②提高就业密度，主要是采取兼顾就业者愿望和竞争要求的更灵活的企业组织方式和鼓励创造投资机会的工资政策，从适应新的社会发展的角度鼓励增加就业机会的积极性。③减少非工资性劳动成本，支持被雇佣者尤其是无资质证书者保持就业。④改善劳动力市场政策的实施效果。⑤制定帮助弱势群体特别是青年人、长期失业者、老年失业者和女性失业者的具体政策。

在 1997 年以前，尽管欧盟对于统一的就业政策进行过不懈努力，也提出过许多解决高失业率的相应措施，但是由于欧盟对于就业政策方面的权利并没有明确，对于就业政策的指导性地位并没有得到充分肯定，各成员国就业政策的制定主要依赖自身。各国所制定的就业政策往往是从本国的实际出发，符合本国自身的利益，而对欧盟的全局考虑不足，缺乏统一目标和相互之间的协调与合作。随着对就业问题认识的加深，欧盟需要从全局把握的纲领性政策来指导和协调各国和地区的就业政策，以实现高就业。

（四）欧盟共同就业政策的确立

在欧盟一体化进程中，就业政策问题的提出始于 20 世纪 50 年代，但当时并没有得到各成员国的普遍重视。随着就业问题压力的不断增大，欧盟成员国逐渐对它的重要性有所认识并达成共识。1997 年通过的《阿姆斯特丹条约》（*The Amsterdcm Treaty*）为欧盟共同就业政策的形成和此后的发展奠定了基础。阿姆斯特丹条约、卢森堡进程、里斯本和尼斯欧盟会议是欧盟就业政策发展进程中的里程碑，它们从不同阶段反映了欧盟为争取就业政策的协调和实现充分就业所做出的努力。

1. 欧盟共同就业政策的协调与整合

1997 年 6 月，欧盟 15 个成员国在荷兰的阿姆斯特丹召开欧盟首脑会议，会议审议并通过了著名的《阿姆斯特丹条约》（以下简称《阿约》）。这次会议第一次站在欧盟整体的高度将经济增长和就业政策作为就业议程的一部分而明确地联系在一起，开启了欧盟就业政策的新篇章，从此以后，欧盟开始明确拥有了综合协调各成员国就业的权利，并决定建立保证就业政策执行的运行机制——"新的共同就业策略"（New coordinated European Employment Strategy）。

《阿约》主张各成员国在就业政策上要相互依赖，相互协调，并且要求任何一国所采取的支持就业措施不能损害其他国家的利益。《阿约》中提出的"就业作为共同关心的问题"这一理念强调指出，各成员国在制定各自就业政策的同时应当有利于欧盟整体的利益。为此，《阿约》新增的"就业一章"（Employment Tide）中的许多条款都是用来增强欧盟自身协调就业政策的作用，主要包括五个方面：①各成员国和共同体应当共同工作以发展协调的就业政策。②共同体鼓励和支持成员国相互协调，在适当的行动方面相互补充。③欧洲议会负责起草关于就业指导政策的文件《就业指南》（*Employment Guideline*），各成员国在制定相应的就业政策时要加以考虑。④各成员国要针对共同就业政策的执行情况写成年度报告，议会要监督其就业政策的执行情况，如果政策执行有效，就要对该国进行重点推荐。⑤在就业领域，欧洲议会要采取积极的措施以鼓励成员国之间的相互合作和信息交流。为保证和监督就业政策执行的进程，欧盟主要采取以下做法来协调新的共同就业政策。①各成员国首脑每年要针对欧洲就业状况做出总结。②欧洲议会将大多数成员国通过的《就业指南》作为会议提案，经过欧洲议会、欧盟经济与社会委员会、欧盟地方委员会和就业委员会磋商后确认。③欧洲议会每年都要检查《就业指南》的实施状况，议会和委员会对欧盟每年的就业状况做出综合报告的草稿并将其递交给欧盟首脑会议。④《阿约》通过小规模试验项目（pilotproject）对有创新性的就业政策改革提供支持，试验项目最长期限为5年，其目的是信息交流和更好地实践。

《阿约》的历史意义除了在于它对就业的深刻影响外，最重要的是它第一次对就业政策的地位给予了明确认可（在《阿约》"就业一章"中指明了就业政策的地位），并将它提升到与其他经济政策同等重要的高度，从这一点上说，《阿约》具有划时代意义。值得注意的是，《阿约》尽管认为决定和执行就业政策的基本权利在于各成员国自身，但是"各成员国应当重视和促进就业并注意相互之间的协调"，成员国之间应当相互合作、联合行动并在欧盟的层面上提供行动方案。《阿约》取得的重要进展还在于它不仅在共同体层面提出了行动纲领，而且委托欧盟本身从更高的层面将就业作为明确目标，即"高水平就业目标就是将共同体政策和成员国的具体行动综合考虑"。

阿姆斯特丹会议同时通过要对就业政策条款尽快制定的决议，并准备召开欧盟非常会议来讨论欧盟的就业状况。各成员国的首脑因此在卢森堡聚会，旨在制定综合的就业政策。会议内容涉及建立健全的宏观经济政策，使欧盟单一市场的功能合理化，以及确定以劳动力市场改革政策为基础的欧盟《就业指南》的核心内容。

2. 欧盟共同就业政策的运行机制

1997年11月20日和21日，欧盟15个国家和地区的首脑及外长在卢森堡会议中确定了欧盟就业政策的具体内容。这次欧洲特别首脑会议被称为"就业特别会议"（Jobs Summit），也就是著名的"卢森堡进程"（Luxembourg Process）。

卢森堡进程确定了欧盟共同就业政策的具体运行机制，这一运行机制被称为欧盟就业策略（European Employment Strategy，EES），它不是单纯的就业指导政策，而是包含就业政策的内容、实施、总结、修订和推荐在内的严密的措施集合。其具体内容是：①欧洲议会每年向各成员国提供《就业指南》。②各成员国按照《就业指南》的要求改变和调整相关的政策和措施，并草拟一份年度国家行动计划（National Action Plan，NAP）。③欧盟委员会和欧洲议会一起分析和审阅各国的行动计划，同时通过反映就业政策的执行状况的《共同就业报告》(*Joint Employment Report*)。委员会同时提交修订后的下一年的《就业指南》。④在各成员国和地区首脑最后表决的基础上，欧洲议会正式通过修订后的《就业指南》。⑤欧洲议会多数人通过了将特别国家推荐（country Specific recommendation）列入欧盟委员会的计划中。

欧盟就业政策的运行机制（EES）首先涵盖了就业政策的内容——《就业指南》，它反映了欧盟就业政策的最新指导思想和具体内容。其次，EES 安排了就业政策的具体实施计划，即各成员国要按照《就业指南》的政策内容，在成员国层面制定符合各个国家实际情况的具体行动计划，来完成就业政策的要求。EES 是对就业政策实施效果的总结。《共同就业报告》将总结各成员国对就业政策的最新发展和改革，同时反映各成员国在具体政策制定中的实施效果。在对上一年的就业政策进行总结的基础上，欧盟将修订新的《就业指南》。最后，EES 对就业政策执行较为理想的成员国进行推荐，其他成员国可以根据实际情况借鉴和采纳好的政策和措施，使成员国在政策上靠拢，在实施效果上趋同。因此，为了更好地完成就业政策的内容，EES 在欧盟和各成员国不同层面制定了联合行动纲领，以尽快通过劳动力市场和就业政策的改革实现提高就业、减少失业的最终目标。

卢森堡进程的意义在于把就业问题当作欧洲共同关心的核心问题，并把它的重要性等同于宏观经济和财政事务，随着欧洲经济一体化的发展，欧盟经济变得更加相互依赖，只有集体行动才能解决问题。欧盟各成员国的首脑在阿姆斯特丹会议上已经同意给予就业政策合法的地位并在《阿约》中阐明，而卢森堡特别首脑就业会议进一步探讨了如何解释新的就业政策，认为没有欧盟国家间的团结一致和共同的社会权力作为基础，要实现劳动力市场的高水平就业和更加灵活的就业政策是十分困难的。为迎接这一挑战，欧盟必须为每个公民提供平等的机会和物质条件。会议肯定在就业政策方面以新的"积极的"措施取代"消极的"措施，明确了降低失业率的主攻方向。从此，欧盟统一的劳动就业政策迈上了新台阶。

3. 欧盟共同就业政策的内容

1998 年出台的第一份欧盟《就业指南》是以四方面内容为核心，并与其他相关政策融合制定而成的，这四方面内容被称为四项支柱（four pillars），其基本内涵分别为：

（1）发展中小企业，提升企业家的地位和职能

改革欧盟现行的劳动就业政策，刺激产生出更多更好的就业机会。其主要政策措施包括：为更容易开办公司提供一系列明确、稳定和有前瞻性的法规；发展

资本投资市场，使资金流向企业家和发明者；改革税收和救济金制度，使之更有利于就业。

（2）增强劳动者的就业能力

解决长期失业和技能障碍问题，采取积极的劳动力市场政策，通过实现教育和培训系统的现代化，增强雇员与工作之间的联系，能够为他们尤其是正在寻找工作的人们提供重新就业的机会。其主要政策和措施包括：解决长期失业和青少年失业问题；使从学校到工作的转变更加容易；从消极的劳动力政策向积极的劳动力政策转变；建立和发展社会合作伙伴关系。

（3）提高企业和雇员双向的适应能力

为企业和劳动力双方提供知识和设备，包括新技术和新的市场条件，提高二者的协调适应能力。其政策措施包括：加快企业组织的现代化进程；改善企业的适应能力；促进人力资源投资和发展内部培训，提供税务激励政策，为员工提供更多更好的培训机会。

（4）消除歧视，提供平等的就业机会

为使欧盟经济有全面的发展空间，男女应当享有平等的就业机会，同时拥有平等的权利和义务。为了增加平等的工作机会，其主要措施包括：减小性别差距；调节工作与家庭生活的矛盾，使之协调一致；使妇女更加容易恢复工作。当妇女经过一段时间的间隔重新回到有偿的劳动力市场，应当在政策上给予特别的照顾。

四项支柱的内容代表了欧盟共同就业政策的基本观点，同时也代表了欧盟过渡时期就业政策制定的框架纲领。这些基本准则的制定参照了各成员国现行的就业政策，而不是在欧盟水平上的创新，它们通过对长期目标的制定向传统的就业政策发出了挑战。这四项支柱的根本目的是通过共同努力保证所有雇主和雇员参与到新型、多元化和技能化驱动的欧盟新经济中，提高就业率，改变欧盟当前的就业。

四、欧盟就业存在的问题及展望

（一）欧盟就业的主要问题

1. 重供给轻需求，缺乏对企业的激励机制

目前欧盟的就业促进战略的一大缺陷就是着重强调供给侧的改善，一味地对失业人员进行技能培训，加大对社会劳动力的供给，却没有想到社会到底需不需要这么多劳动力。很少存在激励企业的政策措施，只强调企业的社会责任。在经济高涨时期，经济的进步需要大量的劳动力，那么这些积极就业政策的实施正好满足了社会需要，这对经济的发展是有利的。但是在经济衰退时期，企业大量的

停业破产关闭，社会上并不需要那么多劳动力，积极就业政策的实施形成的新的劳动力就无法安置，这样还会导致公共支出的增加。另外，欧盟积极的就业政策还有一定的挤出效应，例如企业为了减少成本会雇用一些不需要缴纳社会保障费的灵活性雇员而解雇原有雇员，从而导致正规就业人员的大量减少，灵活就业人员占据了大量的就业岗位，最终的结果就是失业率的居高不下。

2. 未能从根本上解决长期就业问题

一方面，欧盟国家虽然实行了比较统一的就业促进战略，但是其高福利制度政策却一直保持刚性增长，欧洲国家普遍有水平很高的失业保险制度，这是典型的福利国家社会模式。高福利制度变相地削弱了失业者参加劳动的积极性，因为综合来看，如果其失业领取的失业保险金比工作得到的工资少不了多少，这会出现高福利制度"养懒人"的现象。近几年甚至出现青少年用福利基金整容的丑闻，这些都揭露出其弊端。而且欧盟国家的青少年教育培训因其过长的学制和非就业导向型而广受诟病，其结果就是青少年择业意愿的下降，而且如果其接受了较高水平的教育，还可能提高自己的择业标准，这更不利于失业的解决。另一方面，欧盟的就业促进战略虽然在促进就业和刺激经济方面发挥了很大的作用，但仍存在一些潜在的弊端，比如国家实施的就业激活计划，一旦面临失业相关部门就会让失业者参加就业培训活动，如果一些失业者不愿意参加相应的就业促进活动可能就会匆匆找一份工作，其结果就是用不了多久又会失业。另外，在参加就业培训活动期间，劳动者由于特殊原因不能参加就业活动，就可能会失去一些潜在的就业机会，在参加完培训后，随着技能的提升，劳动者的择业标准也会提升。最后，就业促进政策还使欧盟国家面临着严重的财政负担，由于成员国不仅要为欧盟缴纳会费来解决区域性的失业问题，还需要拿出资金来解决本国的问题，这双重支出无疑非常沉重。

3. 同一政策用于不同国家，影响本国政策实施

欧盟统一性的就业促进战略往往不适合所有成员国，尽管欧盟一直没有停止要求实现欧盟国家开放的劳动力市场和人员的自由流动，但是各国的政策和国情并不适合这种政策。目前叙利亚战争使得几百万难民涌入欧洲，这使欧洲本来就存在的失业问题更加严重，而且欧盟本着国际人道主义的原则还要拨出专款来支援难民，但是并不是每个国家都买账。主要是难民数量太多，会严重影响国家的经济发展，而且新闻上经常爆出难民引发的丑闻，使得很多国家民众拒绝难民。比如，新上任的法国总统马克龙就因为主张实行禁止难民入境受到了广大群众的支持。以社保制度差异为主要特征的各国劳动力进入壁垒仍然是国际间劳动力流动的一大障碍，2004 年第二次东扩之后，欧盟一直反复强调要新老国家开放劳动力市场，芬兰、西班牙、瑞典等国家积极地开放本国的劳动力市场，但是为了避免本国的劳动力市场受到挤占，法国、德国等老成员国仍然没有开放自己的劳

动力市场。欧盟国家对于高技能人才的需求比较强烈，但是由于教育培训不够完善，不能够招收到相应的劳动力，另外，有的国家实施了比较严厉的就业保护政策，进行了相应的立法保护，不利于雇主的解雇和雇佣。

（二）欧盟就业状况的未来展望

《欧洲就业与社会发展报告》欧盟委员会年度旗舰报告，全面回顾过去一年欧盟就业和社会发展状况，并指出未来挑战和可能的政策回应。欧盟委员会于2017年7月17日发布该系列第七期《2017年欧洲就业与社会发展报告》。该报告详细分析了欧盟就业和社会发展的关键问题以及欧盟及其成员国在实现2020年就业与社会发展目标过程中的关键环节。本期报告开篇概述了欧盟就业与社会领域的最新发展状况、趋势和挑战，欧盟人口结构失衡将导致老龄人口不断增加和劳动人口逐渐减少，这将会影响未来经济增长及其可持续性，以及促进资源在代际间的公平分配以及相应的政策需要。从报告中可以看到现在的欧盟国家青年劳动力的就业情况有所改善或停滞不前，而老年劳动力的就业情况已经明显地得到了改善，欧盟18~25岁群体相对收入减少，而51~65岁及66~75岁群体相对收入增加。这显示出现在的欧盟青年就业问题已经被提上了日程，还有欧盟国家人口老龄化加剧所导致的人口负增长问题已经非常严重。欧盟2020战略包含了三大发展重点，其中第三条就是关于劳动就业的，其大体意思就是实现包容性增长，其主要内容就是实现更高就业水平、逐渐消除两极分化和增强社会的凝聚力。包容性增长就是指增加对劳动者的技能培训资金投入，增强就业的稳定性，实现人力资源市场和社会保障体系的现代化建设，以使人们逐渐应对社会的急剧变化，实现经济、社会和地区聚合的高就业增长。另外，要使20~64岁人群的就业率提高6个百分点，逐渐增加老年人和妇女的就业率，更好地使移民融入欧盟国家的就业体系中。

五、欧盟就业问题的解决对策

欧盟近几年为了促进就业，2015年开始实施一系列简称为"就业一揽子计划"的措施，减少劳动赋税，增加雇工补贴；发展新兴产业，例如绿色经济；帮助失业工人技术培训重新返回工作岗位；预测和监控劳动力市场，提高劳动力的技能培训。欧盟也出台了一系列政策针对青年失业人群，包括青年保障计划、青年就业倡议和高质量实习和劳动力流动等，保证25岁以下青年在离开学校或失业4个月内找到新的工作岗位。欧盟虽然采取了很多措施，但是欧盟失业问题并没有得到很好的解决，在促进就业方面还存在一些地方亟须改进。

1. 大力发展经济，提供就业岗位

欧盟近几年的失业率偏高，是由美国的次贷危机和欧债危机等金融危机带来的波动所导致的。经济萧条影响人们的购买力，人们的购买力下降直接导致需求减少，生产者会缩小生产规模，降低雇佣率，因此就业率下降，失业率上升。欧盟如果想要提高就业率，提供大量就业岗位，就要刺激经济恢复、发展。刺激经济增长是每个国家都想做的事情，并不是通过纸上谈兵就可以解决的，欧盟想要刺激本地区的经济恢复，就需要集全欧盟成员国的力量，共同面对难题，成员国之间要相互合作共同发展经济。如何发展经济是个非常宏观复杂的问题，并且欧盟是由多个成员国组成的，每个国家都有自己的国情，都有经济发展的难点，这就需要欧盟制定经济政策时要考虑到各个成员国的不同国情。

2. 各国之间相互协调合作，重视整体利益

欧盟是一个政治、经济、军事一体的联盟，但是在实际运行过程中，成员国经济间的往来不如美国、加拿大、墨西哥的北美自由贸易组织，政治上各个国家有各自的立场，军事上也没有一体化到用同一个声音对外。简言之，欧盟各国之间的相互合作力度不大，没有将整体利益放在首要位置，这就不利于欧盟统一政策的实施。所以要想促进就业，欧盟在制定一系列政策的同时，各国也要相互合作，重视整体利益。虽然各国国情不同，政策在不同国家实施时要因地制宜，但这并不意味着每个国家要单打独斗。相比美国、澳大利亚经济实力同样靠前的国家来说，欧洲有众多国家，每个国家的国土面积小且人口多，各个国家之间来往密集，在国际政治交流中，单独一个欧洲国家在国际政治中的话语权有限，但自欧盟成立以来，欧盟的国际地位不断上升。在国际上相比较欧洲众多国家，人们更愿意将欧洲看作一个整体。这一经验告诉我们欧盟各国之间要相互合作才能赢得共同的利益。在促进就业方面也一样，要想促进就业就需要欧盟各个成员国相互协调合作，在想办法解决本国就业问题的同时，了解别国的现状和解决方法，吸取他国的经验，使成功经验在欧盟国家传播，相互借鉴，提高战略实施的有效性。

3. 改变福利国家过高福利，抑制过快福利刚性需求

自英国宣布成为福利国家以来，欧洲多数国家开始追求高福利，并对自己国家的高福利政策引以为豪，福利国家的所有公民不论其从事何种职业，都被社会保险覆盖以抵御各种社会风险。但是高福利政策也催生了"养懒汉"现象，对于低收入者来说，不用工作仅依靠国家给予的各种福利补贴，也可以好好地生存下来。高福利待遇下，不想工作的人更加不会考虑如何工作赚钱来养活自己，况且福利国家的国民纳税水平高，低收入者在没有工作之前符合领取各项补贴的要求，在工作后反而不再符合领取补贴的要求，而且因为要纳税，工作后的收入还不如没有工作之前高，这就造成了福利陷阱，人们不愿意去工作。例如瑞典，实行高税收和高福利制度，这一制度下失业者可以从国家连续三年领取工资收入的80%，这一制度影响了失业者找工作的积极性，也使瑞典在经合组织国家中成为自谋职业者人数最少的国家。从瑞典这个例子可以看出，超出发展需求的高福利

政策增强了人们的懒散惰性。而且国民对福利的需求是一种刚性需求，一旦满足人们的福利需求，福利需求就只有提高的做法，不可能去降低人们的福利水平，降低福利水平会导致人们的支持率下降，这是执政者不愿意看到的，还可能会影响社会稳定，陷在福利陷阱里，国家经济不会得到恢复，就业率也不会上升。所以要想促进就业率的提高，欧盟就需要改革高福利，抑制增长过快的福利需求。例如提高领取失业保险金额的标准，很多人在失业后靠领失业保险金生存不去寻找新工作，这时可以缩短失业保险领取时限同时增加就业培训等附加条件，帮助失业者提高劳动技能以便更快地找到工作。

4. 降低难民福利待遇，加强对其职业培训

欧洲自接收叙利亚难民以后，大量难民涌入，大多数难民受教育水平低难以找到工作，并且欧盟大多数国家对待难民一视同仁，难民享受与国民一样的待遇，领取同样的救济金。对于自身深陷福利陷阱的国家来说，大量难民享受同等待遇只会加重国家的财政负担。而且许多国家对于难民只提供救济金，并没有其他政策来帮助难民适应社会发展，找到谋生之路。欧盟可以采取措施降低难民的福利待遇，例如缩短救济金提供的期限，并且为难民提供职业培训，使其可以自力更生。

5. 实施灵活就业政策，鼓励非全日制就业

通过灵活就业和新形势的就业来发掘欧盟的就业潜力，灵活就业和非全日制就业可以使没有条件支持全日制工作的人员参与就业中，从而提高就业率。之前欧洲国家过分依赖制造业而轻视服务业，这阻碍了就业机会的提供。灵活就业一般不是全日制就业，雇主与雇员就免去了缴纳社会保险税，这种方式是中小企业喜欢的就业方式。灵活就业可以促进中小企业发展，增强中小企业的用工灵活度和竞争力，进而促进经济发展。目前在欧洲这种就业观念得到了大多数人的支持。灵活就业方式可以使家庭妇女参与到工作中来，在闲暇之余从事一些灵活工作，补贴家用。也可以使找不到正式工作的失业者通过灵活就业的方式赚取工资，维持生活需要。例如，德国采取灵活的工时制度和就业创新形式来提高本国的就业率；荷兰采取非全日制就业制度使其失业率远远低于欧盟平均水平，利用其较高的灵活就业比例使就业人数有了大幅增加。但是欧盟在鼓励灵活就业政策的同时也要保证雇员的权益和工资水平。

6. 加大对青年、低技术者、长期失业者、妇女、残疾人等弱势群体的扶持

欧洲的青年就业率相较于其他地区非常低，这是因为欧洲老龄化严重，老年人的就业比例高，提供给青年的岗位就少之又少，欧盟青年失业人群长期失业率高，就业意愿与信心不足。在失业群体中大部分是青年、低技术者、长期失业者、残疾人等弱势群体，这部分弱势群体因为各种原因很难找到合适的工作。对于弱势群体来说，政府并不能一味地提供救助金，授之以鱼不如授之以渔。仅提

供救助金是一种治标不治本的方法，长此以往，只靠救助金而没有其他配套政策，会使国家陷入福利陷阱，人们更加不想工作，进而加重政府的财政负担。对弱势群体的就业扶持包括对他们进行职业培训，针对社会需要的就业种类提供就业培训服务，提高弱势群体的劳动素质，使他们符合社会就业岗位的需要。对于青年失业者，政府要提高其就业信心，鼓励青年失业者参加就业培训，青年是一个国家的希望，如果青年对未来社会抱有悲观的态度，这不利于社会长期发展。政府也可以针对这些弱势群体兴办相关产业，为这部分人群提供就业岗位。

7. 加强职业培训与终身教育

失业者之所以失业，绝大部分原因是失业者掌握的生产技术被淘汰，不再符合社会发展的需要。社会是不断进步、不断发展的，因循守旧，抱残守缺，不学习新的技术就会被社会淘汰，想要跟上时代的步伐就要不断学习。同样的道理，针对失业者就要加强对其职业培训，倡导员工终身学习。例如，德国投入上亿欧元为新移民提供教育支持，使其跟上社会发展潮流。职业培训与终身教育对于想要再就业者来说十分重要，再就业者可以通过职业培训掌握先进的生产技术，跟上时代的脚步，提高自身的劳动素质。职业培训针对的人群也不仅是失业者，还包括青年以及残疾人、低技术者等弱势群体。欧洲青年的就业率近几年一直不高，且青年对未来就业前景抱有悲观态度。残疾人因为身体原因，受限于很多岗位。家庭妇女因为长期与工作岗位脱节，当她们想要工作时也被企业门槛所限制。针对这些群体政府需要加强职业培训，使他们与社会联系起来，不被社会抛弃。

六、欧盟就业战略的绩效分析

（一）在应对全球性金融危机方面渐入佳境

2008 年发生的全球性金融危机冲击了整个资本主义社会，对于欧盟国家团体也造成了不小的打击。但是欧盟国家早在 20 世纪 90 年代就开始寻求新的就业促进办法，在 1997 年欧盟就提出了"欧盟就业战略"。这次金融危机欧盟国家能保持相对较低的失业率，很大程度上得益于危机发生之前就对劳动力市场进行了改革和采取了积极的就业促进战略。"欧盟就业战略"最重要的一点就是开放协调法下的就业促进政策，其核心在于发挥企业家精神、提高就业能力、促进就业平等和增强劳动适应性。这四方面的内容不言而喻，首先要充分调动企业家对经济发展和促进就业的社会责任感。企业是劳动力工作的场所，每个中小企业都可以容纳成百上千的劳动力，这对于解决就业问题有很好的促进作用。所以欧盟的就业战略在前期特别注重中小企业的发展。但是欧洲国家现在大部分已经度过了单纯以第二产业为主导的时期，现阶段大力发展中小企业的政策虽然理论上可行，但是实施起来难度很大。所以欧盟采取了一系列措施来促进劳动密集型产业的发展，包括通过税收减免和补贴政策促进企业扩大规模吸收更多劳动力、鼓励个人自我就业发展第三产业等。目前长期困扰欧盟的就是青年失业问题，德国在这方面做得比较好，德国特别注重对于青少年的职业教育培训，在其正式走上工作岗位时需要进行两方面的培训。其一，在其上学期间就要接受相应的职业教育，使这种就业观念在校园期间就根深蒂固；其二，在其走上工作岗位时要进行一段时间的岗前培训，培训完还要进行严格的审验，只有通过审核才能正式走上工作岗位，这不仅提高了青少年的劳动技术，还有利于失业后的重新就业，减少了失业后的教育培训开支。目前欧盟就业政策的实施促进了妇女和老年人的就业，现在欧洲妇女的就业状况得到了极大的改善，很多妇女甚至走上了国家的领导阶层。所有这些措施都取得了很好的成效，在危机前女性的失业率只比男性多5个百分点，而且从1994年到2008年，欧盟的失业率也下降了3个百分点。危机前不少国家的就业政策起到了未雨绸缪的作用，比如德国施罗德执政期间采取的"哈茨法案"，主要包括没有正当理由必须接受国家提供的岗位进行工作、大力支持失业者参加教育培训，保障失业者的基本生活需求；采取鼓励失业者参加不需要缴纳社会保障金的临时工作，减少失业的发生。这些举措与欧盟的就业战略基本是相符的，为危机中的德国快速地作出反应奠定了良好的基础。

（二）促进了劳动力市场的完善和职业教育的发展

欧盟统一的就业战略的实施，有利于劳动力协调机制的建立，1997年欧盟确立的《阿约》成为欧盟层面实现欧盟劳动力协调机制和欧盟就业战略实施的里程碑。这一系列欧盟层面的就业政策的实施，特别是卢森堡议程，在欧盟一体化进程中占有举足轻重的地位。卢森堡议程确定了欧盟层面就业协调机制的总体政策，包括通过一系列的就业指导原则，在四大就业支柱基础上协调各国的就业政策、制度和法律方面的改革，创造更佳的就业环境，还通过一系列的社会政策调节，减少了指令性指示，更多的是采取"开放协调模式"推行"软法规"治理模式。经过多年的实践，这一制度创新已经对欧盟各国的劳动力市场产生了诸多积极影响。在欧盟就业战略指导下，欧盟各国的就业政策进行了明显的调整，就业形势有了好转。另外，开放治理政策下的政策传播效应开始出现，各成员国之间通过对政策的学习和引进，各国的就业政策开始趋同。从量化的指标来看，欧盟就业战略实施后，欧盟国家的劳动力市场得到了明显好转。在实施之初，失业状况得到了明显改善，就业岗位增加了几百万个，就业人数也大幅提升，尤其是女性就业状况得到了很好的改善。政策传播效应带来的一系列增值效应，同行评议的反馈证明了这种观点。现有的结果显示，由于不同国家的具体情况不同，国家间对就业战略的评价也有所不同。荷兰作为北欧就业模式的典型，认为欧盟的就业促进战略对于本国没有很大的影响，因为荷兰早在欧盟就业战略提出以前就采取了同其类似的就业政策，而且取得了较好的效果，失业现象很少发生。作为南欧国家的意大利对欧盟就业战略的评价并不好，认为其对自己国家的失业没有什么帮助，欧盟的就业战略缺乏灵活性，不能根据不同国家的情况采取不同的政策。德国、法国等国家普遍认为欧盟就业战略对本国就业作用很大，尤其是法国认为，在就业战略的促进作用下其就业状况得到了很大的改善，政府各部门间的合作加强，雇员和雇主的对话意识明显增强，并积极地采取预防性措施和有利于就业的税收财政政策。

（三）促进了欧盟国家的团结和一体化

在促进就业方面，欧盟国家显示出了前所未有的团结，为了应对 2008 年的金融危机，欧盟委员会出台了覆盖整个欧盟层面的应对措施，力图通过加大成员国之间的合作来应对金融危机。由于欧盟是一个成员国众多的国家，而且欧盟国家在货币等方面都实现了统一，在解决就业问题上欧盟采取了统一性政策。当发生经济危机的时候，欧盟制订了欧盟经济复苏计划，旨在促进就业和复苏经济，其中针对劳动力就业的部分尤为重要。欧盟委员会计划投资 18 亿欧元用于各国的就业促进计划，以此来加强各国的合作，主要包括促进低就业能力人群的就业培训，发放就业补贴，鼓励失业者自助就业择业。另外，对劳动密集型产业减少增值税征收，鼓励各国开放自己的劳动力市场，履行相应的义务，促进欧盟区劳动力的自由流动，使经济状况较好的国家主动带动失业率较高的国家，实现互相弥补。欧洲社会基金和欧洲全球化基金是欧盟区用来帮助欧洲相关国家应对全球化经济危机，缓解失业状况而专门设立的基金部门，欧盟各国都可以申请相应的资金用来弥补经济重点领域的资金不足，为企业提供资金支持和补贴。里斯本战略在全球性金融危机中并没有发挥应有的作用，结合危机应对和长期性劳动力市场促进战略，欧盟在 2010 年提出了"欧盟 2020"长期战略，其中有关促进就业的政策有在 2020 年实现青壮年就业率达到 75%，保证 30~34 岁群体中有四成的人接受过高等教育。在新战略的实施中，欧盟委员会每年都会对成员国的政策实施状况进行评估，并针对各国的具体状况提出建议。由此可以看出欧盟就业战略的实施增强了欧盟各国的国家责任感，凝聚了更加强烈的团队意识，对于各国卓有成效的就业促进政策也善于学习，有利于欧洲一体化的进程。

第二章 德国就业问题及其政策

一、德国就业问题概述

德国是欧盟经济的"火车头",在欧盟有着举足轻重的地位。与欧盟其他大部分国家不同,德国近几年来经济复苏迹象明显,2015—2016年经济增速都在1%以上,2016年经济增速更是达到1.9%,这对于欧盟整体来说,是个很了不起的经济增速。德国经济近几年来处于持续的繁荣期,这个繁荣期建立在稳定的国内经济增长上,与此同时,德国的国内资本利用率提高,总体就业水平呈不断上升的态势。根据德国经济部的数据显示,德国政府将2017年的经济增速预期由1.5%上调到2%,将2018年的经济增速预期由1.6%上调到1.9%,多家国际机构也对德国经济充满信心,纷纷上调了德国经济增长的预期。强劲的经济增长提升了劳动力市场的紧张程度,2017年3月失业率为3.9%,26年来连续5个月处于历史最低值。自2006年以来,登记失业人数下降了50%,从500万下降到不足270万。就业人数达到4390万,这是德国统一以来的最高就业人数。然而受欧债危机和金融危机的影响,欧盟整体失业率居高不下,西班牙、希腊等国年轻人失业率甚至达50%以上,但德国失业率却维持在5%~6%的低水平。

1. 德国总体失业率变化情况

1995—2006年,德国整体失业率一直维持在9%~11%:其中,1995年和2001年的失业率最低,为9.4%,2005年失业率最高,为11.7%。2007—2016年,德国失业率一直呈下降趋势:其中,2007年失业率最高为9%,2015—2016年一直保持在6%左右,2016年德国失业率为6.1%,创历史新低。

2. 德国青年人群的就业情况

2015年德国联邦统计数据显示:2015年德国青年失业率为7.7%,在欧盟国家中最低,2015年德国15~24岁青年人中大约有33万人失业。而同期欧盟青年失业率为22.2%,其他国家青年失业率分别为:法国20.5%,意大利42.7%,希腊52.4%,西班牙53.2%。2015年美国青年失业率为15%左右。在欧洲青年就业存在普遍困难的"阴霾"之下,德国显得一枝独秀。

3. 德国女性就业情况

在德国,女性失业情况比男性更严重。德国许多女性选择兼职或失业,主要原因有:德国有大量女性甘愿做"全职妈妈",由于德国的出生率很低,政府鼓励生育，会给予有小孩的家庭一定的补助，这种补助会随着孩子数量的增加而提高，德国幼儿园教育收费高昂，而女性收入较男性偏低，如果女性选择失业，其自身还可领到救济金，所以对于那些低收入女性来说，选择失业其家庭收入反而更多；结合女性自身特点，就业领域较窄，大多数女性选择兼职或服务型行业，受经济和市场波动的影响较大，收入不稳定；受传统观念的影响，女性的就业前景不如男性，大量女性服务于家庭，一些女性文化素质较低，难以找到合适的工作，削弱了她们的就业积极性，于是选择失业。

二、德国失业率较低的原因

近年来，德国的失业率低于美国，更是低于希腊、西班牙等欧盟国家，主要原因为：德国在欧债危机和金融危机的影响下，近几年来经济复苏明显，经济增速回暖；劳动者自身素质和劳动技能的提高；自由劳动力市场的形成，双元制职业教育体系。

（一）德国经济明显回暖

德国经济复苏明显的原因在于其坚实的实体经济基础，德国是名副其实的"制造强国"。德国工业门类齐全，拥有完整的加工生产链，掌握高精尖的生产技术，科技后备人才力量充足，拥有雄厚的研发能力，德国强大的工业基础和超高水平的工业竞争力是经济明显回暖的根本动力和根基。2016 年，德国经济增长 1.9%，为 5 年来最高增幅。2015 年，国内生产总值增长率为 1.75%；2015 年为 1.6%。经济发展是促进就业的基础，经济的强劲发展明显促进了就业，降低了失业率，有关数据显示：2016 年在德居住人员的就业人数约为 4340 万，创下东西德统一以来的最高水平。2016 年德国居民就业人数比 2015 年增加 42.5 万，增幅为 1%。德国劳动力市场之所以呈现积极发展态势，主要原因是德国本国经济的增长，创造了更多的就业岗位，加大了对劳动力的需求。至此，德国就业人数已经连续多年保持增长。德国失业率在欧盟成员国中仅次于捷克。

（二）劳动力适应市场需求

德国重视教育的发展，教育体系十分完善。德国的教育体系主要分为五部分：基础教育层级、第二级初阶（职业预校、实科中学、文理中学）、第二级进阶（衔接文理中学第二级初阶的学生以及职业教育再深化的教学内容）、第三级高等教育（传统大学、技术学院、科技大学）、衍生教育（包含现行学校教育体制以外的教育范畴，以及非制式规定的、私人性的、职业性的继续教育），在这种科学完备的教育体系下，德国人可以接受良好的科学文化教育和专业的职业化教育，这大大提高了德国劳动者的素质，更好地适应了德国劳动力市场的需求。

（三）自由的劳动力市场

从2003年开始，德国针对劳动力市场开展了一系列改革，改革的目的是放松对劳动力市场的管制，从而加强灵活性就业，改革强调将就业的灵活性和安全性相结合。在改革政策设计过程中，对劳动和社会保障部门实施"去官僚化"，使之与市场紧密结合，提高政府管理部门的行政效率。对社会救助和失业保险进行改革，合并失业援助和社会救助，改革后称为二类失业金，这项改革的目的在于鼓励失业者寻找工作。缩短失业金领取期限，对于想领取此类养老金的人来说，必须符合一个前提条件，那就是失业者需履行积极就业的措施：一是证明自己主动寻找工作；二是接受灵活的就业形式；三是接受以尽快就业为目标的职业培训。进一步促进职业培训和中介领域的市场化，引入竞争机制。在目前德国经济向好的形势下，这项改革促进了灵活就业，降低了失业率。

（四）双元制职业教育培训体制

双元制职业教育体制是指，青少年初中毕业后需要在职业化学校学习专业理论和文化知识，又需要在企业学习相关职业应用理论和接受职业技能培训。双元制职业教育是一种理论与实践、知识与技能相结合的产物，职业教育和培训制度的紧密配合，为德国培养了众多高水平专业技术人员。德国社会对技术工人和其他从业人员一视同仁，社会大众非常认同职业教育，在德国的教育体制下，职业教育和大学教育具有同等重要的地位。在德国社会中，有相当比例具有上大学资格的高中毕业生，选择职业教育学校而没有接受大学教育。

（五）德国劳动就业促进对策

1.促进中小企业的发展，提供更多就业岗位

中小企业在促进经济发展，吸纳劳动力就业方面起着重要作用。德国拥有大约360万家中小企业，占德国企业总数的99.7%。数量如此庞大的中小企业，虽然营业额还远不及大企业，但是对德国的经济发展、就业市场起到至关重要的推动作用。中小企业解决了德国2100多万人口的就业问题，占所有就业人口的79.6%。看到中小企业在促进就业方面得天独厚的优势，政府应继续制定优惠政策，加强政策导向，促进中小企业的发展。

2.严格失业保险规定，发挥工会组织作用

失业保险使失业者在失业期间可以享受政府提供的补贴，保障自己的基本生活。由于欧洲大部分国家的福利待遇水平较高，一些失业者在失业之后，对失业保险的依赖明显加大，滋生了失业者的"惰性"，失业者消极就业、故意失业，

使劳动力市场"畸形"发展，造成了社会资源的极大浪费，所以要严格失业保险享受规定，对失业保险享受的标准和期限作出明确规范，使失业保险向促进积极就业方面发展。例如，享受失业保险失业者要参加职业培训，自己主动找工作；重视发挥工会组织的作用，工会组织要积极维护劳动者的权益，工会组织要加强同企业、政府的协商沟通，参与制定合适的薪酬标准和劳动时间，改善劳动者的工作环境，吸引失业者积极就业。此外，工会组织可以义务组织开展对失业者的劳动技能培训，增强失业者的自信心和归属感。定期发布劳动力市场调查报告，实时发布市场动态，使失业者再就业与市场需求相匹配，提高再就业率。

三、德国就业状况改善的深层次原因探析

自 2003 年始，德国推行了一系列劳动力市场改革措施。改革的取向，是放松劳动市场管制从而增强就业灵活性。为此，德国政治家和经济学者做了大量社会动员工作。在理论上，强调向有关社会市场经济制度的基本思想回返，将就业安全性与灵活性相结合。在政策设计中，对劳动和社会保障管理系统实行"去官僚化"改造，变革社会救助和失业保险条例，激励失业者从事灵活就业。

市场的基本构成要素是价格和产量，劳动力市场也不例外。作为核心要素的工资设定和边缘部分的社会保障体系共同作用于就业的发展。劳动力市场体系的改革，包括税费（社会保险费）、工资设定（雇佣合同形式）和相关社会保障政策等的变化，会阻碍或增加劳动力供给或需求。积极的劳动力市场政策通过培训、求职指导等措施使失业者重返就业，而较低的工资增长水平会增加雇主的用工需求，二者共同推动较高的均衡就业水平。

缩短工时的作用在于保存核心劳动力和就业。为何将 2008 年金融危机期间德国就业状况改善的核心归为节制的工资增长水平呢？短时工作制是德国应对危机的惯用手段，短时工作制的延续与扩展被认为是德国应对经济危机的重要措施。

事实上，短时工作制最早被使用始于 1910 年，当时是为了向钾肥业工人提供财政缓冲。今天我们所熟知的短时工作制产生于 20 世纪 20 年代中期，与整个社会经济改革措施相结合以应对 1923 年的恶性通胀，随后应用于所有行业。20世纪 60 年代，当德国战后恢复遇到首次衰退时，短时工作制作为一项劳动力市场制度被普遍接受。德国统一伴随着痛苦的社会经济结构转型，短时工作制又被广泛运用。具体而言，如果工人工作时间缩短，企业仅支付他们实际工作时间所得工资，同时工人可以获得大概相当于其工资 60% 的短时津贴以弥补其收入损失，有孩子的可获得 67%。一般情况下，企业先支付短时津贴，再由当地就业服务机构给予补偿。此次金融危机期间，德国政府第一次寻求工会和雇主协会的帮

助以实施经济刺激政策和其他就业保护措施。

最典型的措施之一便是短时工作制。联邦劳动事务所数据显示，2009 年有 150 万名工人（占总就业人数的 3.8%），从本质上看，本次短时工作制的实施与过去相比并无特别，但失业却没有像以往经济衰退或结构性变革时期一样显著增加，所以短时工作制并不能从根本上解释德国就业状况极大的改善。德国应对 2008 年金融危机的劳动力市场措施（短时工作制）与过去并无显著不同。不同的是，过去使用短时工作制应对危机并未抑制失业率上升，而此次，失业率不仅稳定而且有所改善。所以，将短时工作制解释为此次德国就业"奇迹"的根本性原因是不准确的。

四、哈茨改革的双重作用

俾斯麦福利体系的核心是以保险为基础的社会保障体系，虽然限制了劳动力市场的收入不均和工资差距，却导致大量长期失业者囤积。20 世纪初，德国失业率曾为欧洲国家之首，经济合作与发展组织报告曾经指出，欧洲大陆完善的就业保障体系导致其高失业。用于支付社会保险的、高昂的非工资劳动成本危害德国的国际竞争力。2003 年 3 月，施罗德提出"2010 议程"，旨在增加德国劳动力市场的灵活性。"2010 议程"的核心是激励型劳动力市场政策，具体以鼓励年长工人返回就业市场、停止提前退休政策为目标。

彼得·哈茨领导，由工会代表、雇主代表、政府代表组成的委员会提出了一系列建议，许多建议后来被联邦议院通过，并于 2003—2005 年付诸实施。哈茨方案设置了严格的工作寻找监控制度，将老龄工人失业保险享受期限由 32 个月减少至 18 个月，加重了拒绝工作机会的惩罚措施。同时，把法定最低收入失业保险金与激励重返就业相结合，即依赖于法定最低收入的员工可以再做一份兼职工作，每月多赚取 100 欧元。

这项改革意味着劳动力市场政策由人力资本指向型向更强调增强求职者接受低收入工作的"要求因素"转移，即求职者开始被要求就职于低收入工作而不是坐享福利。施罗德推行的哈茨改革极大地促进了个体经济、低收入工作、兼职工作等的发展，增加了劳动力供给，基本改变了"高福利—低就业"的状态。

2008 年，德国总就业率达到 69%，高出前一个就业高峰水平 3%。劳动力供给增加有助于提高均衡就业水平，但是并不能保证金融危机期间企业不裁员，因而不能从根本上改善德国危机期间的失业状况。

另外，失业福利的削减意味着失业者保留工资的减少，并且，改革措施为雇主提供了更大的用工灵活性。2003 年，解雇保护规则的限制有所放宽，门槛由 5 人公司放宽至 10 人公司。

大多数西方国家的工资水平通过工会和雇主协会的讨价还价来制定，而在不同的劳动力市场体系和经济结构下，发挥主要作用的社会伙伴有所不同。在德国工资设定过程中，制造业出口行业所在的五金工会起主导作用。近年来，该行业的工会表现出克制工资增长的意愿，导致劳资双方谈判的结果是适度的工资增长，这与企业的调整与重组有紧密的关系。

与前几个经济衰退期相比，特别是 2002 年劳动力市场改革在维持工资节制的同时，也直接或间接地提高了均衡就业水平。由于德国劳动力收入的增长长期滞后于资本收入，至 2008 年年底，企业都拥有较强的竞争力。根据股本和流动性缓冲，德国企业在危机爆发时（与之前的衰退时期相比）具有相当良好的财务状况，所以能够以损失生产率为代价来储蓄劳动力。

当然，企业也有通过保护核心劳动力以避免技术劳动力短缺的考虑。奥利弗·科佩尔的报告显示 2008 年德国技术专业性劳工短缺率达 25%。

综上所述，短时工作制是德国在衰退时期的惯用应对措施，并不是此次金融危机的特例。此次经济危机导致全球需求紧缩，主要影响了德国的贸易型企业。危机之前，这些企业表现良好且利润显著，危机几乎没有使它们暴露出结构性问题。

由工资节制造成的较大竞争力使德国企业具有较强的承受雇佣与解雇成本临界值的能力，可以通过短时工作制储蓄劳动力，保证了就业率的稳定。施罗德所推行的哈茨改革的核心在于降低福利水平，刺激就业。

一方面，福利降低的压力和非典型性工作的推广，有助于就业的增加；另一方面，雇主用工灵活性增加和保留工资降低，有利于维持德国工资节制的总体水平。如果没有工资节制来保证德国企业较高的竞争力，单靠促进劳动力供给的劳动力市场改革并不能保证危机期间企业不通过裁员来减少损失，恰恰相反，危机期间被解雇的正是那些兼职工或临时工。

所以，工资节制是短时工作制在本次危机中发挥作用的基础，而哈茨改革有利于巩固工资节制，较低的工资增长增加了劳动力需求，从而提高均衡就业水平并促成危机之前良好的就业形势。因而，就业状况改善的深层次根源在于德国的工资节制。

五、德国青年就业政策

（一）德国青年就业现状及解决措施

与其他西方发达国家相比，德国的青年失业率一直被控制在较低水平，因此德国的青年就业政策在国际上常被视为成功的典范。德国年轻人的失业率较低，主要归功于其自身良好的国民教育及培训体系。德国的职业培训实际上是一种适应工作的培训。它要求培训与工作相互交替，形成"培训—工作—再培训—再工作"这样一个循环往复的过程。

德国在职业培训过程中"双元制"的再就业培训项目起了显著的作用。"双元制"培训是德国就业培训的核心，该培训在企业与培训学校同时进行。根据德国《职业教育法》的规定，各企业要严格把好"就业者必须先接受正规的职业教育"这一关。德国青年在读完普通中学后，90%以上的人要接受职业培训，准备进入职业生涯。经过 2~3 年的职业培训后，还必须通过严格的职业技能、水平考核，才能被企业吸纳为正式员工。受训青年有权获得由企业所提供的培训补贴。可见，解决青年失业问题更多地需要国家和政府发挥宏观调控作用，同时也需要企业、社会等的共同关注。

德国对青年失业者提供 3 种培训项目：职业预备培训、职业培训支持和企业内培训。德国政府为找不到学徒制培训岗位者提供职前预备培训，其主要内容有：开设"切入点培训课程"，目的是培养受训者对职业培训和就业的兴趣；基础培训课程，对象是准备接受就业培训的青年以及准备参加职业资格培训的青年；支持课程，面向残疾人，为他们就业与培训提供支持；开设提高就业能力课程，对象是找不到其他培训的青年，目的是发展他们的个性。

（二）德国解决青年就业问题的主要经验

青年就业政策是一国政府为解决青年就业问题而制定的法律、法规、方针、制度及实践纲领的总和，其中包括执行和实践这些法律、法规、方针、纲领的职业指导体系、培训体系及实施的方式和途径。就业问题本身是一个社会的系统工程，必须做到社会各系统的整合。对于各国政府来说，虽然坚持系统整合一直是基本的思路，但具体到实践中，如何在本国国情的基础上使整合富有成效，却是一个需要不断探索的问题。大体来说，德国在解决青年就业问题上，主要有以下值得学习的地方。

1. 健全的就业法规体系

在德国，青年就业首先在法律法规上得到较为系统的保障，这种保障是以职业教育、职业培训和劳动保护等与青年就业密切相关的重大方面为基础，构成了具有德国特色的青年就业扶助体系。早在 1969 年，当时的联邦德国就颁布了《职业教育和培训法案》；1976 年，根据对培训位置的规划和预测，德国颁布了《培训岗位促进法》；1981 年，为了将职业教育研究与职业教育管理和规划相联系，德国颁布了《职业教育促进法》；为了改善对青年人的劳动保护并提供相应的就业咨询指导，德国还先后颁布了《青年人劳动保护法》《联邦社会援助法案》《儿童与青年服务法案》等一系列与就业相关的法规。

这些法规的颁布，使青年就业项目的实施以及就业前的培训成为一种专门性、强制性的社会义务，也成为历届政府执政期间必须考虑的要务，例如 1988 年施罗德"红绿联盟"政府上台之初，就把"同失业作斗争和强化经济"作为执政第一要务，以减少失业为衡量政绩的首要标准，致力于增加就业和劳工市场改革。

在制度层面，实习制度和职业认证资格体系的建立与实施，通常被认为是德国解决青年就业问题的关键环节。实习既包括进入企业后的正式训练，也包括在校期间以天或小时进行的间接训练。在德国，接受过实习训练的青年占 65%~70%。通过实行严格的实习制度，不但有利于青年劳动技能的形成，教育系统与劳动力市场也实现了较为成功的整合。参与实习的人数比率之所以较高，与德国权威的职业认证资格体系密切相关。这种职业认证管理非常严格，认证程序也很正规，因此在全行业均被认可，青年获得职业认证资格则意味着获得了就业的"入门证"。这种双元培训体制把培训与就业紧密结合起来，培训内容往往是职业岗位工作技能，实习地点就是将来的就业单位，这样"既有助于培养一支高质量的劳动大军，又有助于把青年失业率保持在低水平"。

更为重要的是，在德国，这些制度的实施得到了社会的广泛支持，例如在实习项目管理上，企业和员工代表都参与其中，共同商定培训内容和管理方式，并在其中引入了互惠机制，使各方利益都得到不同程度的实现；在实习和职业资格认证方面，政府、社区与青年组织也积极地对其进行评估与监督。可以说，德国是动员了全社会的力量去倾力解决青年就业问题的。

2. 完备的职业指导体系

在职业技术人力资源的利用和开发过程中，职业指导发挥着极为重要的作用。它不仅帮助青年提高选择职业的能力，加大就业概率，而且帮助拓宽青年的职业发展前景。德国在这方面的工作做得比较完备。

（三）德国经验对我国青年就业的启示

德国解决青年就业问题时非常注意政策的配套与社会的协调，这启示我们在解决青年就业问题时，应该结合国情，着重做好以下几方面工作：

1. 完善青年就业法规，健全职业资格认证制度

当前我国有关青年就业的法规建设不够完善，有关就业的各项法规，主要散见于《中华人民共和国劳动法》《中华人民共和国妇女权益保障法》以及教育部公布的《普通高等学校毕业生就业工作暂行规定》、劳动和社会保障部公布的《最低工资规定》等一般性法规中，缺少专门针对全体青年的、独立的就业法规。由于青年在工作经验方面所处的弱势地位，需要法律给予特别的保护。从德国的经验来看，其青年就业法规非常注意操作中的系统性，而且覆盖了整个青年群体，这是我们在建立健全青年就业法规时需要借鉴的。

与青年就业法规相配套的是职业资格认证制度。目前这种资格认证制度仅在一部分行业实行，其广泛性、有效性和权威性都很不够，政府需要尽快制定多种行业的职业资格认证制度，已经建立的职业资格认证制度，也应设法确保其在行业内能够获得广泛的认可。对于用人单位来说，要特别注意把职业培训（见习）与职业资格认证制度结合起来，政府也应在这方面更多地发挥规范和监督作用。

2. 加大职业技术教育改革的力度

就业状况与人力资源的专业知识、专业能力结构密切相关。我国劳动力市场存在这样一种人才供需矛盾：一方面，许多大学毕业生和社会青年找不到工作；另一方面，企业难以找到能适应岗位工作的劳动者。这与我们的教育结构及教育内容有关（即普通高等教育与高等职业教育比例失衡，以及重学术教育轻职业教育）。从德国的情况看，据统计，1995 年职业专科学校毕业生的失业率为 2.3%，而普通大学和专科大学毕业生的失业率分别为 3.7% 和 3.2%，高于职业专科学校毕业生。因此，从教育改革的宏观布局角度看，应该加大职业技术教育的建设；从微观角度看，现有的各种规格的职业技术教育也应在"把实际的工作经验和组织环境与理论课程结合为一"上多下功夫，在教育系统与劳动力市场整合上多进行创新，特别是要加大学生的实习实训以及职业见习的时间，可在目前通行的较为笼统的"大学生社会实践"时间中专门划出一部分作为"法定"的专业实习时间。

此外，我们的教育观念也应改变。我们的教育当然是为社会培养合格的劳动者，但是否"合格"，目前的标准只有文化考试，并没有将职业劳动能力纳入考核标准中，这应该成为教育改革中的一个重大课题。

3. 加强青年就业指导和培训

目前我国青年就业指导的对象主要限于临近毕业的大学生和职高生，其他青年特别是农村青年则很难得到专业的、个性化的就业（创业）指导。另据劳动和社会保障部统计，我国半数以上的就业青年没有接受过任何形式的培训，缺少专业技能使青年在劳动力市场上处于弱势地位。因此，无论是就业指导还是就业培训，都存在许多"被遗忘的角落"。培训与就业相结合是当今经济发达国家的潮流，德国的"双元制"便是一个典范。"双元制"使学校的基础教育与青年人的岗位培训相结合，通过培训特别是到企业工作实习，对青年人来说，可使他们将自己的学习立足于劳动力市场，校正自己的学习目标，并在一定程度上弥补工作经验的缺乏。

因此，对我国来说，应该使职业培训成为一种与就业挂钩的"准入"制度，并将法定的就业指导机构由学校扩大到其他社会基层。

4. 加强各种社会力量的整合

青年就业问题是一个全社会的系统工程，不能单靠教育部门或劳动部门，要动员各种社会力量从不同层面为青年就业提供服务。这样的道理，泛泛而谈，似乎谁都明白，问题是我们目前还缺少明确的、系统的法律法规来规定和规范这种运作。比如，哪些部门或人员具有就业指导咨询的资格，哪些渠道可以提供就业服务，哪些机构或企业具有职业培训的资格或义务，各部门在指导、咨询、服务中各自的权限是什么，等等。社会力量的整合应该是有序的、合法的，否则要么缺少强制性和约束力，要么容易形成"诸侯割据"的局面。

5. 建立鼓励创业的机制

我国是一个人口大国，就业压力十分沉重，政府的"计划安排"和劳动力市场的"自然吸纳"都是有限的。对广大青年来说，创造就业岗位也是就业的一条重要途径。因此，要营建一种鼓励创业的机制，鼓励广大青年依靠自己，在创业中就业，使一部分青年通过自己创业，从待业大军中分流出去，以减轻就业市场的压力。

近年来，不少省市相继推出了诸如大学生创业一定期限内免收所得税、营业税及其他行政事业性收费等优惠政策；由团中央、全国青联发起的旨在帮助中国青年创业的国际合作项目"中国青年创业国际计划"已经启动，该项目主要为青年创业提供咨询及资金、技术、网络支持，这些都是积极的探索。

六、德国老年就业策略转向

（一）消极保护老年就业的利弊

老年就业是指接近或者超过退休年龄的人群就业。由于各国的退休年龄不同，对于老年就业人群的界定也有区别，德国目前的退休年龄约为 65 岁，而 55 岁以上的人群就业即认定为老年就业，属于老年就业保护范围。

消极保护老年就业，即消极承认老年人相较于年轻人的一些传统弱势，针对劳动力市场对老年劳动力的歧视现象，在立法时给予强制禁止，赋予老年劳动者一定的特权。德国立法细致、执行严格在国际上颇有口碑。

在消极保护老年就业者方面，从劳动关系的建立到解除都有一些保护老年就业者的条款：除飞行员等特殊职业，企业在招聘过程中不允许出现年龄歧视的现象，在雇佣人员超过 10 人的企业里，老年劳动者享受免受解雇的优先权。

（二）积极提升老年就业能力

德国政府于 2005 年启动了一个专门促进老年劳动力再就业的项目（50 岁以上再就业计划）。从 2005 年 9 月至今，该计划已经经历了两个大的阶段，如今正处于第三阶段。这些措施包括对老年长期失业者提供就业援助，老年失业者不仅可以获得个性化的转岗培训，在此期间还可获得足够的经济援助和心理援助。

援助内容集中在老年劳动力的健康、工作灵活性、工作能力三个方面。到2010年，60~64岁年龄段的就业率达到了2%。德国的老龄化研究者认为，影响劳动能力的各种因素除了社会保障制度，其基于"代际合同"原则的养老金现收现付制也是基于社会互助的思想。

但随着退休人口比例上升，加上早退和长期失业现象普遍存在，税收和财政负担日益沉重，严重阻碍了经济效率。

近年来，德国等西方国家学者反思其福利国家政策，其研究已经更多地转向积极应对老龄化，政府和社会开始考虑长远地规划社会各年龄层的职业发展，倡导终身就业理念，提高老年人再就业能力和经济社会参与度。

七、德国再就业培训经验对我国的启示

德国的再就业培训体系是依据于德国国情和国民基本状况而制定实施的，面对我国特殊的人口状况和国情，不能照搬德国再就业培训体系，而应立足于我国的实际情况，汲取德国再就业培训的优秀经验，开展具有中国特色的再就业培训体系。

（一）从政策层面确保再就业培训的实施

与德国相比，我国的再就业培训起步比较晚，在相关再就业法律政策上正在逐步完善。希望今后能有更多的政策保障机制，确保再就业培训在政府统一规划和指导下进行，根据市场需求开展多种层次、多个领域、多种形式的培训，规范再就业培训课程的标准、培训机构与用人单位的协调性等问题。监督各省市劳动社会保障系统，对未落实完成再就业培训任务的培训机构，给予惩处。为了鼓励失业人群积极地参加再就业培训，可将失业金体系与再就业培训挂钩，规定失业人群再就业的规章流程。

（二）德国再就业培训对我国的启示

1.开设多种形式的培训机构

针对培训机构单一的问题，可以开设更多企业培训机构，如企业内的训练工场、企业外的训练工场、跨企业的训练工场和企业间的训练工场。由各省市社会劳动保障系统监管，统筹安排，根据劳动力市场需求信息，确定培训专业，开发实用培训项目，切实提高再就业培训的针对性、实用性和有效性。

2.设置各种培训课程，适应劳动力市场需求

充分利用现代媒体技术，开设远程培训课程，面向全国组织实施远程职业培训。各地可结合实际，设立远程培训辅导站点，组织失业人群参加培训。此外，还可以借助网络信息化，提供培训、就业信息，适应21世纪科技信息爆炸的时代。

根据劳动力市场需求和培训对象的特点,将培训机构和劳动力市场相结合,建立培训机构与用人单位的信息联络渠道,由培训机构为用人单位提供订单培训。为避免培训的盲目性,不断跟踪劳动力市场的变化,调整和改革培训体制及培训课程的内容。

3. 对不同的失业个体给予不同的培训指导

根据不同失业者的个人状况,进行职业测评和面谈,对其培训遵循因材施教的原则。对青年失业人群,可鼓励其参加职业资格方面的培训或提升学历教育,全面提升人力资本的含量,并为其营造更多的实践机会,注重理论和实践相联系,提高关键能力。对年龄偏大、文化基础和技能水平较低、家庭负担重的失业人群,在给予失业救济援助的同时,组织其参加实用性强、技术难度较低、见效快、岗位适应能力强的培训,重新认识自己,摆脱心理负担和社会压力,主动参加各种技能训练,提高再就业的主动性,改变就业理念。对失业女性的培训,可结合发展第三产业和开发社区服务业岗位,鼓励她们参加实用技能培训。对希望独立创业的失业人群给予创业指导,根据其工作经历和经济状况进行培训。如针对贫困型家庭的失业人群,可指导他们从事不投资或投资较少的个体经济。如修鞋、理发、炸油条、做面食加工、缝纫等。对于小康型家庭的失业人群,可指导他们拿出一部分积蓄到商品集贸市场摆摊,从事服装、鞋帽、食品等个体经营。对于富裕型家庭的失业人群,可指导他们筹集部分资金,考察一批项目,制订创业计划书,进行投资办企业。如购卡车进行货物运输、服装加工厂、小型生产企业等。

4. 发展适应农民工特点的就业培训服务体系

可根据就业农民的需求,免费为外出就业的农民提供政策咨询和就业信息,组织劳务输出,根据自身客观条件,提高农民工的技术素质和适应城市生活的能力,使农民工逐步由苦力型向技能型、智力型转变,鼓励社会各类服务组织和培训机构与企业建立固定联系,订单培训,定向输送劳动力,并做好输出后的服务。

5. 再就业培训中实践和教学设施的完善

增强再就业培训的实用价值,为各种培训领域和培训车间提供良好的实践设施、教学器材、模拟设备、精良仪器和工具,拥有一支有责任感、掌握劳动政策法规、了解劳动力市场供需情况、懂得心理学、企业管理学等综合知识,有丰富的专业技能、社会经验、工作实践、组织能力强的专业培训教师队伍,同时注重教学人员和管理人员的配备,专职培训教师和外聘培训教师的比例协调,提供耐心、热忱、友好的培训服务,营造轻松的培训氛围。

培训课程的设置应符合劳动力市场的需求和失业人群的具体情况,瞄准就业市场的需求和变化,组织多层次、多形式的技能培训。培训要有针对性、科学性和系统性，并随着社会发展需要不断更新教学内容，课程设置应体现以下几个原则：①企业需求原则，即满足行业领域内所有企业的普遍要求。②相对稳定原则，即专业设置应满足相当长时间内职业发展的需求。③广泛适应原则，即专业设置应适合较宽的职业领域，并具有综合性。

大力发展再就业培训，不断提高劳动者素质，增强劳动者在劳动力市场中的创业能力、择业能力、岗位工作能力和转换职业能力，注重思想道德和职业道德的建设，更新职业理念，树立终身教育观念。再就业培训不仅是培养适应现代社会企业要求的技术工人，同时要注重综合职业能力的培养，特别强调关键能力的训练。当职业发生变更时，劳动者不会因为原有知识和技能对新的生产过程及工作组织形式不适应而茫然不知所措，而是能够在变化了的环境中很快地学习获得新的职业技能和知识。

再就业培训合作项目可以在政府相关部门的领导和协调下，以劳动力市场需求为导向，社会再就业服务中心与和再就业培训机构（如培训学校、培训企业、大中型企业的培训部门等）联合，结成再就业培训的伙伴关系。明确双方责任和义务，分工协作，以市场就业信息为依据，有目的、有计划、有步骤地对失业人群实施再就业培训，共同实现对再就业培训的管理，促进失业人群尽快实现再就业。

一是政府相关部门和劳动职业服务机构了解和掌握劳动力需求情况，利用各种媒介（如电视、报纸、电台或就业信息发布会）向社会和再就业培训机构公布最新的劳动力市场需求信息，以信息引导再就业培训。二是社会再就业服务中心对失业人群进行求职意向调查，制定职业导向和再就业培训制度、计划，组织引导其参加培训机构开设的职业技能培训，并向有关管理部门报送相关资料，为培训后取得职业技能的失业人群推荐工作，并将其上岗情况及时反馈到再就业培训机构，突破再就业培训机构的封闭性，使再就业面向市场。三是再就业培训机构要按照新时期就业方针和政策、就业形式和措施、职业资格证书制度、劳动关系和社会保险、求职方法和择业技巧等内容对失业人群进行再就业培训。根据劳动力市场需求信息进行分析，立足于失业人群的求职意向和以往工作经验，有针对性地开展再就业培训，力求做到市场需求信息指导培训，并且保障失业人群的求职意向。

积极就业政策的采用应从劳动力供求两个方面入手。一方面，必须有效控制劳动力供给数量与质量，具体措施包括：①控制人口总数增加。②延长青年人的教育年限和提前老年人的退休年龄。③控制城市劳动力市场供给，主要是控制农村剩余劳动力的转移以及城市隐性失业显性化的过程。④增加对职业培训的投入并结合失业保险金救济金的发放，设立鼓励再就业培训的特殊津贴，同时，通过立法进行一部分强制性培训。通过法律认可、税收及贷款优惠以及政府补贴等途径，鼓励自主就业和传统观念中非正规就业的发展。另一方面，政府和企业应共同努力，增加对劳动力的需求，具体办法包括：①扶植中小企业的发展，积极吸引外资，增加就业容量。②通过专门的组织，发展对海外的劳务输出。③结合经济与产业发展战略，支持服务业等劳动密集型产业和环保等新兴产业的发展，创造更多的就业机会。④缩短劳动时间，增加工作制度的灵活性以及促进就业形式多样化，增加就业。⑤加强劳动力市场建设和就业网络，强化就业管理机构的功能，完善信息与咨询服务，减少因劳动力供求脱节而造成的摩擦性失业。⑥对特困人群尤其是长期失业者，从职业介绍、就业培训等方面实施特别帮助。⑦发挥政府作用，通过宏观经济政策促进宏观经济环境的好转，扩大就业，如采取扩张性财政政策，加大公共工程投资，直接增加就业岗位；以适当的货币政策，如调整利率，刺激投资等，间接增加就业。

通过结构调整政策，促进产业结构升级和劳动生产率提高，并从微观经济层面的好转来增加就业；积极开发经济落后地区，把开发扶贫与扩大就业有机结合起来等。消极就业政策在我国的发展是相当不足的，这是在计划就业制度下失业保障体系长期缺失遗留的问题。就欧盟各国经验而言，完善的失业保障体系对于经济发展是必不可少的，但高福利制度又可能导致就业政策的低效率乃至整个经济的低效率。因此，我国消极就业政策实施中，一方面需要尽快促进失业保险与失业救济的发展，完善失业保障体系；另一方面，应吸取教训，把失业救济同积极的就业促进结合起来，如分别设立对劳动者和对企业的各种就业促进津贴等。加强有关失业数据的收集与信息整理工作。当前我国不仅存在隐性失业问题，同时还存在隐性就业问题，也对社会真实失业率有重要影响。因此我国社会的真实失业率，应该是在显性失业率基础上增减隐性失业率和隐性就业率之后的数据，只有这样才能够真实反映我国现阶段的就业状况，也才能为我们在就业政策选择上提供真实可靠的基础。因此，笔者建议通过提高失业率指标对实际状况的反映程度并逐步统一失业率指标口径，尽快使公开失业率与真实失业率趋于一致或至少促使其差距公开化。

第三章　希腊就业问题及其政策

希腊正逐渐走出债务危机阴影，经济复苏趋势逐渐加强。2009 年的债务危机不仅导致希腊陷入经济衰退，而且陷入严重的就业困境。首先，希腊经济回暖乏力，导致低就业率、高失业率，财政紧缩政策诱发民众福利损失，影响民众正常生活，不利于社会安定。其次，希腊由于多方面原因形成的就业困局，不仅涉及社会保障制度、债务危机，还与劳工制度等联系紧密。因此，研究基于债务危机的希腊就业困境，具有重要的现实意义。对此，本章以希腊债务危机为背景，在归纳和梳理希腊就业现状及面临问题的基础上，探讨希腊就业问题的治理，最后提出其对中国就业政策战略调整的启示。

一、希腊就业现状分析

目前来看，希腊债务危机困局所造成的经济衰退，严重拖累劳动力市场：整体就业率呈上升趋势，但仍低于债务危机前的 2008 年（66.3%）的同期数据；失业人口亦如是，2017 年 2 月，希腊失业率为 23.1%，是欧元区成员国中最高水平，而同期的欧元区总体失业率为 2009 年以来的最低水平。截至 2017 年年末，希腊全国 1078.4 万人中，就业人数达到 381.8 万人，失业率达到 23.1%，虽较 2016 年同期失业率降低了 1.2 个百分点，但依然远高于债务危机前的 2008 年（7.8%）同期数据 [1]。

（一）劳动力占总人口比例基本稳定，就业情况有所改善

自 2000 年至 2017 年，希腊的劳动力总数先上升，后下降，2010 年为最高值。2000 年，希腊加入欧元区前，劳动力总数为 487.5 万人，占总人口的 45.1%；此后逐年上升，2010 年劳动力总数达到 514.8 万人，占希腊当年总人口的 46.2%；而后劳动力总数逐年下降，2017 年跌至 486.5 万人。自 2000 年至 2017 年，劳动力占总人口比例基本稳定，无太大波动，变化趋势 [2] 如图 3-1 所示。

2000—2009 年，失业率波动幅度较小，而 2009 年希腊爆发债务危机后，失

---

[1]　世界经济信息网："希腊经济数据"，引自"世界经济信息网"（http://www.8pu.com/gdp/country_GRC.html），2018 年 1 月 27 日。

[2]　欧盟统计局："希腊就业率、失业率和劳动力人口占总人口比重"，引自"世界银行数据库"（https://data.worldbank.org.cn/indicator/SL.TLF.TOTL.IN?end=2017&locations=GR&name_desc=true&start=1990&view =chart），2018 年 1 月 20 日 desc=true&start=1990&view=chart），2018 年 1 月 20 日。

业率逐年显著上升，2014 年飙升至 27.5%，达到 13 年以来的最高水平。自 2009
年开始，就业率逐年下跌，2014 年达到就业率低谷（52.9%）。

图 3-1　2000—2017 年希腊的就业率、失业率及劳动力总量变化（%）

（数据来源：世界银行数据库）

（二）年轻群体和女性就业情况最为严峻

首先，青年就业形势颇为严峻，约半数青年处于失业状态，2014 年希腊年
轻群体总体失业率为 58.2%，达到史上最高峰。从希腊国内看，截至 2017 年 7
月，希腊国内的 25 岁以下青年失业率高达 47.9%，[1] 居欧盟成员国中最高，如图
3-2 所示；而从全欧盟来看，近 500 万既未就业又未接受教育的 25 岁以下青年
中，希腊以总数占比 23.0%，位居欧盟成员国第三，且 2006—2016 年间，希腊
的比例上升了 6.2 个百分点。15~24 岁希腊年轻群体失业率高涨，就业形势严峻，
对未来希腊的繁荣和生产力增长产生破坏性影响。

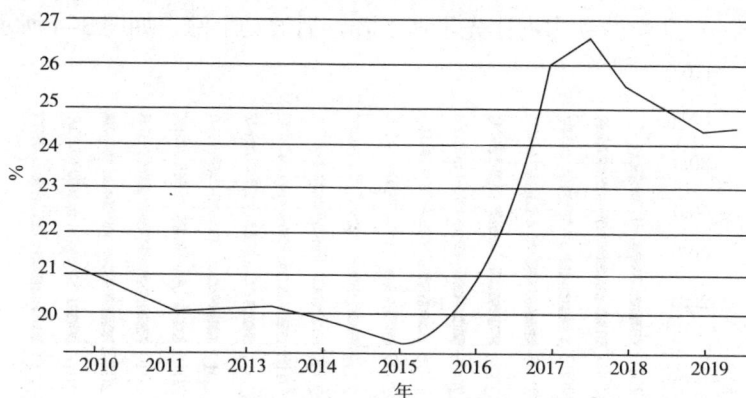

图 3-2　2000—2017 年希腊年轻群体占总失业人数（占 15~24 岁所有劳动力数量的比例）

（数据来源：世界银行数据）

---

[1] 驻西班牙经商参处："欧盟和西班牙共同出资 32 亿元帮助系青年就业"，引自"中华人民共和国
商务部"（http://www.mofcom.gov.cn/article/i/jyjl/m/201707/20170702613605.shtml），2017 年 7 月 21 日。

其次，2000—2017 年间，希腊女性的失业率明显高于男性，且差距稳定在 6% 以上。据希腊统计局 2016 年年末数据显示，在失业人数的 109 万人中，女性的失业率仍然以 27.2% 高于男性的 18.9%，且高出男性 8.3 个百分点，如图 3-3 所示。

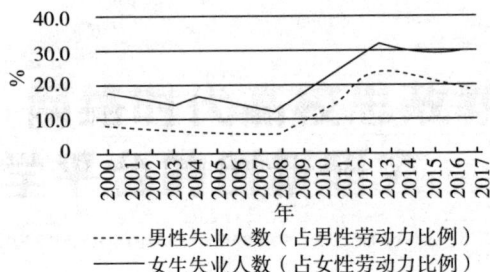

图 3-3　2000—2017 年希腊男性和女性分别占各自性别劳动力比例

（数据来源：世界银行数据）

（三）第三产业劳动力最多，第二产业劳动力下降最迅速

首先，以服务业为代表的第三产业，依然是吸纳劳动力最多的部门。2000—2017 年，服务业就业人员占就业总数的比重总体呈上升趋势，且 2017 年为 72.1%，达到就业比重最高峰。截至 2014 年 4 月，希腊服务业共吸纳全国 70.6% 的劳动力就业，其中商业批发零售及机动车修理行业就业人数最多，达 65.1 万人。

其次，以工业为代表的第二产业，吸纳劳动力的降幅最快。2000—2017 年，工业就业人员占就业总数的比重经历了先缓降后速跌；2000—2008 年，就业率稳定在 22.5% 上下；2008—2017 年，由 22.5% 迅速跌至 15% 左右。以 2014 年为例，希腊吸收 16% 的劳动力，其中制造业就业人数最多，为 33.9 万人。同时，以农业为代表的第一产业，劳动力占比先迅速下降，后波动上涨，如图 3-4 所示。

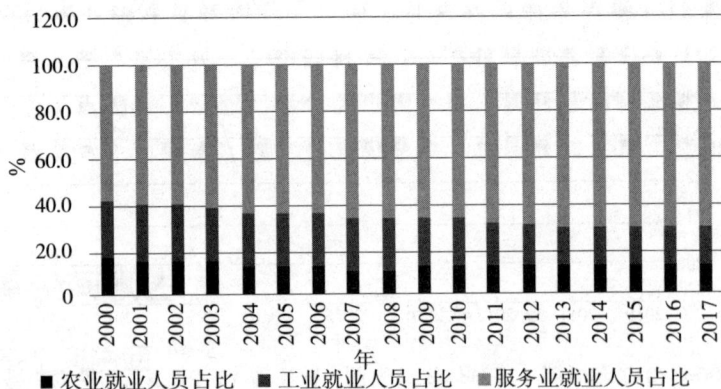

图 3-4　2000—2017 年希腊农业、工业、服务业就业人员占比的比较

（数据来源：世界银行数据）

（四）失业保障和失业救济缺乏有效性

希腊失业救济金的总体待遇水平偏低。通常，失业保险开支与失业率呈正相关，但希腊是例外，多年未提升失业保险金。希腊失业补助支出占 GDP 的比重较低，在欧盟成员国中处于较低水平。

失业救济金的待遇发放标准为非技术工人月薪的 55%，而希腊失业救济金的领取期限又与失业前的工作时长有关，一般在 5 个月至 12 个月不等。受债务危机波及，2010—2011 年及 2015 年，希腊政府先后大幅削减国民薪金水平，公共部门和私营部门均未能幸免，自此，国民失业救济金由 561.5 欧元下调到每人每月 359.6 欧元，下降了 36%，而长期失业者的补贴仅有 200 欧元，仅能维持最基本的生活需要。

同时，救济金申请条件较为苛刻，领取期限短，且申领名额有限。另外，由于申请失业救济需要满足诸多条件，这导致失业人员并非都有领取救济金的机会：首次失业的人必须在失业前的 14 个月内工作满 125 个工作日或者在过去的两年里每年至少工作 80 个工作日；再次失业的人则必须在过去的 14 个月中工作至少 125 个工作日；而失业津贴仅能连续领取 4 年。而根据 2017 年 11 月国际人力资源组织的数据显示，希腊 11 月的登记失业人数再创新高，而希腊政府所提供的 400 欧元特别救济，仅有 7% 的失业者满足领取条件；失业长达 12 个月以上的长期失业者占注册人数的 51.3%，已然超过半数，却完全无法得到国家的援助。

（五）劳动力成本下降

据欧盟统计局数据显示，希腊每小时劳动力工资，2000—2016 年间，经历较大波动：2000 年加入欧元区前的平均工资为 11.7 欧元；2008 年，债务危机发生前的平均工资为 16.7 欧元；2009 年债务危机发生后，2010 年小幅回升至 17.1 欧元；财政紧缩与经济衰退，冲击就业，并使 2015 年的劳动力平均工资，降至 15.7 欧元；2014—2016 年间，劳动力成本总体仍呈下降趋势，如图 3-5 所示。希腊是整个欧盟自 2015 年至 2016 年，唯一的劳动力成本呈下降趋势。同时，2016 年，劳动力成本虽略有回升，但仍低于 2014 年、2015 年，且较债务危机发生前的 2008 年下降了 15%，其水平在 19 个欧元区成员国中位居第 14 位。这意味着，自债务危机发生以来，希腊人均工资水平不升反降。根据欧洲工会联合会和欧洲工会研究院发布的研究报告，2009—2016 年间，希腊平均工资每年下降 3.1%，居欧盟成员国水平最末。

（六）就业前景黯淡，就业市场供需失衡

2017 年，希腊经济有经济复苏现象，上半年实现 0.6% 的经济增长，已是 2009 年债务危机后的最好表现。随着紧缩、改革政策的实施，希腊的财政状况虽然在 2015 年和 2016 年有所改善、银行融资渠道亦走势向好，但其税收制度依然对投资产生一定影响，且面临高难度、巨大压力的财政目标。同时，由于2015 年希腊成为 IMF 史上第一个债务违约的发达国家经济体，这不仅降低其全球竞争力，还影响希腊的固定资产投资。2016 年，希腊固定资产投资较债务危机前的 2008 年累计下降了 64.5%。经济下滑，令投资吸引力进一步缺乏，波及就业市场。由此，希腊未来的就业前景堪忧。

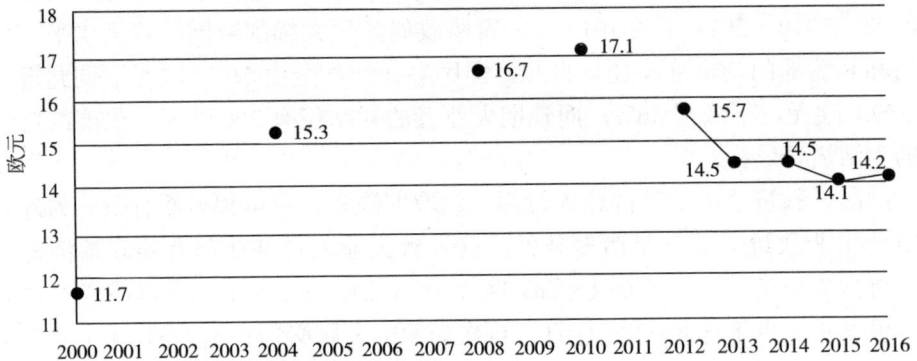

图 3-5　2000—2016 年希腊的单位劳动力小时工资变化

（数据来源：欧盟统计局）

二、希腊就业方面存在的主要问题

2009 年希腊的债务危机，为希腊带来的不仅仅是经济断崖式衰退，还带来失业率的飙升；债务危机期间的就业问题还会引发众多经济和社会问题，包括用工制度、利益群体的保障、教育等一系列问题。

（一）劳工制度僵硬，影响就业岗位供给

早在 2006 年，世界银行在对全球 155 个国家进行综合统计后就已得出，希腊是 10 个用工灵活度较差的国家之一。希腊的劳工法主要关注现有雇员，而忽略企业的灵活调整问题，促使劳动力市场越发僵硬，并呈现出很多具体特征。

一是最低工资的制定标准，冲击就业岗位供给。希腊最低工资标准的制定，并非参考社会实际生产率，而是与政治相挂钩，以集体协商的方式订立。这就容易忽视经济发展的客观规律，而使最低工资的制定偏离客观规律，进而波及就业。另外，希腊的最低工资标准覆盖所有年龄段、所有行业和部门的全体劳动者，导致工资待遇并未出现明显差别。这种极端的公平主义，增加了企业聘用员工的用人成本，使企业提供就业岗位的激励不足，令劳动力市场的就业供给出现断层。

二是限制企业与雇员之间有关终止合同的自由度，间接影响岗位供给。希腊现行的劳动法对企业解雇劳工有明确而详细的规定，对员工权益进行保障。企业如需解雇员工，需有事先通知及事后补偿。首先，对解雇员工的数量有所限定。不同规模的企业，解雇限额不同：150人以下企业可解雇6人，150人以上解雇员工不可超过30人。若超出限额，属于"大幅裁员"，需要经过相关部门的批准。其次，企业决定解雇员工之时，应有正当的缘由，否则员工有权起诉该企业；解雇员工，要求企业必须附上相应经济补偿，依年限定补偿标准，最高补偿金可达到24个月的工资。这就使企业解雇员工的成本增大，导致企业宁可压榨员工，增加工作时间，也不愿雇用更多新员工，间接对就业岗位的供给产生影响。

三是员工工时规定，不利于就业岗位供给。希腊劳工法对私营部门和公共部门的员工工时有不同的要求：私营部门和私营部门员工每周工作，其最高工时分别为40小时和37.5小时；法律亦规定，私营部门员工若有延长工作时间的必要，雇主有义务多支付小时工资，且延长越多，支付越多。据欧盟统计局数据，希腊工作人员的工作时长，属欧盟国家最高水平，达到44.2小时/周，而对比欧盟同期数据，仅为41.4小时。同时，希腊员工个人亦愿意延长工作时长，以换取更高报酬。而雇主却认为，延长工时较雇用新员工，能够相对减少用工成本，因而减少岗位供给，造成就业难问题。

（二）年轻群体和妇女群体，就业形势最严峻

希腊所采取的劳工制度令年轻人和女性难就业，具体表现为这两类群体的失业率占比最高。以2017年为例，希腊当年女性失业率达到28.6%，男性失业率为18.9%；15~24岁青年失业率达到47.9%，居欧盟成员国中最高值。由于劳工制度出现弊端，"啃老族"现象越来越明显。

（三）特殊利益群体大量涌现

希腊现有劳工制度为公共部门从业者带来大量的既得利益，以公务员和国有企业的正式雇佣人员为代表的从业者，享受更高的收入、更名目繁多的补贴和更好的社会保险待遇。由于理性人思维，遵循自利原则，令从业者对既得利益的保护尤为严重，一旦国家有革新的想法，公共部门的就业人员会采取罢工、怠工等多种形式，为政府改革平添阻力，进而阻碍希腊经济的正常发展。

例如，比雷埃夫斯的码头工人现年平均收入是96000欧元，是希腊劳工中收入最高的群体。因担心政府港口私有化改革触及自身利益，比雷埃夫斯的码头工人从2006年11月6日开始进行了长达8周的消极怠工，以致比雷埃夫斯港无法正常运行，造成大量货物滞港，直接经济损失达1200万欧元，并直接影响比雷埃夫斯港的国际声誉和其私有化进程。2016年，我国中远集团投资希腊港口，

遭遇风波。希腊码头工人多次罢工，抗议港口被收购后导致的希腊国家救助计划私有化，且罢工组织者为公共部门和私营部门的工会组织。因为港口工人担心，港口私有化会促使港口经营商偏好低成本劳动力，以节约劳动成本。

希腊的国有企业在希腊经济中的比重相对较大，这些国有企业普遍存在冗员过多、机构臃肿、企业负担过重、竞争力不足等问题。近年来，政府开始加大国企的私有化改革，但往往遇到工会组织的极力反对，进程缓慢。

（四）就业需求与教育供给不匹配

希腊结构性失业问题较为严重，有很多工作岗位找不到合适的人选，同时又存在很多无劳动技能或是有与工作无关技能的人在待工。现希腊失业人口多为无工作经验的年轻人，而这些失业的青年人中多数接受过高等教育。据统计，希腊年龄在 20 岁左右的年轻人中，57% 的人正在接受大学教育，而 OECD 成员的平均水平为 25%，但受职业培训的人数希腊只有 OECD 平均水平的一半。同时希腊受大学教育者的失业率比 OECD 成员平均水平高。可见，希腊现行的大学教育体制与社会需求脱节，教育无法及时提供市场需要的人才。由于缺乏相应的技术人员，希腊劳工竞争力明显落后于西欧发达国家，对其吸引外资也产生了不利影响。

（五）外籍劳工的就业保障机制不健全

2015 年，希腊共有移民 124.3 万人，占总人口的 11.3%，俨然能够为希腊劳动力市场贡献重要的人口力量。

希腊现有专门保护外来劳工的法律。观察法规政策，但总体上说，对外来劳工的保护并不公平。欧盟成员国公民如在希腊工作，仅需取得居留许可，即可享受与希腊劳工同等的就业保障权利；非欧盟成员国公民如在希腊工作，不仅要面临复杂的审批程序，其最低工资标准要低于希腊劳工，工作时限亦多于本地劳工，而且外籍非技术劳工处境更为艰难。同时外来劳工经常遇到更新绿卡困难、雇主拒付社保费用、超常剥削等问题。

三、希腊就业困境的主要原因

希腊长期遭受失业率高企的困扰，且目前正经历着劳动力市场僵化、就业率增长缓慢、失业率稳高不降、年轻人和女性就业形势严峻等难题。同时，希腊的就业困局不仅受人口变迁的影响，还与希腊制度框架带来的就业抑制有紧密的联系，包括其中的社会保障制度、劳工制度等对民众和劳动力市场的抑制。

（一）人口增长减缓，造成经济滞后

希腊大陆部分三面环海，多半岛、岛屿，海岸亦多曲折港湾，海运业、旅游业、农业、贸易等在希腊的国民经济中均占据重要地位。以海运业为例，80 岁以上的国民中，60% 有海员的工作经历。同时，希腊在所有欧盟成员国中，位置最靠东南，导致希腊成为名副其实的移民跳板国。丁福金（2010）认为，希腊经历了由移民输入到移民输出的过程。

人口流动为希腊带来经济繁荣的同时，也带来管理繁杂、成本加大等负面难题。外来移民享受着希腊赋予的各种福利和待遇，而本地和部分外来移民的不断流出，导致希腊的财政支出经由社会保障支出等方式大量流出。

2004 年希腊举办第 28 届奥运会，需要大量劳动者，部分来自东欧、西亚和非洲的人口移民希腊，虽在一定程度上弥补希腊本国的用工荒问题，但更多人只将希腊作为移民到欧洲更发达国家的基石，因为那里的薪水更高，更易谋职。2015 年希腊的移民人数大约占希腊注册总人数的 11.3%，且多数为东欧国家的移民。然而希腊净移民数自 1992 年起迅速下跌，而人口总数亦增长减缓。人口增长减缓，是造成希腊经济滞后的显著原因，如图 3-6 所示。

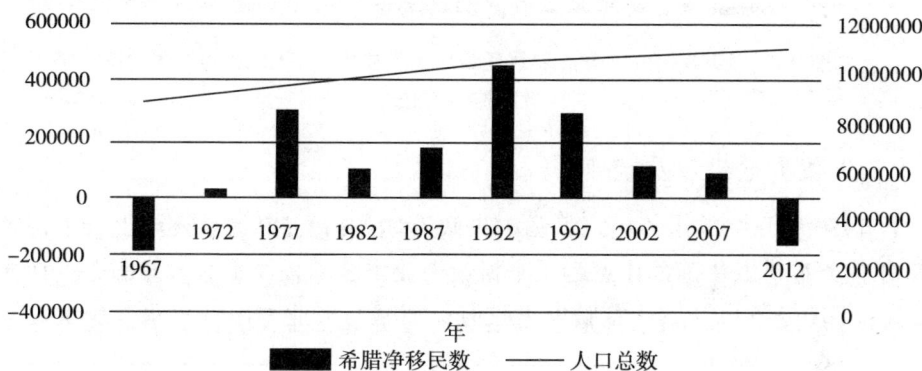

图 3-6　1967—2012 年希腊的净移民数与人口总数
（数据来源：世界银行数据）

（二）经济增长，反向影响就业

张原（2015）认为，实际经济增长率与失业率呈负相关关系。若深入观察组成 GDP 的各部分可以发现，2009 年以来，即便经济衰退，面临严重债务危机，消费支出占 GDP 比重总体仍呈上升趋势，尤其 2014 年达到最高水平（70.3%）；债务危机发生前，虽有年份下降，但占比并未低于 60%，如图 3-7 所示。

消费是 GDP 的重要组成部分，且构成有效需求；投资和消费是拉动经济增长的重要方面。如若过度消费，尤其在失业率居高不下的形势下，会造成更多问题。首先，多消费，会影响投资占比，进而影响财政收入，政府迫于财政压力不得不提高税率，以保证财政收入来源。这使得国民的工作积极性降低，促成失业率上升，反而增加财政收入。其次，投资减少，会降低投资对经济的拉动，进而降低竞争力，企业可提供的就业岗位减少，加剧就业难题。同时，由于投资和消费的配合不均，会加剧进出口的不平衡性。

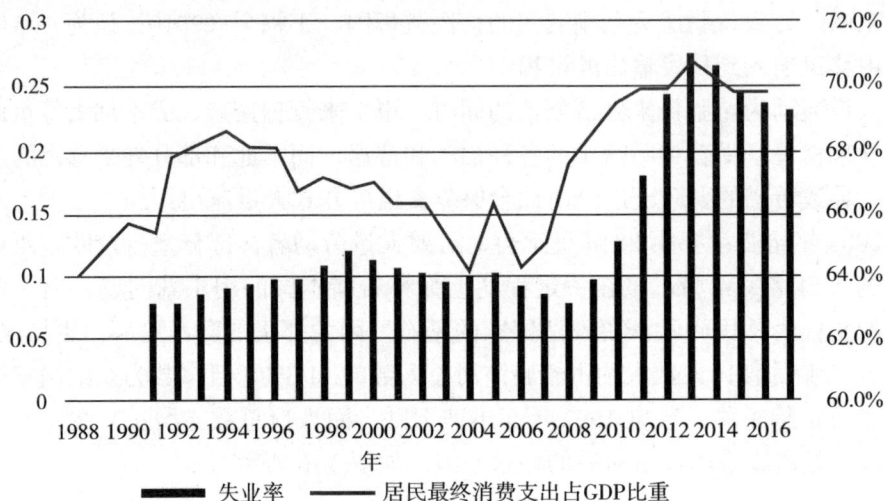

图 3-7　1988—2016 年希腊居民最终消费支出占 GDP 比重、失业率

（数据来源：欧盟统计局）

（三）债务危机波及就业

自 1980 年开始的十年内，希腊中央政府债务占 GDP 比重逐渐上升；1989—2008 年债务危机发生前，比重趋于平稳，失业率波动幅度不大，如图 3-8 所示；自 2009 年债务危机开始，希腊中央政府负债率与失业率出现双双"快步走"。

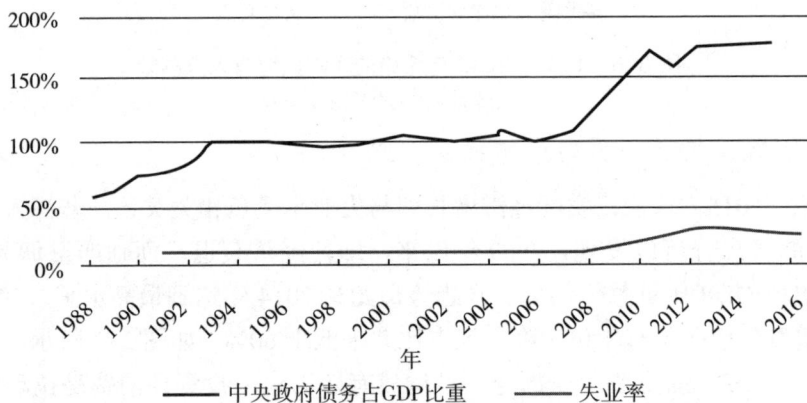

图 3-8　1988—2016 年希腊中央政府债务占比和失业率

（数据来源：世界银行数据）

欧洲 27 国地区发展并不平衡，而且这种现象在很多地区都存在，且市场存在竞争，竞争亦会加剧这种发展水平的国别不均。这种国别不均又会进一步拉大

并制约地区内部的经济发展水平，进而影响各自在全球范围的竞争力。另外，地区经济发展不平衡导致的收入水平不均衡，会使地区之间的经济凝聚力、竞争凝聚力产生一定的破坏，且会扩大这种破坏的能力。而债务危机与失业率的双双"快步走"，就是这种不均衡的产物。这种不均衡与欧洲部分国家实施的欧元制度有密切关联。欧元区，实际上就是在欧洲经济发展并不均衡的不同经济体之间，采取货币统一。

首先，不同国家的经济发展水平和发展模式大相径庭，而将希腊捆绑于这种货币体系中，汇率调节机制失效，导致持续的外部失衡发展，令希腊动弹不得。其次，希腊加入欧元区，借债成本低，外部融资便利，导致大规模举债、寅支卯粮，以维持消费水平和福利水平。这使希腊政府自 2001 年加入欧元区开始，简单采取负债运转应对相关问题，进而在 2009 年出现债务危机。

同时，鉴于欧元区的区域经济一体化，若劳动力得到充分流动，成员国之间的平均工资差异不会很大，促使成员国之间的劳动力成本差异亦不会很大，最终使国家竞争力不会出现较大差距。债务危机导致经济下滑，而财政与劳动力市场仍然分割存在，使企业纷纷倒闭，就业环境越发恶化。观察 2008—2015 年欧元区与成员国的实际 GDP 增长变化可以看出，希腊经济形势较为严峻，会对就业产生一定的影响，如图 3-9 所示。就业环境的恶化导致失业率进一步上升，并助推劳动力流动的不充分，进而加剧就业环境恶化。

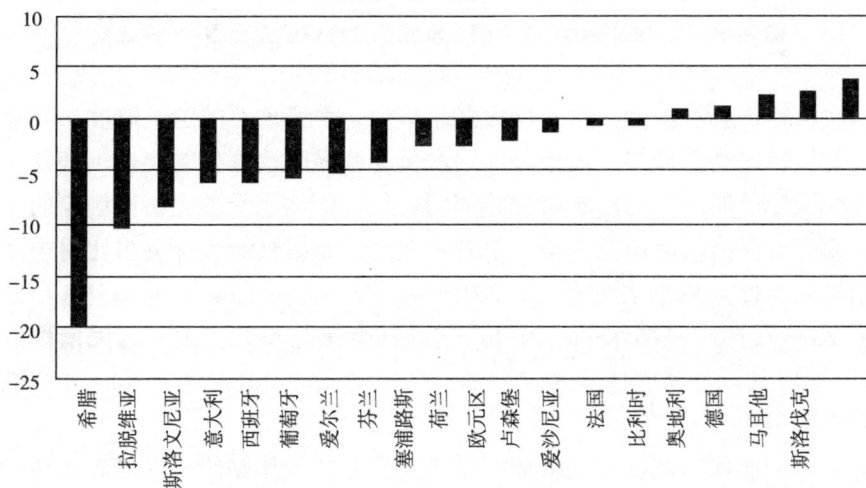

图 3-9　2008—2015 年欧元区和成员国的实际 GDP 增长变化

（数据来源：新浪财经）

（四）"福利国家型"社会保障模式影响就业

希腊的"福利国家型"社会保障模式，以福利普遍性和保障全面性为原则，并以国家为责任主体。同以德国为代表的"投保资助型"模式相比，希腊的"福利国家型"模式对国家财政的依赖度更高。希腊的这种社会保障模式，在一定时期内能够对国内经济增长发挥积极作用，但也伴随一定的负面作用，进而影响就业。

首先，延误改革，令社会保障隐性债务显性化，波及经济，进而影响就业。张原（2015）指出，高水平的社会保障不一定导致失业，如果超过承受能力，反而会加剧失业。由图3-10可以看出，希腊近十年的社会保障支出一直高于欧元区平均水平，且2016年在欧洲国家中居于高位。因此，希腊社会保障支出占GDP比重日益超过经济增长承受能力，进而加大政府的财政负担，并最终影响失业率。

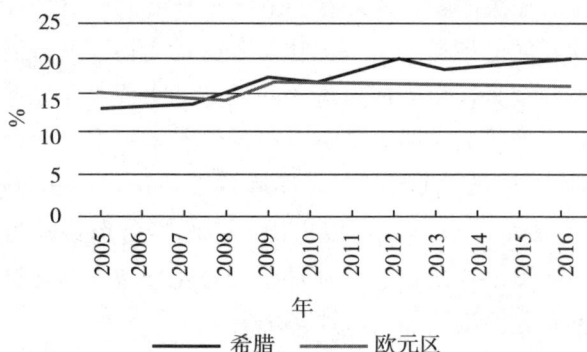

图3-10　2005—2016年希腊、欧元区社会保障支出占GDP比重

（数据来源：欧盟统计局）

其次，特殊利益群体滋生，加大财政负担。希腊现有的劳工制度，涉及岗位保护，滋生特殊利益群体，而公共部门雇员亦依靠政治框架的庇护，获得高收入和高社会保障待遇。目前，希腊公共部门雇员，仍然享受着完善而健全的补贴和福利，而失业保险仅能覆盖少数失业者；同时，希腊社会保障支出比重中，养老金支出增幅在欧盟内部名列第二。2015年，养老金占GDP比重高达17.8%，仍为欧盟28成员国中最高水平。另外，这种社会保障模式会助长国民惰性，出现"养懒汉"现象。劳动创造的逆向激励，令主动失业群体规模扩张，并加剧社会保障支出负担。

最后，失业保障制度抑制就业。希腊的失业救济津贴给付水平较合理，尚能满足基本生活需要；领取时间最高为4年，足够国民缓冲；"啃老族"依附家庭，保证基本生活需要；覆盖面较为均衡，令国民面临失业困局不至于难过。如此的失业保障待遇，希腊政府会背上沉重的财政包袱，更为重要的是，失业者重新寻找工作的积极性逐渐降低。

（五）老年人、年轻人和女性对就业产生影响

首先，希腊民众的家庭观念很强，"啃老族"也不在少数，由老人支撑的家庭结构抗压能力强。在金融危机和债务危机中，希腊社会的这一特性恰恰成了希腊人克服危机的主观因素，也是希腊平民生存下去的希望。在希腊，老年人依然是社会中一股活跃的力量，尤其在维护家庭生活的稳定方面起着关键作用。在希腊传统家庭结构中，爷爷奶奶一直发挥着照看孙辈的顶梁柱作用。而对于未婚者来说，他们常常吃住在父母家，房租和饭钱也就省下了，"啃老"也很自然。因此，尽管年轻人工资不高，还是有闲钱去咖啡馆消遣。这样的家庭结构在经济危机的重压下显得抗压性更强。如今债务危机下，每个家庭的收入都大大减少，老人操持家庭事务，他们每星期去超市购物，都会攒下一笔零钱以备不时之需。在关键时刻，他们会想方设法出钱出力，成为家庭的保护神。即使在退休金缩水的情况下，老人也不愿向子女求援，而选择回到农村，养活自己。

其次，希腊劳动力市场的间接性别歧视现象仍然存在。就业问题已成为希腊经济目前最难忽视的问题，也是希腊近年来的重点经济政策方向。同时，随着时代的发展和国内劳动力的供给需求变动，女性已成为劳动力的重要来源，但女性的失业率依然高于男性。虽然性别歧视与希腊国内的女性失业率高企并无明显关联，但女性就业问题与性别之间的关联却日益密切。虽然希腊通过法律形式明确制止间接歧视，但实际中的歧视仍然存在，且一旦涉及权益申诉，较难收集证据，因而造成败诉的可能性。

同时，年轻人缺乏创业精神。首先，基于欧洲的文化历史背景决定的。欧洲中世纪的庄园历史和近代凯恩斯主义思潮的主导地位，导致个人主义相对弱化，缺乏冒险精神，淡化创新激情。希腊人更偏好消费或者存款，而非投资。这就导致希腊企业家若失败一次，就很难重新崛起。其次，希腊政府在政策制定过程中，更偏好于福利承诺的实现和公平目标的达成，这就造成工作激励弱化。缺乏冒险和创业精神，使希腊难以营造出日渐繁荣、适宜企业竞争生存的社会环境；而希腊政府放任劳动力市场僵化，使劳动力市场日趋低效；个人工作的积极性不足，使希腊的失业率高企不降。

（六）劳工制度存在缺陷

希腊的劳工制度制定初衷是希望减少企业的解雇行为，保证国家的就业率。然而劳工制度为企业带来巨大的运行成本，反而使劳动力市场僵化。

一是有关罢工的规则需要改革。希腊某一地区或行业的罢工较少，总罢工较多。二是集体协商权利影响劳动者工资。希腊目前的集体协商制度的作用正逐渐弱化，但制度却存在高度碎片化和不稳定性，这会导致不平等、越发贫困、影

响劳动者工资等负面效应。

劳工制度虽能有效降低解雇率，但也会带来雇佣数量的减少。从企业角度来看是成本节约，因为企业采取少雇佣、多延时的应对策略，会免于解雇员工时支付经济补偿。但是，从国家层面看是就业机会的减少，造成更多人失业；且消除员工被解雇的精神压力，使员工的劳动激励预发布组，还会助长员工的谈判意愿，反而使企业不得不面临支付更多效率工资的问题。

四、希腊就业问题的解决措施

希腊政府需要依靠就业激励等制度安排来摆脱就业困局。只有通过就业激励，才能极大地改进希腊国内劳动力市场僵化的问题，进一步改善希腊的就业形势，最为重要的是为希腊尽快摆脱经济衰退、债务危机，创造无限的可能。

（一）坚持社会保障和促进就业之间的相互关系

希腊采取的"福利国家型"社会保障模式，有其固有弊端。因此，若想摆脱就业困局，平稳度过债务危机，需要关注社会保障政策对就业的推动作用，主要依靠以下三个方面。

首先，协调和平衡社会保障与经济发展之间的关系。第一，希腊要切实发挥社会保障的"稳定器""减震器"和"安全网"的功能。第二，希腊社会保障支出要注重保基本和可持续，处理好短期与长远之间的关系，要符合客观经济发展和经济承受能力。

其次，完善社会保障与促进就业的联动机制。第一，政府在采取增税和削减养老金等措施的基础上，可考虑社保缴费返还的附加措施，以激励企业用人，拉动就业。例如，德国政府就采取了工资补贴、返还雇主缴纳的社会保险保费等方式，鼓励企业选择让劳动者接受"短时工作"，而不是直接解雇员工。第二，要提倡积极就业、弹性就业。由于希腊旅游业占绝大份额，季节性失业问题突出，可考虑继续增加临时性就业和非全职性就业，并将社会保障政策、积极的劳动力市场政策和劳动力市场弹性三合一，增强就业的灵活性。同时，要继续采取积极的劳动力市场政策以应对就业问题，尤其要针对长期失业人群，包括继续推进就业服务体系建设、强化教育培训和就业津贴的支持力度，为失业者打开就业之门。

最后，关注社区就业模式。社区就业作为欧盟成员国社会经济政策中较为重要的一环，是福利制度的创新和政策调整的一种基本途径，同时还能反映出社区、市场、希腊本国、希腊家庭和希腊国民个人之间的互动。早在 20 世纪 80 年代，经济低迷、失业率高企情况下，出于对经济新动力的迫切探寻，欧盟一些国家已经开始关注社区就业模式，期望从社区角度切入，去探寻就业问题的解决策略。将劳动激励和社区就业模式合二为一，可转移国民对福利削减的关注点，还能在一定程度上激发国民的工作积极性。

（二）重视人力资本投资，提升就业能力

希腊在采取紧缩改革、削减养老金和提升税赋的同时，需要关注人力资本投资。舒尔茨认为人力资本的积累是社会经济增长的源泉，且人力资本投资回报率很高。

首先，要推动终身学习，重视职业培训，缓解包括低学历、低素质的劳动力过剩问题。通过各级正规教育，增加人力资本知识存量，促进行业知识的及时更新，缓解青年人就业问题。芬兰政府通过更有效率的就业服务、教育、培训和康复服务，促使劳动力保住工作岗位，或积极寻找工作，重新就业。

其次，重视儿童在教育投资中的地位，为未来社会经济发展输送源源不断的高素质的人力资源。受教育程度越高，失业风险越低，也更容易获得培训机会。在希腊，接受过高等教育的人就业率高达 80%，只受过初等教育的人就业率却不到 40%。因此，提升国民教育程度，加大儿童教育投入，采取办法降低辍学率，保证正规教育的接受率，进而从根源上提升希腊国民的就业能力。

最后，要消除人力资源障碍，强化就业灵活性和适应性。希腊政府应着力考虑为劳动力市场输入更多的鲜活血液，推动用工单位跟紧时代步伐，掌握更多新技术。采取灵活就业方式，减少求职者的用工时间，增加雇佣合同的灵活性，以创造更多的就业机会；促进用工组织的现代化元素；强化企业内部员工训练，并提供税收优惠，以激励企业更好更多地为希腊人力资本投资援助力量。

（三）强化劳工制度改革

在该种严格用工制度下，国有企业人员臃肿，经营僵化，私营企业不愿招用新人，经营规模受限，并使得希腊企业无法通过调节用工制度增强其应对风险能力，整体竞争力下降。同时因劳动力市场活力不足，青年就业困难，增加了很多家庭负担，引发了很多社会矛盾。因此，希腊需要更多关注劳工制度和劳工法的改革问题。

首先，需要更为灵活的劳工法。鉴于劳工制度僵化，灵活的劳工法能够为劳工制度提供政策支持，为劳工市场注入活水，并要考虑赋予企业更多的自主招聘权利。劳动力流动壁垒要着手消除，尤其对解雇员工的成本，需要进行具体规定。

其次，改革有关罢工的法规。希腊的罢工事件较欧盟其他成员国更多，归根结底，是法规未跟随时代步伐，多年不变。因此，要继续完善有关罢工的政策体系，同时要放松劳动力的市场管制，利用税收手段和社会保障改革，拉动就业。

再次，改革集体协议谈判制度。通过建立企业内部工资的集体协议机制，并将绩效与工资挂钩，强化工作激励；变裁员为调整工资，应对损失；保护新入职雇员的基本权益，限制高收入雇员的工资无限上涨。采取有关权益保障手段和社会保障的体系改革，为劳动力市场注入驱动力，进而降低企业的用工成本。

最后，强调平等就业，推动女性就业，包括保障女性权益，反对性别歧视和非公平待遇等。第一，建立一个完整的、强调平等的机制框架，覆盖有关女性就业方方面面的政策和法规。第二，完善女性就业的相关规则，包括待遇和权益保护，增强女性工作场所的安全保障。第三，在工会等涉及劳动就业方面的公共部门，增加女性的比例，保证女性参与和制定劳动政策的平等权益。第四，同其他欧盟成员国加大合作力度，建立健全相关的社会基金资助，保护和强化女性的劳动权益。

（四）调整失业者与失业保险之间的依赖关系

在促进就业过程中，希腊还需关注失业者与社会保险之间的依赖关系，降低依赖度，并借助政府部门和相关管理机构的配合，促进政策落实。例如，挪威合并了分管就业与福利的政府部门，成立了就业与福利管理署，隶属于劳动部，就是为了建立协调高效的就业和福利管理体系，实现人力资源的全程管理。西班牙要求失业保险领取者签订《积极就业协议》，承诺积极寻找工作、接受临时工作。英国合并社会保障系统内的6个津贴项目，包括求职津贴、雇用扶持津贴、收入补助、儿童抵税津贴、工作抵税津贴和住房救济金，建立"通用津贴"，规定失业者和收入较低的就业者均可申领，目的是提高就业激励，使劳动者适应就业与失业状态经常变动的劳动力市场，减少工作贫困和福利欺诈。绝大多数低收入者在获得新的工作职位或延长兼职工作时间时，仍将获得一个月的津贴和住房支出补贴。

（五）强化教育，提升劳动者质量

希腊产业结构相对单一，因此也面临着技术工人短缺的问题。技术工人是发展经济、促进产业结构发展的重要组成部分，也是促进经济复苏不可或缺的宝贵人才资源。因此，需要有一支高素质的技术工人队伍作为国民经济发展的重要支撑。提升技术工人待遇，也是促进劳动激励的一个重要方面。希腊应该高度重视技术工人的人才队伍建设，提高技术工人待遇，实现多劳多得、技高得高的良好就业环境。利用教育，激发希腊国民的创造、创新能力，提升工人的整体素质。希腊政府需要与公共部门大力磋商，经过充分的研究论证，强化技术工人的社会保障，提升技术工人的收入水平，构建相关技术形成与提升的完整培训体系，发展职业培训和评价考核激励的全方位人才建设机制，畅通技术工人的职业发展通道，促进工人们的工作积极性和创造性。

同时，关注年轻人的教育。希腊政府要通过工作、教育培训、再工作、再教育培训、社会实习、社会实践等形式以解决年轻人失业问题乃至长期失业问题。希腊政府还应考虑"以工代赈"的方法，将失业后的津贴支持转为提高就业质量和劳动者素质能力的相关措施，以促进青年人寻找工作和增加劳动激励。政府还应强化企业合作，为失业民众提供相关的实习机会乃至就业机会。

（六）提高企业竞争力，助力就业

首先，要大力促进就业培训。希腊的企业要根据员工，制定有针对性的、更有适应性的、更为高效的、贴近员工的、职业化的培训方法，充分利用企业优势、分部门开展竞争式的技能培训，有效地促进员工的就业熟练度。另外，将培训与激励挂钩，促使员工更加努力、积极地开展工作，促进工作的熟练度。

其次，要继续推进高科技的应用。与欧盟其他成员国进行科技交流，利用网络培训等方式，强化员工队伍建设和人才培养，并努力探索就业方式的革新。鼓励国民更好地提升自身能力和素质，减少辍学。

最后，要继续推进企业的绩效考核，提高企业的整体竞争力。希腊政府要始终将劳工的培训教育放在不可或缺的位置，尤其关注国民的整体教育体系。国民教育依然是国家优先关注的重点，逐步引入目标责任制，培养国民自觉提升劳动素养，努力将教育培训由基础知识普及变为自我提升型的变革，由知识型转为创新型，进而提高企业竞争力。

第四章　瑞典就业问题及其政策

一、瑞典政治制度及社会保障制度概述

瑞典以高税收、多税种闻名于世，税收收入占国家生产总值（GDP）的比重处于世界较高水平，为其社会保障制度提供丰厚的资金来源；瑞典社会保障制度项目齐全，同时有西方最强大的工会组织及雇主联合会，而瑞典国民文化既不能忍受大批人的贫困，更反对公开的冲突，使瑞典社会更加公正平等。

（一）政治制度概况

瑞典作为欧盟国家之一，是北欧最大的国家，坐落在斯堪的纳维亚半岛，实行君主立宪制，国家结构形式为单一制，并实行多党制。其中，政权组织采取议会内阁制，实行三权分立，七个主要政党互相合作解决分歧，形成了"稳定的多党制"局面。在多党制局面下，瑞典的社会民主党占据主要执政党位置长达半个世纪之久，该政党主张有公民权的公民就有权享受社会保障，确立了"缩小收入和财富差别"目标，任何地区企业部门，同一行业一律实行统一的工资标准，制定合理公正的工资等级差；同时，对外则坚持中立主义政策，奉行"平时不结盟，战时守中立"原则。

瑞典是一个高度发达的资本主义国家，经济基础十分坚实，根据瑞典统计局2017年2月28日发布的数据显示，2016年，瑞典经济平稳较快增长，按可比价格计算，实际GDP较2015年同比增长3.3%。其中，按当前市场价格计算，瑞典名义GDP为43785.78亿瑞典克朗，同比增长4.7%，实际GDP为40244.77亿瑞典克朗，同比增长3.3%。瑞典被视为具有社会自由主义倾向以及极力追求平等，设立许多社会福利制度，且在联合国开发计划署的人类发展指数中通常名列前茅。2016年，瑞典年平均人口为992.31万人，同比增长1.26%。2016年，瑞典人均名义GDP为441252瑞典克朗，同比增长3.4%；扣除价格因素后，人均实际GDP同比增长2.0%。

（二）社会保障制度概况

瑞典国内稳定的政治制度，为社会保障制度发展提供良好的社会环境。第二次世界大战后，北欧五国先后建立起了"从摇篮到坟墓"的社会保障制度，北

欧国家的社会保障制度具有高度一致性且又不同于其他国家或地区，因此被称为"北欧模式"或"斯堪的纳维亚模式"。马蒂·阿莱斯塔罗与斯坦恩·库恩勒等人认为北欧国家社会保障制度主要有三大共同特征："第一，国家性，北欧社会保障制度建立在国家广泛参与福利安排基础之上，非政府部门（教会、志愿组织等）的影响力相对较弱；第二，普遍主义，北欧国家每一个成员都是社会保障制度潜在的捐助者和受益者；第三，平等性，北欧阶级、收入和性别间的社会差距很小。"

瑞典的社会保障制度主要包括失业保险、工伤事故保险、子女抚养贷款、社会救助、国民健康保险、国民基本年金、国民附加年金、老年福利。瑞典高福利资金主要来自雇员、雇主缴纳和国家税收拨款，雇主缴纳款占 1/3 以上、国家税收不到 1/4、雇员缴纳款不到 1/5。瑞典社会保障支出主要划分为老年保障支出、家庭及儿童保障支出、疾病与残疾保障支出等，其中支出最大项目为老年保障支出，其次为疾病与残疾保障支出。作为高福利国家，社会保障支出占 GDP 比重较高，在 2016 年比重为 27.3%。

瑞典税种众多，如个人除了个人所得税，还包括利息税、财产税、遗产税等，每年的四五月，公民都主动向税务局申报自己一年的所有收入，由税务局来决定这一年所交的税是否符合规定数额。

总的来看，瑞典的社会保障制度项目多、标准高、公平性强，在消除贫困、缩小收入差距、维护社会稳定方面发挥着巨大作用，它为居民提供了"从摇篮到坟墓"的全方位保障。社会保障制度在发挥巨大且积极的社会效应的同时，也发挥了很强的经济效应，使瑞典能够持续维持高福利的社会保障模式。

（三）与劳动就业的关系

瑞典在两次世界大战中都宣布中立，是一个永久中立国。由于气候寒冷，农业比重较小。工业发达而且种类繁多，瑞典拥有自己的航空业、核工业、汽车制造业、先进的军事工业，以及全球领先的电讯业和医药研究能力。在软件开发、微电子、远程通信和光子领域，瑞典也居世界领先地位，是世界上拥有跨国公司最多的国家。这证明瑞典属于高新技术密集型产业国家，需要大量高素质、高文化水平的劳动就业者，人才指向性集中，对劳动者的个人技能与素质的要求也格外重视，导致瑞典重视企业对职业教育和培训的参与，公共就业服务体系完善。

除此之外，瑞典完善的社会保障制度为瑞典就业的发展带来了巨大的促进效益。社会保障制度与劳动就业相辅相成、相互促进。社会保障制度中主要的社会保险制度，往往以就业为条件，现代社会保障制度最主要的资金来源于雇主与劳动者缴费，而这种缴费与劳动者就业息息相关，就业率越高，所筹集的社会保障资金越多，社会保障制度经济基础越强；社会保障制度还具有保护劳动者与促进就业的功能，它可以降低劳动者风险预期，解除劳动者后顾之忧，可以促进充分就业目标的实现。同时，社会保障制度与劳动就业之间存在相互制约的关系，保障水平过高时，就业稳定性将会变差，失业者求职紧迫感也会降低。社会保障制度是保障人民基本生活权益，维持劳动力再生产的重要制度安排。

二、瑞典的就业现状

瑞典作为高福利国家，以完善的社会福利制度而闻名，同时瑞典通过实施积极的劳动力市场政策，将失业率保持在比较低的水平。据瑞典统计局公布的最新数据，2016 年第一季度年龄 15~74 岁的雇佣人口数为 481 万人，同比增加了 7.1 万人，就业率为 65.9%，增长 0.4 个百分点。经季节调整，失业率为 7.1%。

（一）就业政策

瑞典的劳动就业政策是建立在高成本、高税收基础上的国家福利政策，与国民收入的关系相当密切。瑞典实施积极的劳动力市场政策，其主要宗旨是"为劳动者创造条件，促进其就业，以就业代替福利"。积极的劳动力市场政策是瑞典劳动就业政策的基本特征，通过有效的劳动力供给政策、劳动力需求政策和劳动力与工作岗位之间的匹配政策，来实现劳动力的就业和再就业，为劳动力供求双方在地区、质量和数量上合适的匹配创造条件，从而将失业率保持在比较低的水平。

其中，具体措施包括：①实行个人激活性就业计划，通过该计划提高就业质量。②增加教育培训，例如由瑞典公共就业服务提供的劳动力市场培训计划（labour market training programme），该计划针对失业或者面临失业的劳动力，通过职业课程培训，提高其技能，从而使失业的劳动力重返劳动力市场。③增加高技能、高素质的人力资源。④增加私人小企业吸纳劳动力的比例。⑤对就业能力较低人员进行重点帮助，例如由瑞典公共就业服务提供的一项针对有功能障碍的年轻人计划。该计划为有功能障碍的年轻人提供指导和建议，帮助他们适应工作场所，从而使他们从学校顺利过渡到就业。⑥减少年轻人失业，例如由瑞典公共就业服务提供的青年就业计划。该计划针对年轻人，在教育、培训、创业、提高就业能力等方面为其提供帮助，从而减少年轻人失业。⑦解决地区间就业不平衡问题，例如瑞典公共就业服务在全国范围内设置 330 家促进就业办公室，建立就业供需数据库，为供需双方的匹配创造条件，从而缓解地区间就业不平衡问题。

（二）就业组织机构

瑞典就业部制定宏观政策及就业相关法律法规，发展经济，从而增加工作岗位，并且实施积极的劳动力市场政策，提高就业率。瑞典就业部的组织结构体系如图 3-11 所示，瑞典就业部由 1 个行政事务总干事办公室、2 个秘书处以及 5

个司组成。瑞典就业部下属有 11 个机构，就业部负责 11 个机构的日常管理运作，为其设定目标和指导方针，同时为其配备相应的资源。就业部和下属机构共同协调就业工作，长期致力于促进就业，提高就业率。

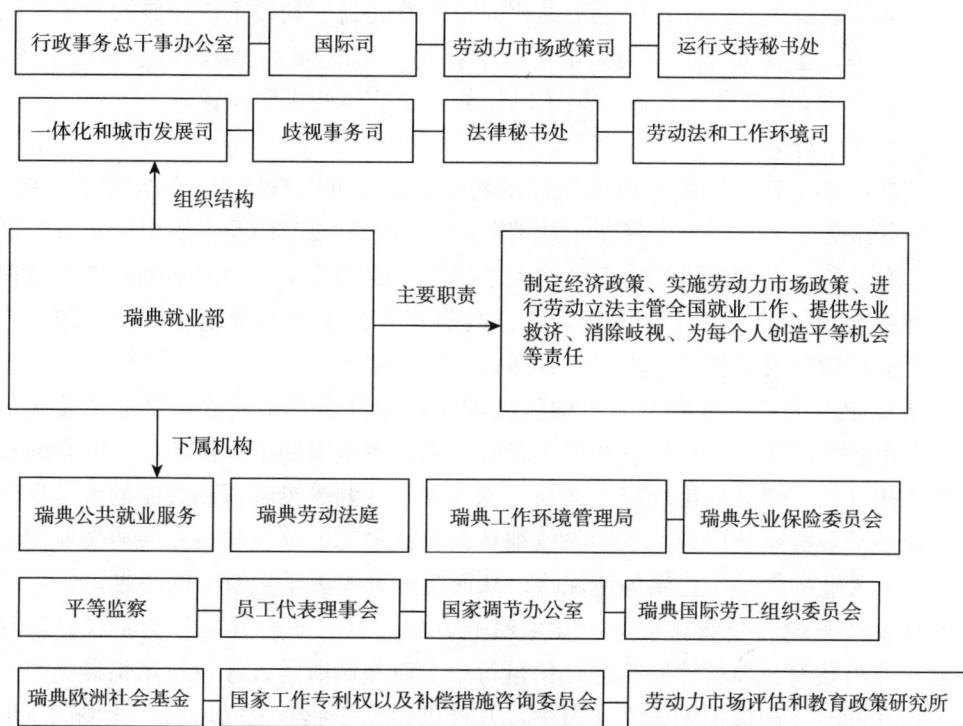

```
行政事务总干事办公室 ── 国际司 ── 劳动力市场政策司 ── 运行支持秘书处

一体化和城市发展司 ── 歧视事务司 ── 法律秘书处 ── 劳动法和工作环境司

                        组织结构

瑞典就业部 ── 主要职责 ── 制定经济政策、实施劳动力市场政策、进行劳动立法主管全国就业工作、提供失业救济、消除歧视、为每个人创造平等机会等责任

                        下属机构

瑞典公共就业服务 ── 瑞典劳动法庭 ── 瑞典工作环境管理局 ── 瑞典失业保险委员会

平等监察 ── 员工代表理事会 ── 国家调节办公室 ── 瑞典国际劳工组织委员会

瑞典欧洲社会基金 ── 国家工作专利权以及补偿措施咨询委员会 ── 劳动力市场评估和教育政策研究所
```

图 3-11 瑞典就业部组织结构体系

瑞典就业部的职责包括制定经济政策、实施劳动力市场政策、进行劳动立法、主管全国就业工作、提供失业救济、消除歧视、为每个人创造平等就业机会等责任。

（三）就业策略

"给每个人就业机会"（employment for all）的原则是瑞典社会福利政策的主要原则。70 年来，瑞典一直以使失业减少到仅仅是"摩擦性"水平为战略目标。20 世纪 80 年代中期，政府一度把充分就业作为重要经济目标中的"第一目标"。瑞典的"充分就业"政策更强调的是积极就业而不是现金救济，"充分就业"政策与低通货膨胀率是紧密挂钩，这种政策在 20 世纪 90 年代初与 2008 年金融危机时期为瑞典的就业稳定提供了保障。

与此同时，瑞典之所以能够保持相对低的登记失业率，其重要原因之一是政府提供了大比例培训项目，包括临时工作项目与其他项目。政府也为残疾人在公开的劳动力市场提供就业培训，如果残疾人不能正常就业，政府利用行政手段为其创造保护性就业。

（四）主要群体就业状况

瑞典不同群体的就业状况也不尽相同，瑞典的高福利政策使瑞典的老年人生活十分幸福，主要就业群体为大学生及中青年一代。同时，瑞典追求男女平等，女性的工作机会和工作地位都占据了国家的就业群体的主要位置。

1. 大学生群体

瑞典大学生就业制度是市场配置型就业制度，可以概括为：国家不包分配、学校指导服务、大学生自主择业。从瑞典就业部的组成部门及下属机构来看，瑞典并没有设置一个专门机构主管全国大学毕业生的就业工作，大学生的就业工作和其他社会群体的就业工作同样对待，政府不直接干预和限制，由就业部、企业、社会机构以及学校协同进行。具体分工协同如下：

从就业部来说，各个下属机构积极配合，促进大学生就业。例如，瑞典公共就业服务部门建立职位信息和求职者信息数据库从而便于职位匹配，并且通过青年工作计划、劳动力市场培训计划、创业支持计划等措施帮助失业的大学生就业，此外平等监察部门致力于消除歧视从而创造平等的就业环境，瑞典失业保险委员会为失业的大学生提供失业保险，从而缓解失业大学生暂时的困难。

从企业来说，企业在促进大学生就业方面具有义不容辞的社会责任。瑞典企业积极与政府、高校协同合作，估量每个专业领域所需人才数量来指导高校招生；与此同时，积极招纳大学实习生，并且进行工作业务上的培训，让他们获取工作经验，提高就业能力；还有一些企业实行大学企业联合论文计划，让学生在企业中完成毕业论文，与高校合作共同培养创新人才，并实行公平招聘，让大学生公平竞争。

从社会机构来说，社会机构主要承担一个"传接者"的身份，除了在企业、高校与学生之间相互传达准确就业机会与人才信息，也扮演提供咨询、维护权益的角色。一些专门为大学生提供就业服务的社会机构通过建立门户网站，为在校大学生以及往届毕业生建立与企业间的联系，拓展就业途径，同时为他们提供职业咨询、工作以及实习信息等方面的服务。另外，需要指出的是瑞典工会的作用，工会在瑞典有很重要的地位，工会组织可以为新加入的大学生提供各种就业服务，小到简历修改，大到代表学生与雇主谈判工资、提供特殊失业保险、法律支持、维护权益等，从而帮助大学生更好地就业。

从高校来说，各大高校均设有专门的就业指导服务中心，可以为在校大学生提供各种类型的就业指导服务，开设就业指导课程；还会出版相应的就业指导书籍，收集和发布大学毕业生就业需求信息和短期实习计划；也可以帮助在校大学生和毕业生与企业建立联系，组织招聘会；一些高校建立校友会，使在职校友与在校学生建立联系，从而更好地交流工作机会与经验。

2. 女性群体

瑞典是一个对女性权益保障水平比较高的典型国家代表，在瑞典，性别平等不是一句口号，而是一种生活和思维方式，是一种价值判断。瑞典的公共政策一直在按照两条思路不断进行调整，一条思路是鼓励妇女就业，将妇女的一部分家庭责任转移给政府，政府通过税收转移为公共服务的方式建立收费低廉服务优质的托儿所，从而保障并积极鼓励已婚妇女就业；另一条思路是将妇女家庭责任部分转移给男性，从而促进女性就业。

在瑞典的职场工作中，真正实现了女性"顶起了半边天"，不管是政府机构还是商业组织，大多数女性雇员都占到半数左右。根据欧盟的权威报告，瑞典的女性就业率在全欧盟 28 个国家中最高，高达 71.8%，远远高于欧盟 58.6% 的平均水平。瑞典女性在劳动力市场的重要作用首屈一指，她们与男性一样参与决策、团队建设，兼顾家庭与事业。通过对《2015 瑞典的女性与男性——事实与数据》报告中可以看出，不难体会到性别平等观念在瑞典社会的深入人心。经过多年的努力，瑞典女性的权益与工作机会得到了较为广泛和全面的保障。例如，从报告指出的就业情况来看，2014 年瑞典 20~64 岁的人口中，女性为 270 万人，男性为 280 万人。83% 的女性劳动力人口中，77% 受雇，全职率为 54%；89% 的男性劳动力人口中，82% 受雇，全职率为 73%。22~44 岁、45~64 岁年龄段的瑞典女性经济活动率分别为 91% 和 84%，男性为 94% 和 89%，性别差距不断缩小。这个数据与 20 世纪 70 年代、90 年代相比，21 世纪瑞典女性就业率正在逐步上升，男性就业率有所下降。

3. 老年人群体

人口老龄化的白色浪潮席卷全球，提前退休成为福利国家的普遍趋势。瑞典是"福利国家的橱窗"，是福利型养老保险制度和"高福利高就业"退休模式的典型代表。瑞典的人口老龄化程度仅次于日本，2003 年就将退休年龄延迟到 65 岁，但是实行弹性退休机制，提前退休会扣减养老金，延迟退休则增发养老金，积极鼓励老龄就业。如表 3-2 所示，瑞典在欧盟主要代表国家中，2015 年 55~64 岁、65~69 岁的就业率都分别达到了 74.6% 和 21.9% 这一较高水准，在这 6 个国家中仅居冰岛之下，由此可见，瑞典的老年人群体就业率还是处于一个较高水平的状态。

表 3-2　主要欧盟国家的老年人就业率

国家	55~64 岁就业率			65~69 岁就业率			各国延迟退休年龄时间 / 年龄	养老金支出占 GDP 比例
	2005	2007	2015	2005	2007	2015		
瑞典	69.6	70.1	74.6	14.0	14.7	21.9	2003/65	7.4%
挪威	67.6	69.0	72.2	21.8	22.2	28.9	2015/67	5.4%

国家	55~64 岁就业率			65~69 岁就业率			各国延迟退休年龄 时间 / 年龄	养老金支出 占 GDP 比例
	2005	2007	2015	2005	2007	2015		
冰岛	84.8	84.9	84.5	52.3	49.3	54.4	2015/67	2.1%
德国	45.5	51.3	66.2	6.5	7.1	14.5	2015/65, 2032/67	10.6%
法国	38.5	38.2	48.6	2.8	3.2	5.9	2010/62	13.8%
意大利	31.4	33.7	48.2	6.9	7.3	8.6	2019/67	15.85%

数据来源：老年人就业率数据来源于 OECD. Review of Policies to Improve Labor Market Prospects for Older Workers,2015. http://www.oecd.org/els/emp/older-workers-scoreboard.xlsx，延迟退休年龄与养老金数据来源于 Pension at a Glance 2015:retirement-income Systems in OECD and G20 countries-OECD2015 chapter 11 PP203-375，退休年龄与养老金数据均为 2015 年数据。

三、瑞典较高就业率的原因分析

瑞典之所以能够保持较高的就业率，除了与其发达的经济以及所实施的积极的劳动力市场政策有关之外，瑞典政府、企业、社会机构以及高校各个力量在促进就业方面都作出了巨大贡献。

（一）积极的劳动力市场政策

瑞典积极劳动力市场政策是在 20 世纪 50 年代正式提出的，这一政策使瑞典长期以来获得较低的失业率，成为包括中国在内的全世界国家纷纷效仿的政策。瑞典国内的失业率长期以来处于较低水平，劳动力市场充满活力并保持着较高的劳动参与率，劳动力市场政策起到了不可忽视的作用。

1. 公共就业服务和公共工程就业政策

瑞典的就业服务部门为国民提供免费的就业指导和工作安置服务，严禁私人开办，负责安置求职者在不同岗位或暂时性的公共工程项目就业，充当求职者的顾问。即使在高失业时期，瑞典政府也能在该政策下帮助求职者迅速填补职位空缺，为失业者提供临时性工作。

与此同时，瑞典开展了临时性公共就业安排，通过兴建公共工程，为周期性失业者、季节性失业者和因为其他各种原因产生的富余劳动力提供临时性工作，同时也为在劳动力市场上难以找到工作的老人、难民等提供服务。这些工程是各式各样的，最初主要集中在基础设施领域，后来被引入其他一些服务部门，例如保险、教育、行政管理部门。需要注意的是，公共就业服务和公共工程就业政策的受众人群为那些既不能在职业介绍所找到长期工作，又不能在劳动力市场得到培训机会的失业者。

2. 公共劳动力市场培训政策

瑞典的劳动力市场培训政策主要包括四个方面：①对专门技术缺乏、企业破产的失业者进行培训，帮助他们提高劳动技能，使其在发展前景广阔的企业得到就业机会。②以劳动力市场需求为中心，对失业者的培训内容随着劳动力需求的变化而有所侧重，使失业者掌握某项特殊技能，以促进就业率的提升，并克服结构性的劳动力短缺。③强调职业导向，每年的培训必须要求受训者在完成培训项目后才能从事某种职业。④注重难以安置的处于劣势地位的求职者的培训。公共劳动力市场培训政策可以有效降低失业率，瑞典近几年一项调查表明，在所有完成培训的人中大约有 70% 在 6 个月内找到工作，80% 左右的人能够在被培训的领域内找到工作。

3. 政府补贴政策

瑞典的政府补贴政策主要包括流动补助政策、启用补贴政策和岗位轮替补贴政策，这些政策可以有效促进劳动力市场流动，降低国家失业率。瑞典的流动补助政策主要针对移民劳动者，移民劳动者在实际工作中，工资水平和福利待遇都比不上瑞典本地人，这削弱了移民工人的积极性。流动补助政策要求一些公共培训机构进行职业与瑞典语言文化的双重培训，以提高移民工人的人力资本水平。

启用补贴政策是政府对雇用长期失业者的企业提供资金补贴的一项政策。具体内容为：雇用 18~19 岁青年人的企业可以获得为期半年的占工资 50% 的补贴；国家对雇用 6 名失业青年以上的企业，提供 60% 的工资补贴；对雇用残疾人或其他特困群体 6 个月以上的企业提供 105% 的工资补贴。

岗位轮替补贴政策是瑞典政府实施的"带薪休假"就业政策，政策规定自愿带薪休假 1 年的员工，可以领取原有工资 85% 的保险金。这项政策可以利用自愿休假者腾出工作岗位的机会，安排长期失业者上岗，不仅维持工作环境的稳定，还能保证人力资本水平。

（二）就业制度全面细致

瑞典政府在制定促进就业的相关制度时，也做到了充分协调与细致全面，不仅包括企业劳动力雇佣制度、企业工人参股企业制度，还使工会制度和瑞典就业模式在瑞典就业制度中成为最为精彩的一种结合。

1. 充分协调的劳动力雇佣制度

在瑞典，劳动力既可以被雇用在劳动力市场，也可以被雇用在劳动力市场政策的项目中。后者为前者服务，其大小随着正常劳动力市场条件的变化而变化，造就了十分灵活的劳动力流动体制。对于就业和失业问题，瑞典人的观念是"就业和失业就像轮盘一样，可以相互转换"。国家大投入保障失业无业人员的最低生活水平在合理范围内，大大降低了雇员对失业的恐惧心理。瑞典的劳动力流动率很高，在欧盟国家里排名第二。根据瑞典工业部门近年来的统计，瑞典每年有 10%~12% 的工人更换雇主，即使在经济危机的年份，这个数字也保持在 6%~7%。瑞典雇员可以通过自由流动来增加工资收入，改善工作环境。同时，瑞典政府认为增加跨地区与跨行业劳动流动性是提高就业率的有效途径。瑞典在劳动培训、全国性劳动力网络建设以及私人就业中介机构等方面已十分成熟，从而进一步保证了劳动力质量和劳动雇佣效率。

2. 完善发达的工会制度

瑞典就业制度最成功之处在于使工会制度同就业模式良好地结合在一起。瑞典公会运动由总工会、职员中央组织、高级管理人员及文官工会和工团主义者工会中央组织组成。此外，瑞典还存在多个与政党联合执政的大型工会，它们在制定就业政策、经济发展模式等国家政治事务中起到了很大作用。瑞典的劳动力市场是由劳资双方共同管理的。在第二次世界大战以后，瑞典成立了全国劳动力市场委员会，其组成部分包括政府、工会以及企业家等。这个机构在宏观政策、职业培训计划、失业救济以及劳动力保护方面为就业发挥了重要作用，并且工会在其组织中占据举足轻重的地位，在解决劳资双方纠纷中扮演了重要角色。

3. 工人参股企业制

从1983年至今，瑞典一直实行的是1983年议会通过的"雇员投资基金"法案。该法案规定了雇员可以以个人或者集体的形式入主企业，这标志着雇员开始拥有集体掌握资本的权利。该基金由工人直接掌握，每年从各股份公司中征收税后利润的20%左右，同时将公共附加养老金提高0.2~0.5个百分点，征收的基金主要用于对企业股票的投资。这种工人参股企业的模式不仅提高了工人就业的积极性，稳定了就业，而且在一定程度上限制私人资本所有制，有利于调和劳资双方的矛盾。

（三）全面有力的法律保障

瑞典政府为了促进就业，实施了一套非常完备细致的法律法规，保障了个人工作的各个阶段，政府先后通过了《就业保障法》《促进就业措施法》《公共部门就业法》等多部致力于解决就业问题的法律法规，并针对就业过程中出现的歧视问题作出了具体规定，通过了《平等机会法》《禁止在职业生活中歧视残疾人员法》《反对职业生活中的种族歧视措施法》等反就业歧视的法律法规。

具体来说，《促进就业措施法》保证个人找工作阶段可享受政府提供的职业培训等帮助手段，促进其更快找到工作；《劳动法》为劳动者提供最基本的权利保障；《男女平等机会法》《年度休假法》《工作时间法》《禁止在职业生活中歧视残疾人员法》《禁止在职场生活中歧视非全日制劳动者和固定期限劳动者法》从各个方面保障了不同人群的权益，避免各种歧视与不平等现象的发生；《工作环境法》要求雇主应随技术、社会的进步不断改善雇员工作环境，提高安全和健康标准；《工资担保法》保障了劳动者纵使在企业倒闭的情况下，也能从政府中拿到工资；《就业保障法》充分保障了工人的就业安全。

这一系列法律法规的出台与实施，从根本上保障了瑞典各群体积极参与就业和进行公平的就业竞争的权利，减轻了各群体所承受的就业压力并有效地解决了就业过程中的就业歧视问题。

（四）重视企业的教育和职业技术培训

瑞典非常重视企业对职业教育和培训的参与，确立了在企业参与下的从"摇篮到坟墓"的终身教育体制，建立了一个覆盖全国的职业培训网络，全国所有的高中、技术学校、社区职业学校或夜校以及各个大学都参与其中，失业人员、在职人员、残疾人员等均可随心所欲地免费参与各类行业的进修或深造。这些职业教育和培训不仅持续提高了劳动者的素质，更新了劳动者的知识和技能，更有利于瑞典劳动者不断适应技术变革和劳动力需求的变化，促进了瑞典劳动力市场活力的迸发。

与此同时，瑞典政府采取的"积极的劳动力市场政策"将其年度预算的 40% 用于开展职业培训。随着近年来瑞典失业率的提高，政府又采取了补贴培训的方式，其数额相当于失业保险金的数额，同时制订各种培训计划，加强就业培训以降低失业率。为了使职业培训的效率增强，瑞典政府根据失业求职者的不同情况和要求，将他们分散到各个专门的培训机构。同时，针对那些缺乏专业技术、难以安置的失业者进行专项技术培训，培训其拥有自身可以求职成功的专业技能，克服结构性劳动力短缺现象的发生。

（五）就业公共服务机构健全

瑞典公共就业服务机构将瑞典划分为 68 个区域性劳动力市场，这是根据就业者的通勤模式和招聘人员的区域偏好来划分的。公共就业服务机构目前有员工 10000 名左右。每个劳动力市场又包含四个市场领域，它们的客户服务网站已经融入整个机构。除了劳动力市场和市场领域，就业服务机构还包括董事会、安理会、行业分会和目标群体部门、业务支持和服务部门以及 DG 支持机构，如表 3-3 所示。

表 3-3　瑞典就业公共服务机构[1]

机构设置	职能或人员组成
公共就业服务机构	署长、区域经理或部门经理
董事会	政府指定，多达 9 名成员
安理会	主席由署长指派，成员由人数相等的雇主代表和雇员代表组成是国家咨询组织，主要围绕公共就业服务机构的职责问题进行讨论
行业分会和目标群体部门	选定的目标群体和工业部门提供服务 提高就业服务机构对多个特定客户类别的服务质量

---

[1] 粟芳，魏陆.瑞典社会保障制度 [M].上海：上海人民出版社，2010.

机构设置	职能或人员组成
国际部门	负责执行机构在国际领域中涉及的发展、信息分享和劳动力市场政策的联系等事项

四、瑞典就业模式的借鉴之处

瑞典是欧洲重要高社会福利国家之一，也是世界上保持较高就业率的国家之一，分析瑞典社会就业模式的成功之处，可以为我国当前扩大内需、增加就业、提高居民社会福利改革提供一定的借鉴。

（一）完善的就业政策框架

就业政策是瑞典社会福利模式的重要组成部分。多年来，瑞典政府制定和颁布了一系列促进就业、建立和完善社会保障制度的法律法规，并根据客观条件和需要的变化不断修订，为解决就业问题提供法律化的制度依据。瑞典先后通过了20多部与就业直接相关的法律法规，其中包括《年度休假法》《就业保障法》《促进就业措施法》《公共部门就业法》《工作环境法》《工作时间法》《平等机会法》《一般职位空缺法》《工资担保法》《禁止在职业生活中歧视残疾人员法》《反对职业生活中的宗族歧视措施法》等，对就业的相关问题作出详细而明确的规定，从而使瑞典的就业政策建立在法制的基础上。

另外，瑞典建立了劳动力市场政策效果评估制度，设立了专门的跟踪评估机构，1997年劳动力市场政策评估研究所成立，具体分析、评估劳动力市场政策、教育政策、劳动力市场功能，对无效的政策措施及时调整或撤销，从而为政府提供制定劳动力政策的科学依据。

（二）专业的就业指导机构

瑞典为了促进就业，设立专门的机构，从而加强就业工作的协调指导。在瑞典，代表国会和政府全权负责就业管理和劳动力市场政策实施的公共机构是专门设立的瑞典国家劳动力市场管理局。国家劳动力市场管理局向国家工业、就业与交通部报告工作，而国家工业、就业与交通部则对国家劳动力市场管理局实行目标管理。国家劳动力市场管理局自上而下地实行就业工作目标管理，使就业问题得到妥善的解决。

其中，每个失业者可在各地就业服务机构进行失业登记，以便就业安置官员为失业登记者安排工作和提供就业咨询等。职业指导与咨询等服务一般采取面对面的方式，为求职者、调换工作者以及职业障碍者提供就业咨询服务，介绍不同职业的特点、要求和培训机会，并负责安置他们在不同的培训项目或暂时性的公共工程就业。

（三）重视教育与职业培训

瑞典非常重视发展教育，从学前教育到义务教育再到高等教育均实行免费制度，并实行学前教育、义务教育、高等教育、职业教育同就业相结合的方针，从而提高就业者的素质和技能，适应技术变革和工作岗位的需要。瑞典几乎所有的培训项目都是免费的，尤其是就业培训项目。参与培训的人员不仅不用缴纳培训费，在培训期间还可享受长达 15 个月、相当于原工资 80% 的培训补贴。政府还经常开展提高劳动者技能的各类职业培训，满足失业者、缺乏技艺的求职者的就业需要。

与此同时，瑞典实施供给导向的劳动力市场政策的目的在于使现有劳动力资源与现有劳动力需求更好地协调起来。所以，瑞典政府不断引导正在受教育者和失业者合理地进入劳动力市场，并且不断提高就业者的素质，更新他们的知识和技能，从而使劳动力更加适应技术变革和劳动力需求的变化，适应新的工作岗位需要。除此之外，瑞典政府还通过提供培训补贴的方式，鼓励企业对自己的职工进行内部职业培训。这些从政府、企业重视教育和职业培训的措施，都在不同程度上促进了瑞典人力资本的发展和合理流动。

（四）采取多种优惠增加就业机会

瑞典政府实行多种优惠政策，鼓励多种渠道的就业安排，通过财政补贴的方式给企业和个人以优惠政策，从而鼓励创造更多的就业机会，广开就业门路。例如，政府规定企业主雇用在职业介绍所登记的长期失业者，给予 50% 的工资补贴。此外，为鼓励劳动力跨地区流动以降低失业率，政府采取搬迁资助和落户补贴的办法，负担人们跨地区就业产生的成本。

与此同时，瑞典政府还对一些特殊人群或者重点关注人群采取倾斜政策，增加弱势群体的就业机会。例如，政府实施残疾人就业计划，给雇用残疾人的雇主以特别资助，帮助他们为残疾人创造合适的工作条件，包括支付残疾人工作所需的特殊设备费用和为残疾人请帮手的费用；为残疾人提供工资补贴，使他们的工资水平与正常人相同；举办专门的残疾人企业为残疾人提供上岗就业的机会；等等。

除了对残疾人人群重点关照之外，瑞典的税制改革也有利于女性就业率的提高。瑞典为了推动女性充分就业，在假期政策之外还辅之以灵活工作安排政策、完善的儿童保育体系和税收政策，在税收政策上，瑞典双薪家庭比单薪家庭纳税更少，以此鼓励女性外出工作。需要提出的是，长期以来，瑞典女性就业率在所有工业国家中是最高的。这证明了瑞典政府给予不同人群优惠政策以扩大就业机会。

第五章 法国就业问题及其政策

一、法国的就业状况分析

（一）失业率

法国统计局根据国际劳工局统计标准发布数据显示，2016年第四季度法国本土的失业率达到9.7%，这显示法国失业率呈现回暖的趋势，但依旧低于欧盟国家的平均水平。

近年来，法国经济持续改善，失业率呈持续下降趋势。法国失业率的下降与新上任的马克龙总统有紧密联系，根据法国就业机构的统计，法国11月失业率跌至三年以来最低水平。当然，法国仍有345万失业者，这依旧是法国所面临的严峻挑战。

根据法国劳动部公布的数字，2017年11月，法国注册失业人数减少29500人，使失业率水平接近于2015年10月。根据法国政府的提供数字，申请就业的在册人数减少了8%，失业人口总数减少至3454100人。失业率下降在青年劳动人口中尤其明显，减少了2%，成年人口减少0.4%。但是，长期失业人数仍在攀升。法国目前劳动人口的失业率为9.4%，法国政府希望，在总统5年任期届满时，也就是到2022年，法国的失业率能够下降至7%。不过，法国总统马克龙表示，下降将是逐渐的一个过程，包括劳动法的改革，失业保险的改革，以及职业教育的改革对减少失业率的冲击将会在一年半或两年之后才能够显现出来。

（二）就业率

统计数据显示，法国在就业种类及职位性质方面存在严重失衡。2017年第一季度，法国本土就业率为64.7%，与2016年第四季度基本持平，但长期就业合同签约率环比下降了0.1个百分点，同比下降0.3个百分点，短期就业合同与短期代工合同达到了7.8%，统计中不同性质就业岗位的此消彼长显示出法国就业的稳定性仍有待加强。

二、法国的就业制度改革

近年来，法国针对严峻的就业形势虽然推出了政策，但法国的失业率依旧堪忧。在就业政策调整中，法国意识到失业问题严重与其劳动力雇佣方式的僵化有关，因此，法国在工作合同的制定方面加大力度，逐步革新其劳动力雇佣机制，其中包括新雇佣合同、首次雇佣合同、未来就业合同、代际合同，以及将酬劳方式与用工机制相结合的用工服务支票等。

（一）新雇佣合同

"新雇佣合同"的基本设想最初成形于 2005 年 4 月，经内阁会议讨论通过后，于 2005 年 8 月 4 日以政府法令的形式颁布实施，并于当年年底得到了法国议会的默许批准。新雇佣合同制度的优点是能够面向全体劳动者，但缺点是仅适用于员工数量少于 20 人的中小企业和微型企业。作为一种新的用工机制，其政策核心是为鼓励企业扩招员工，允许它们以新雇佣合同的方式招募，并为雇员设立为期 2 年的"职业巩固期"，在此期间，雇主可以随时无理由辞退员工，且不受法国《劳动法》中有关企业解雇员工条款的限制。

虽然新雇佣合同在本质上属于无固定期限的长期工作合同，但这种合同机制却因其具有两个重要特征而遭到社会层面的强烈不满。这两个特征为：一是企业主可以无理由解雇员工；二是新员工必须经历为期 2 年的"职业巩固期"，也就是我们通常所说的试用期。在"职业巩固期"，企业主若辞退员工，无须任何理由，不受其《劳动法》中相关条款的限制，只需一个简短的预先通知书，并向被辞退员工支付一笔相当于其工资毛收入 8% 额度的补偿金即可。在"职业巩固期"，若被雇员工自己提出辞职，则不会享受任何失业津贴，也不必提前通知企业主。这一点亦被认为是对劳动者权益的侵犯，因为依照此前的法律规定，劳动者只要工作时间超越 6 个月，即可获得享受失业津贴的权利。这项改革，在当时涉及法国 96% 的企业以及 29% 的企业雇员。

这种合同机制在企业解雇员工的程序上，逃脱了常规的做法，本可以避免法国在劳动保护方面标准过高对促进就业所带来的负面影响，却遭受到强烈的反对。工会组织与左派政党严厉批准这项改革有可能导致不稳定状态，以及出现劳动条件恶劣、无酬劳工作、雇主因其个人喜好随意辞退员工等情况，担心青年群体会成为廉价劳动力，并批评此举违反诸多法律，违背平等、公平原则。很多社会机构普遍认为这种合同机制是不稳定的工作合同，持有这类合同的劳动者在申请租房、银行借贷时，都会遇到因为被认定"工作不稳定"而遭到拒绝的情况。由此来看，法国诸多社会制度本身的僵化也为其劳动力改革制造了阻力。

就用工机制革新本身而言，新雇佣合同可谓是盘活劳动力市场的新举措，但它之所以遭遇失败，主要是来自社会层面的压力，既有社会保障制度在劳动保护方面所积累的保守传统——实际上，有些已经成为劳动力市场改革的"包袱"，又有来自民众观念层面的阻力，长期在高福利制度下工作和生活、受到严格的劳动制度保护的一部分法国人已经习惯于此，失去了接受挑战的意愿和勇气。

即便在尝试签订新雇佣合同的群体中，能够坚持下来的也不多，由此很明显地看出新机制的现实成效并不高。根据法国劳动部门的一项调查，在 2005 年开始施行该制度时签署的诸多新雇佣合同的劳动者中，6 个月后离职者占 30%（其中有 60% 的人是在被雇用后的前 3 个月内离职的），高于同期的无固定期限合同略低于固定期限合同；一年后只有 50% 的人依然在同一家企业工作，1/4 者自己提出辞职，另有 1/4 被辞退。

在坚持了不到 3 年后，新雇佣合同制度最终被 2008 年 6 月 25 日颁布的一项瞄准法国劳动力市场现代化的法律废除。不过，总体来看，新雇佣合同是有利于激励企业增加就业岗位的。在一些企业雇主看来，新雇佣合同制度摆脱了在解雇员工时烦琐的法律程序，有益于盘活劳动力市场，淘汰不合格员工。在上述调查中，有 8% 的企业主是受到新雇佣合同制度的激励才雇工的，有 20% 的雇主在此机制下提前雇工。但是，这种机制对有些企业没有太大的吸引力，他们对此改革持保留态度，更关心的则是政府给予更多的政策优惠，尤其是税收与社会分摊金的减免，以进一步降低劳动力成本，增加其用工的动力。

实际上，法国当时的改革在其酝酿期间，就已受到国际社会的欢迎和支持，甚至有些人还认为改革力度可以再大一些，还可以走得更远一些。比如，当时国际货币基金组织相关专家表示，这项改革为法国劳动力市场改革找到了新的动力与调整方向，是降低高失业率必不可少的举措，并提出可不必对新雇佣合同的适用范围与期限进行限定——延长为期 2 年的试用期，并将此机制拓展到员工数量在 20 人以上的企业，这样还可以进一步放宽政策，使之成效更大。

2005 年，法国政府曾希望以新雇佣合同机制的革新，带动其他方面的改革，但这次改革的失败使其后续目标落空。当时，法国政府意欲进一步推进的改革包括：整合各类合同机制，以简化用工机制，全面推进降低劳动力成本的改革；加强公共就业服务体系的改革；增强失业人员再就业的动力，并加强对不积极再就业者的惩罚，对政府发放的失业救济津贴的额度封顶，并施行递减的救济机制，等等。

新雇佣合同主要着眼于调整劳动力市场，将不合格的劳动力更换为优质劳动力，从长远看，有助于法国经济的发展，但同时也触动了一部分在职劳动力的利益，遭到他们的强烈反对。从新雇佣合同在法国的推广程度看，法国就业政策的改革阻力主要来自普通民众，他们在长期接受高福利制度下的社会环境中，不愿意面对新一轮的挑战。

（二）首次雇佣合同

在新雇佣合同制度遭到法国社会强烈反对的情况下，德维尔潘政府又于

2006 年 1 月提出设立"首次雇佣合同"制度。这种新的用工机制在当年 3 月 31 日颁布的《机会平等法》中得到法律层面的确认。

首次雇佣合同是一种与新雇佣合同平行的用工制度，二者的政策核心基本一致——被雇佣员工须经过为期 2 年的"职业巩固期"，在此期间，雇主可以无须任何理由辞退雇员，以摆脱《劳动法》有关雇员辞退的烦琐程序，快速淘汰企业中缺乏竞争力的冗员。二者的区别在于：新雇佣合同涉及所有劳动者，而首次雇佣合同制度则只面向 26 岁以下的青年人，而且适用范围只限于员工数量在 20 人以上的私有企业。同时，政府还给予优惠政策，即签订首次雇佣合同的雇主，可以在 3 年内免除应为其所雇员工缴纳的社会分摊金。

在反对新雇佣合同的情绪还未平息之际，首次雇佣合同制度的推出同样引起了法国社会的强烈反对，尤以年轻的在校大学生、中学生为主，随后又得到一些工会组织、左派政党的支持。反对者坚持认为，这类合同机制使企业辞退员工的行为变得更加容易，导致企业滥用权力解雇员工，对青年人就业非常不利，更使他们处于不稳定的生活境地。在多重社会压力下，首次雇佣合同制度在出台后不久，就于 2006 年 4 月 10 日被政府新政所取代，以帮助那些在就业中处于困难境地的青年人更好地融入劳动力市场。

首次雇佣合同制度的失败，同样深刻地反映出法国就业政策改革的困难所在，不但既有社会制度本身在劳动就业保护方面的过高标准迫使政府进行机制革新，以规避社会制度所带来的负面影响，而且普通民众的反对尤其强烈——他们"有保障的生活"使之日渐失去了接受挑战的勇气，在就业出现严重困难的情况下，国家利益与个体利益之间难以协调平衡，拥有"惰性"者已无法接受不稳定的用工制度。但是，首次雇佣合同在机制设计上有益于培养青年人在择业过程中的竞争意识，使之自觉、积极地提升自身的职业技能，确保个人就业的安全性。由此可见，法国就业政策改革首先要面对的就是来自民众间过于保守的观念。

首次雇佣合同最大的弊端就是授权企业无须任何理由在最初的 2 年期间解雇 26 岁以下的新进员工，其主要目的就是减少有关员工解雇工作的法律流程，快速辞退企业内部不合格员工，以此增加职位招聘的数量，从而降低失业率。首次雇佣合同的推行为法国社会稳定埋下隐患，此举引起了大众的强烈不满，甚至引发了大规模的示威游行。

（三）未来就业合同

在就业领域内，未来就业合同的概念最早出现于 2005 年右翼总统希拉克时期颁布的《社会团结规划法案》中，这种制度的目的就是在政府的主导下，帮助那些就业困难的特定群体。享受此类特殊用工机制的群体主要是享受政府提供的就业团结收入、边缘父母津贴、特殊团结津贴、成年残疾津贴等福利待遇者。国家对在此机制下签订的用工合同的期限、工作时长、工资标准等进行了限定，并给予工资补贴、税收与社会分摊金免除等优惠措施。

左派总统奥朗德上任后专门针对青年人失业问题，进一步发展了这类用工机制，并提出"未来就业"可延长和续签时间，受益群体主要是 16~25 岁的青年中专业技能较为缺乏者。企业主若以未来就业合同的形式雇用青年人只须承担被雇员工工资的 25%，其余部分由地方政府或国家支付，同时还享受税收优惠、社会分摊金减免、发放奖金等激励措施。接受这种合同机制就业的青年人同时也享受一些鼓励政策，比如每周工作时长为 26 小时，按最低工资标准领取报酬，同时还可以继续享受政府颁发的其他津贴等。法国政府着力推出这样的用工机制，最主要的考虑就是鼓励和推动青年人再就业，以免部分青年人未就业就失业，帮助一部分人摆脱长期难以有效地融入劳动力市场的困境。

（四）代际合同

"代际合同"是法国政府为解决失业问题于近年正式推出的一套就业方案。一老一少结对签署为期 3 年的工作合同，目的在于帮助 16~26 岁的年轻人找到相对稳定的工作，同时让年轻一代传承老一辈的专业知识和技能。签署"代际合同"的公司可得到每年每份合同 4000 欧元的政府补助，即使年长职员提前退休，政府每年照旧付给公司 2000 欧元以促进对年轻人的培训。

青年人与中老年人就业是近年来法国就业政策重点关注的两大群体。虽然中老年人的失业率较低，近 10 年来徘徊于 5%~7%，平均为 6.2%，但受到退休制度、养老制度等改革的影响，中老年人就业的需求大幅增加，与本就困难的青年人就业在一定程度上存在结构性的竞争关系，很多企业中这两类群体的用工偏好不同。在此局势下，法国于 2015 年年底推出了一项建立代际合同的就业政策改革方案，将青年人就业与中老年人就业综合起来考虑，并于 2014 年 3 月 1 日颁布了《代际合同法》。作为一种促进就业的制度设计，代际合同的目标是在员工数量不超过 300 人的企业中，创立由青年人和具有较高职业技能的中老年人共享的工作岗位，以鼓励企业雇用青年人、维系中老年人的就业。其目标有三：一是促进青年人以无固定期限合同的形式就业；二是维系和促进中老年群体的就业；三是在不同代际之间传承职业技能。

对于享受这一机制下政府援助的企业，必须满足的条件有：一是在接受援助之前的 6 个月内没有出现经济性裁员；二是在接受援助期间不辞退年龄在 57 岁以上的员工（残障人士为 55 岁）。同时，相关企业还必须在 2015 年 3 月 31 日之前就代际合同的施行协商达成新的劳资协议，否则将受到政府财政方面的惩罚。劳资协议主要包括保证青年人可持续就业的措施、维系中老年就业的举措、技能传承的举措等。

在代际合同机制下，受益的青年人须年龄在 30 岁以下，企业须以无固定期限合同的形式招募他们，且一般全职工作。如果每周工作时间不低于全职工作时间的 4/5，也可以签订非全日制工作合同。代际合同的相关方，即职业资质高的中老年员工，须拥有无固定期限合同，并且年龄须在 57 岁以上（残障人士为 55 岁）。代际合同制度对企业的资助期限最长为 3 年，每签一份代际合同，企业每年可获得 4000 欧元奖励。为保证这项改革举措顺利实施，政府动员相关部门对企业落实合同的情况随时进行监督，要求企业及时向公共就业部门的监督机构递交相关材料，以证明签订代际合同的青年人和中老年人一直在岗工作。

这项改革鼓励企业将招募青年人就业视为其自身发展的一种机遇和投资，重新评估高资质的中老年员工对企业发展的价值，把青年人与中老年人联合起来协同安置就业，对法国的经济发展是一种推动力量。

2014 年青年失业率高达 25%，一些学历低、专业技能欠缺的年轻人缺乏竞争力。"代际合同"是法国政府和企业共同对年轻人投资的模式，法国劳动、就业、职业培训与社会对话部出台这项政策时表示，应该把年轻人看作企业的一种机遇。年轻人在培训期间生产力并不高，这需要公司投入一定的成本。但无论对企业还是政府来说，这都是一种对未来的投资。

（五）用工服务支票

早在 1994 年，负责社会保障缴纳与家庭津贴管理的机构就开始推行专门用于支付家政服务费用的一种特殊支票，后来法国将此机制进一步拓展，变革成为通用的用工服务支票，将之全面推向跟"服务于人"相关的雇工行为，主要包括面向家庭的服务（照看孩子、学业辅导、家务协助、孩子外出陪护）、面向日常生活的服务（房屋维护、家庭卫生保健、打理花园、做饭、购物、临时看护），以及面向老年人与残障人士的服务等。用工服务支票不但是法国政府推出的"社会团结"计划的组成部分，更是促进就业的重要杠杆。

自 2000 年开始，法国政府就将发展"服务于人"的相关行业作为维系社会团结、拓展就业的政策重点。据法国社保机构 Acoss 发表的一份有关家庭雇工的统计数据，2004 年时，法国存在雇工行为的个体雇主已经涉及 170 万个家庭，2005 年则增长了 5%。由此，法国更加坚定了发展这一行业的信心。在此背景下，2005 年 7 月，法国专门颁布了一项鼓励"服务于人"的相关产业发展、巩固社会团结的法律自 2006 年 1 月 1 日起正式施行用工服务支票制度。此后，法国每年都要对此机制进行适应调整，尽管后来受经济危机的影响，法国民众个体雇工的行为减少，但这类涉及社会服务的行业仍旧是法国为实现加强社会团结、促进就业等目标重点考量的行业。

用工服务支票具有两个重要的特点：一是所有支票都是预付费的；二是用支票

支付被雇人员的报酬，实际上，也是对雇佣行为进行申报的方式，这样可以免除"打黑工"现象中偷税漏税的行为。该支票既可用于支付个人佣工的工资，亦可用以跟提供家政服务的社团组织、企业等进行费用结算，使用起来便利、安全，还可以免税。使用者可以享受的税收优惠额度虽然在数量上有年度最高限额，但其比例可高达雇工费用的 50%，并且还有可能免除部分雇主应当缴纳的社会分摊金等。

在力推这一新机制的时任就业、社会团结和住房部部长博洛看来，企业可以直接向员工提供已预存费用的用工服务支票作为公司福利，员工则可用它支付所雇家政服务人员的工资，这样还有益于"使普通民众以低廉的价格和最快的速度获得家政服务及其他社会体系的服务"。

用工服务支票制度方便了个体雇主结算其个人雇工的相关费用，不但是劳务支付制度的革新，更是法国政府促进就业的一种创新手段。发展社会服务、家政服务等行业一直被法国政府认为是具有巨大经济、就业潜力的领域，这类行业所创造的就业岗位不会像普通企业用工岗位一样会随着产业变迁流出法国社会，而且也是着力促进女性就业的重点行业，同时还可以使在此领域内原本就存在的"地下"用工透明化，虽然政府给予了大量的财政优惠，但实则有益于政府财政收入的增加。

三、法国青年人就业情况

法国总统奥朗德在位期间曾说："使年轻人的就业形势免遭经济危机影响"，这是其当时最首要的任务，但未能很好地促进青年人就业的情况。根据 2015 年的数据显示，法国约 200 万青年人无工作、无学历，年轻人的就业形势不容乐观。为改善这一情况，法国理事会建议政府加强各项措施的执行。

法国近 200 万年轻人无学历、无教育经历、无工作的青年人被称为"尼特族"，他们不升学、不就业、不进修或参加就业辅导。2016 年，法国政府试推行"青年保障"政策，为 18~25 岁无业、无教育经历的年轻人提供培训、经济补贴等一系列帮助。理事会发布的意见书显示，2015 年约 8500 名年轻人因此受益；2016 年将有 5 万人受益；2017 年时，这一数额将达到 10 万左右。奥朗德刚就任总统时，便制定了针对年轻人的就业保障措施，计划创造 15 万个就业机会。但是，"尼特族"的人数远远超过 15 万，因此这样的方案仍显不足。

这一现象因经济危机而变得更加明显。2015 年年初，约 69.9 万低于 25 岁的年轻人处于失业状态，比上一年度同期增加 4 万人。毕业 3 年后，1/5 的年轻人仍在寻找工作。法国海外省的情况更加棘手，法属圭亚那年轻人的失业率已超过40%；马约特岛则已达到 55%。

2015 年，20% 的年轻女性及 18.7% 的年轻男性的月收入低于 987 欧元，这一数据在经济危机发生之后日渐提高。为满足自身需要，一半的大学生在课余时间做兼职工作，1/3 的学生甚至从事全职工作。25 岁以下年轻人的贫困现象也是其工作状况不稳定的结果。他们经常参加短期工作，致使其处于失业状态的风险较高。近 40% 的求职者从未领取任何补贴，他们的年龄普遍在 30 岁以下。

法国刺激青年就业的政策频繁出台，随着执政党派阵营的变化，就业政策经常改变。法国的青年就业政策讲求效率，短期政策实现预期一般在 2 年以内，如果未达到预期效果会马上做出调整。法国政府在青年就业政策上具有创新意识，教育部对 18~30 岁的青年在法国海外领地或海外省创办或收购营利性企业进行资金补助，一次性资助额最高达 7320 欧元。对于缺乏经营经验的青年就业者，实践经验和经营体验尤为重要。由于法属海外领地与法国市场结构相似且相对简单，竞争风险小，法国政府旨在通过这一就业政策将法属海外领地培养成青年人才实践基地和创业基地，为其商务人才在国际市场上发挥更重要作用打下坚实的实践基础。这项刺激政策也与法国宏观经济政策紧密相连，将鼓励青年人就业与发展海外领地和海外省经济相结合，既缓解了法国本土青年就业者竞争紧张的现状，也为海外领地创造了更多就业机会。

这项政策是短期政策与长期经济发展目标相结合的代表，也是法国实践较为成功的刺激青年就业政策。在该项计划实施 4 年后，法国统计局对其实施总体状况进行了数据分析和评价，这些受助青年创办的海外领地公司又解决了 1350 余个当地青年就业岗位。当然，这项政策也存在资助者男女比例不均衡、企业规模有限和营业额不高等问题。但总体来看，法国政府鼓励青年海外创业计划取得了较大的成功。

四、法国促进青年人就业的措施

法国是世界上高职教育最发达的国家之一，已经建立了完善的职业教育体系。法国政府要求高职学校的教育管理必须围绕学生日后的就业展开，政府对其高度重视，并从法律、行政、财政等各方面进行扶持。法国的职业教育与企业密切相关，而且具有突出的专业优势，建立从职业教育到学历教育的相对独立又相互融合的完整模式，使学生成才的教育体系趋于完整。

（一）实行"鼓励青年创业计划"

这是一项从 2005 年起实施的计划，法国政府出资鼓励青年人到法国海外领地和海外省创办或接手企业。法国政府对商务文化与教育常有惊人举动。例如，法国总统奥朗德在上任之初即提出了振兴青年就业计划"未来合同法案"：法国政府计划自 2014 年起每年投入 15 亿欧元，创造 10 万~15 万个"未来就业合同"岗位。这类国家资助合同的经费 75% 由国家补贴，最高为期 3 年，涉及的就业岗位主要分布在非商业部门的地方行政单位、养老院、医院、家政服务业和绿色环保。这种由政府埋单的大手笔刺激青年就业措施，当然也会招致批判的声音，但足以显示法国政府解决青年人就业难题的决心。

（二）实行"无障碍就业"政策

根据法国 2014 年 6 月 26 日签署的第 549 号行政条例，法国政府在 40 个城乡接合部和 132 个敏感地带市镇，针对 30 岁以下、16 岁以上的失业青年实行"无障碍就业"政策。法国政府将对聘用"无障碍就业"政策涵盖范围内失业青年的企业实行不同程度的补贴，国家补贴的最高金额可达每人次 5000 欧元。这项刺激就业政策预计施行 3 年，在该政策第一个试验期内，目标是到 2015 年 6 月 30 日为城乡接合部以及法国城市敏感地带增添 5000 个以上的就业岗位。

这一政策的提出在一定程度上减轻了青年就业市场上的地域歧视问题。法国部分城市的敏感地带和接合部人口成分复杂，社会治安条件差，有大量的失业青年亟待解决就业问题。此次"无障碍就业区"的划分充分考虑接合部地区青年在就业市场的不公平待遇，力图减轻地域歧视。执行方式是通过奖励企业对接合部失业青年进行间接补贴，从而提高补贴的实际效率。

在这项政策的实施过程中，法国政府针对城市敏感地带青年就业意愿低的现象进行了特殊规定，该地区青年只有持有在过去 18 个月内拥有 12 个月以上寻找工作经历的证明者，方符合"无障碍就业"政策的补贴条件。同时，为了有效利用补贴资金解决青年人隐性失业隐患，法国政府将补贴企业的 5000 欧元分两次转入，每次 2500 欧元，第一次补贴在实习期结束后发放，第二次在雇佣合同持续 10 个月以后补贴给企业。该做法大大提高了补贴的使用率，并且能有效缓解城市敏感地带青年就业周期短、在就业单位长期遭受就业歧视和企业通过短期雇用员工骗取补助等现象。

（三）实行"见习合同"

该政策旨在提高青年就业者的职业素质，降低青年就业者潜在失业率。所谓见习合同，包括两个方面：一方面，见习合同具有工作合同的性质；另一方面，在见习合同期内，青年就业者要到"见习培训中心"（CFA）进行专业系统的职业培训，培训结束后颁发文凭或职业头衔。这项政策针对 16~25 岁青年实施，由法国 2015 年 5 月最终修改的劳动法确定下来。签订见习合同的青年人虽然在工资保障方面不能和正式员工相比，但是面临的工作选择增多，例如签订见习合同的青年可以选择就业单位以外的企业进行职业技能培训，培训涉及工业、农业、商业和高新产业等社会各个领域，因此，见习合同政策为青年人提供了更广阔的就业平台。

　　这项政策能够使青年就业者和企业双方受益，首先，企业可以将签订见习合同的青年就业者作为定向培养对象，并帮助其完成入职前的专业培训；在签订正式劳动合同之前企业可支付低于最低工资的薪金，这在一定程度上鼓励了企业招收更多有意签订见习合同的青年就业者。其次，对青年求职者而言，在工作的同时进行职业技术培训或攻读更高学历可以提升其就业竞争力，为自己的职业发展寻求更广阔的发展平台。由此可见，见习合同政策在一定程度上解决了青年就业者欠缺从业经验和企业对职工职业技术需求的矛盾，避免了青年就业者在从业不久后被解雇的风险，对于稳定提高青年人就业率，缓解就业市场供需不平衡有显著的效果。

（四）实行"青年就业保障"

　　法国刺激青年就业政策种类繁多，但仍有一部分青年就业形势极其悲观，并且不符合大多数就业政策补贴要求，而青年就业保障政策则专门针对这一部分青年实施。2015年，法国总统奥朗德上任之初提出要让青年人在2017年过上更好生活的目标，青年就业保障政策应运而生。根据青年就业保障政策，法国政府责成地方代表团，对就业困难的青年人进行帮助辅导、制定就业规划和培训方案，同时规定划分，此类城乡接合部和市镇青年平均受教育水平较低，人口成分复杂，存在比较严重的就业歧视现象。

（五）政府强调高职教育

1. 政府对职业教育就业的重视程度极高

　　法国政府教育管理部门对高职学校的发展有较大发言权和较高管理水平，它要求高职教育教学必须紧紧围绕学生就业成才做文章。法国政府对高职教育的投入很大，且高中阶段学生接受职业教育基本免费。而法规健全是高职教育发展的重要保障，社会各界把做好职业教育、提高企业人才素质作为保持经济发展乃至提升整个国家经济实力的根本性保障。

2. 重视办学定位对社会和企业的适应性

　　法国高职学校的定位就是能长期适应企业、公司等用人单位需要，使他们输送的毕业生令用人单位满意。为此，无论是在师资队伍建设还是在教学内容方法等方面都力争与社会需求紧密结合。同样，职业培训也不只针对某一职业，而是通过传授相对广泛的职业知识，培养具有适应性、主动性、自主性和责任感的人才，即所谓"大职业教育观"，以适应社会发展需要。法国绝大多数高职学校都面向社会大众提供继续深造的机会，不仅为社会在职人员提供了再教育机会，也使学校与相关行业联系更为紧密，使学校更加了解社会对职业教育的需求动向，培养出更多适用人才。

3. 高职学校机构与课程设置趋向多样性

法国高职教育体系既有独立设置的专门机构，又有附属于大学和技术高中内部的机构；既有短期的高级技术员班，又有培养高层次职业技术人才（学士和硕士、博士）的大学职业学院；既有职业针对性强的窄口径人才培养模式的高职教育，又有宽口径专业设置和课程组织模式的高职教育。社会经济发展对人才的需求是多种多样的，因此，高职教育的多种形式有效地满足了不同的社会需求。

4. 注重职业精神的培养，为企业打好人才地基

首先，法国高等职业教育序列完整，从职业学校教育到大学本科教育再到硕士教育，与普通教育"路路相通"。其次，为了应对行业转型和变动，法国注重培养"多功能多学科的职业技术人才"。最后，注重培养学生的职业精神和文化传统，企业将对职业精神的培养要求和对人才的需求评价及时反馈给教育部门，而教育部门则广泛地听取各方意见，进行方向性、战略性的指导和管理。

5. 实行多证书的学校本位教育，使职业教育有序发展

法国的职业教育实行的是由政府主导的学校本位的教育，分为中等职业教育和高等职业教育两个层次，并设立国家职业认证委员会，在全国建立以实际职业技能为基础、以实际工作表现为依据、以证书质量管理为生命的国家职业资格证书制度。法国的高职教育的培养目标是高级技术员，招收获得高中文凭者或同等学历者，学制2年，它主要有两种：一是高级技术员班，设在普通高中，其中一半学生来自高中技术班，可获得"高级技术员证书"；二是大学技术学院，设在大学，70%学生来自高中普通班，获得"大学技术文凭"。最近建立了一种大学职业学院，招收修满大学一年级课程或同等学历者，学制3年。分阶段获得文凭：第一阶段为"大学职业学院文凭"，第二阶段为"学生文凭"，第三阶段为"工程师与技师文凭"。法国通过多种职业教育证书制度并赋予国家职业认证委员会相应职权，实现与职业需求的对接，克服了以往脱离市场的种种弊端。

第六章　丹麦就业问题及其政策

一、丹麦的灵活安全性劳动力市场模式

20 世纪 80 年代是一个充满变革的时代，在劳动力就业方面，西方国家从奉行单一的凯恩斯主义劳动就业政策，转向了多样的劳动就业政策，即以英、美等国家为代表的新自由主义劳动就业政策、以瑞典等北欧国家为代表的合作主义劳动就业政策、以法国与西班牙等欧洲大陆国家为代表的保守主义劳动就业政策和以丹麦等国家为代表的灵活安全性劳动就业政策。其中，由于丹麦劳动力市场有效地将灵活性与安全性结合在一起，并创造了"就业奇迹"，使得灵活安全性劳动力市场在西方国家的劳动就业政策中占据越来越重要的地位，并最终从 20 世纪 90 年代中后期开始成为欧盟等其他国家劳动就业政策的目标选择。

丹麦劳动力市场灵活安全性的主要特征是灵活性与安全性的有机结合。灵活性主要表现为与社会经济发展变化的灵活适应性、较低的就业立法保护和明显的外部数量灵活性；安全性主要表现为慷慨的失业救济和社会救济。而激活性的积极的劳动力市场政策是丹麦将灵活性与安全性有机结合在一起的关键，它与慷慨的失业救济和劳动力市场的外部灵活性构成了丹麦灵活安全性劳动力市场模式的"金三角"。

（一）劳动力市场灵活安全性的相关概念

1.劳动力市场灵活性的含义

劳动力市场的灵活性是指面对经济的变化，就业量或工作时间（劳动投入）或工资（劳动成本）进行相应调整的灵活程度。灵活性是对劳动力市场各方面灵活性的总称，测量一国劳动力市场灵活性程度一般涉及：一国就业保护立法和工作时间管制程度；实际工作时间灵活性程度；劳动力在各部门产业间的周转率；功能性灵活程度，即工作组织方式灵活水平；长期失业水平和产业部门间的劳动力流动性水平。劳动力市场灵活性的核心就是通过减少劳动力市场的刚性，充分发挥市场在劳动就业的作用，使劳资双方能够根据劳动力市场的供求情况自行确定包括雇佣与解雇在内的劳工标准等问题，从而使劳动力市场在宏观上确保劳动供给可以随总需求的增长而适度扩张，在微观上允许企业在较短的时间内获得必要的人力资源组建生产团队生产产品和提供服务，以适应外部社会经济环境的快

速变化。

按照经合组织的划分，劳动力市场灵活性分为五种类型。第一，外部数量灵活性。它是雇主调整劳动力要素数量使之符合当前市场需求趋势的一种能力，即雇主灵活解雇、雇用工人的能力。从劳动力角度讲，它表现了劳动力在雇主间的流动性，所以也称外部工作转移率。当市场需求扩大时，企业生产任务繁重，雇主雇用劳动力数量增加；当市场需求减小时，企业冗员增多，雇主需裁减劳动力的数量。在实际运用中，外部数量灵活性是通过雇主使用各种就业契约，如非全时工作契约、固定期限契约、临时契约等，对劳动力要素数量进行调整来实现的。第二，内部数量灵活性。它是雇主在不变更企业原有劳动力数量的情形下，改变工时长短及其分配方式的一种能力。一般适用于对工时灵活性的需求，如轮班工作、季节性劳动力需求、周末或假日加班、超时工作等。第三，功能灵活性。它是雇主在企业内部对工人工作任务、工作部门、工作内容进行灵活调配的一种能力。它通常表现为雇员经过企业培训、深造或某些激励后，能够胜任更多的工作岗位。功能灵活性是通过工人在企业内部的流动性来反映的，也称内部劳动转移率。第四，工资灵活性。它是雇主根据市场及竞争变化状况，适时调整雇员工资或福利水平的能力。通常雇主更倾向于根据个人表现而非集体协议制定的工资标准来决定雇员的工资水平。第五，外部化灵活性。它是雇主将工作任务外包或转包给与本企业没有任何就业契约关系，而只有商业性契约关系的外部工人或企业的能力。如转包合同，就是把任务转包给自雇人员，而雇主并不与之签订就业契约，他们也不属于雇主企业的雇员。劳动力市场灵活性因国家而呈现不同的表现形式或组合方式。各国企业依靠灵活化的策略来应对瞬息万变的市场需求。上述灵活化形式中除功能灵活性外，其余的灵活化形式都会造成雇员阶层在劳动力市场中的不利状况，甚至会使雇员面临失业的危险。

2. 劳动力市场安全性的含义

劳动力市场安全性是指面对经济灵活性的变化，劳动者在遭遇劳动市场风险（失业危险）时，能够得到及时有效的帮助并且最终尽快返回劳动力市场中的各种安全性措施的总和。劳动力市场安全性不只限于工作岗位的安全性，它还涉及能够维持体面生活的工资、能够进行终身学习的条件、工作环境、免受歧视或不公平解雇、在失去工作时能够得到及时的帮助、在工作变迁时原来享有的社会权利不受到损害等。劳动力市场安全性是经济能够保持灵活性的必要前提。

按照国际研究的成果，劳动力市场安全性可分为四种类型：第一，工作岗位安全性，是指雇员能够就职于同一企业或雇主，就任于同一工作岗位，并保持其工作任期持续性的安全程度。岗位安全性一般与一国的就业保护法规（如解雇保护）的严格性密切相关。在当今经济日趋灵活化的时代，传统的强调工作岗位安全性的做法将逐渐转变为强调就业能力的安全性。第二，就业安全性，是指雇员在职业生涯中能够持续保持就业状态的安全程度。就业安全性并不强调雇员在同一雇主、同一工作岗位下的安全就业状态，也不强调必须保持现有工作岗位的稳定性和安全性（这与劳动力市场灵活化趋势相矛盾），它主要强调的是雇员就业能力的安全性，雇员在多个雇主、多种岗位中保持就业的一种状态。作为一种原则，就业安全性是指人们在工作年龄持续期间的任何时间，都能拥有适应多种工作岗位，保持就业状态的能力。实现就业安全性的前提条件是，工作要求与个人素质相匹配。它同就业的整体环境、积极劳动力市场、培训和教育政策所起的作用密切相关，也是积极劳动力市场培训、教育等政策倡导终身学习理念的原因。它已经成为现代劳动力市场发展的基本原则和理念。第三，收入安全性，是指雇员在遭遇失业、疾病或意外事故时，能够通过公共转移收入体制（如失业救济金和现金救助体制），保持稳定可靠收入的安全性。第四，组合安全性，是指雇员通过退休计划、产假、志愿无偿工作等方式，能够把工作与个人生活有机地结合在一起的可能性。积极劳动力市场政策倡导工作岗位安全性向就业（能力）安全性的转变。由于经济全球化的深入，使得一国的经济更加具有不确定性，而上述安全性与个人面对的经济不确定性是紧密相关的。

（二）丹麦灵活安全性劳动力市场的"金三角"结构

1. 激活性的积极的劳动力市场政策

激活性的积极的劳动力市场政策是实现丹麦劳动力市场灵活性与安全性有机统一的关键。简单来讲，积极的劳动力市场政策是与消极的劳动力市场政策相对应的一个范畴，这两种不同的劳动力市场所针对的对象都是失业者。所不同的是，消极的劳动力市场政策是为避免失业者陷入生活困境而设计的，其主要包括失业保险和社会救济等社会保障措施；而积极的劳动力市场政策是为使失业者重新就业而设计的，其主要包括三个方面，即旨在提高失业者技能的培训等继续教育、为失业者提供新的或资助型就业岗位，以及就业信息沟通咨询服务等激活性措施。正是由于积极的劳动力市场政策具有激活失业者，能使其从失业状态重新回到劳动力市场的功能，所以，激活性的积极的劳动力市场政策成为除慷慨的失业救济等社会保障之外，劳动力市场灵活性与安全性有机结合的新纽带与桥梁。

丹麦的积极的劳动力市场政策具有两个明显的特点：①重视程度高：主要体现在较高比例的积极的劳动力市场政策支出方面。②极强的激活性。这种激活性不仅在于通过培训、提供新的工作岗位和工作搜寻帮助等提高了失业者重新就业的可能性，更主要的是积极的劳动力市场政策与消极的劳动力市场政策的相互衔接与支撑。简单来讲，就是失业者要想获得消极的劳动力市场政策的支持与获得失业救济，必须参与积极的劳动力市场政策所实施的相关项目中，消极的劳动力市场政策支持的获得以积极的劳动力市场政策为前提。

2. 灵活的劳动力市场

丹麦劳动力市场的灵活性主要体现在两个方面。一方面体现在其外部数量的灵活性，也就是说，企业会裁减员工或雇用新员工的形式来适应外部需求变化与生产方式新变革的要求。另一方面是丹麦较低的就业保护政策，在劳动力市场的灵活性上主要体现为企业聘用与解雇（特别是解雇）其雇员的便利程度，以及就业立法对解雇雇员的保护程度。这种便利程度与就业保护程度可从三个方面来衡量，即解雇成本、提前通知期限和解雇程序的繁简程度。

在丹麦，企业裁减员工是比较容易的。不仅解雇的通知期限和解雇赔偿是有限的，相对来讲，解雇程序的烦琐程度也是有限的。丹麦较低就业保护根源其独特的经济结构与产业组织方式。小企业众多是丹麦经济结构与产业组织方式的一个重要特征，这些小企业不能够承受因严厉的就业立法保护所引起的较高的解雇成本，也需要较灵活的劳动力市场。较低的就业保护立法鼓励企业能够在遇到外部需求降低时以较低的成本裁减工人，从而使企业最大限度地将企业所受到的不利外部冲击转嫁出去，降低亏损额度。

3. 慷慨的失业救济与完善的社会救助

在丹麦，劳动力市场的安全性主要是通过收入与社会安全性实现的。丹麦的收入与社会安全性主要是通过两条途径得以实现的：一是慷慨的失业救济。丹麦的失业救济金是由政府以反周期的方式来进行资助，因此，失业增加的边际成本是完全由税收资助或者由税收提供资金的。失业救济金的领取额度，最高可达先前工资（按上一年工资计算）的 90% 或最高额度（通常每年为 22.3 万欧元）。失业救济金的领取期限，最长可达 2 年。重新获得失业救济金的资格，是在过去的 36 个月内至少累计工作 12 个月。二是完善的社会救助。失业者在领取失业救济金期满后，通常能够获得社会资助或者社会救助。这种社会救助也适用于没有参加失业保险基金的失业者。在丹麦没有法定的最低工资制度，它是存在不同行业团体的劳资间的协约工资，也就是事实上的最低工资标准。实际的工资标准是每个企业用追加协约工资的形式决定的。除此之外，丹麦的社会救助突出重视就业援助方面，同欧洲其他国家相比，丹麦失业率一直较低，但该国却是全球失业津贴最高的国家。当然，为了避免"养懒汉"现象的发生，丹麦的社会救助标准也在进行不断的更新。2014 年，丹麦政府决定收紧福利政策，降低救济金标准，以刺激失业者应征低端就业。

如图 3-12 所示，丹麦灵活安全性劳动力市场模式是由激活性的积极的劳动力市场政策、慷慨的失业救济与完善的社会救助、灵活的劳动力市场三部分共同支撑的。丹麦劳动力市场灵活安全性模式的最主要特征，是雇主所要求的灵活性与雇员所要求的安全性有机统一在一起的。总的来讲，这种有机统一具有三方面作用，即：有效地平衡了雇主灵活性与雇员安全性之间的冲突；在增加就业与提高就业质量的同时，保证了企业、行业以及国家整体竞争力的不断提升；在不断促进经济发展与竞争力提升的同时，增强了社会凝聚力和防止社会排斥的有效途径。这样的劳动力市场拥有较强的主动适应外部社会经济发展快速变化的能力。

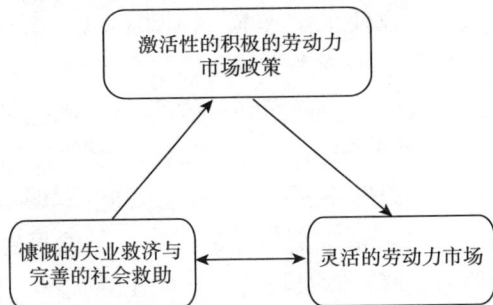

图 3-12　丹麦灵活安全性劳动力市场模式的"金三角"结构

综上所述，激活性的积极的劳动力市场政策是丹麦劳动力市场灵活安全性的重要组成部分。慷慨的失业救济降低了失业者寻找工作的积极性，因此，激活性的积极的劳动力市场政策对于防止这种道德风险和保持寻找工作的积极性至关重要。特别对青年失业者来说，在失业 3 个月以内，较快或者较早地进入激活性政策项目是非常必要和有效的。丹麦激活性的积极的劳动力市场政策的一个重要特征是，随着失业期限的延长激活力度会不断增强，并与社会救助等社会安全网密切相连。但是在经济萧条时期，失业期间往往超出人们的预期和积极的劳动力市场所规定的期限，使积极的劳动力市场政策不能取得良好的效果，在接受培训等之后也不能找到新的工作岗位。这种情况下，失业者在主观上就会对职业培训等积极的劳动力市场政策产生心理排斥。因此，只有在经济繁荣或经济上升时期，在人们对找到新的工作抱有较大期望的情况下，激活性的积极的劳动力市场政策才能发挥最大效能，这是积极的劳动力市场政策本身的局限性。

二、丹麦劳动力市场面临的主要问题

随着经济全球化、科技进步的迅速发展，丹麦灵活安全性劳动力市场模式受到了全球化、人口老龄化等问题的影响。丹麦现有的社会保障体系（失业保险和现金补助机制）也面临激励机制、财政压力、国际劳动力市场流动性加强等一系列问题的挑战。社会保障机制中失业保险基金未来依靠什么来支撑令人堪忧。积极劳动力市场政策采取的激活性措施对不同群体产生了不同的影响。如何使劳动力市场政策发挥新的功能平衡作用，改变二元劳动力市场就业机制，形成新的统一就业机制等问题引发人们高度关注。

当前丹麦的劳动力市场需求和供给不匹配情况十分严重，高端技术岗位的需求大幅增加，可对应的只有越来越多的低质量劳动力的供给。这一方面限制了丹麦高科技产业的发展，另一方面为其就业人口结构埋下了很深的隐患。通过灵活安全性劳动力市场政策实现的低失业率现在仿佛成了制约丹麦经济增长的一大问题。充分就业过头，劳动力不足，企业为了雇用具有熟练技术操作的员工只能不断提高薪酬水平，这样不仅使企业成本大幅增加，制约自身发展，限制其进一步的发展扩张，同时，社会中工资水平的上涨也会带动物价上涨，从而引发通货膨胀。在这种情势下，丹麦由于出口而创造的就业岗位也会因缺乏相对应的技术人才而逐渐流失。再加上欧洲普遍的高福利政策，低端工作岗位和高技术岗位能为本国公民所带来的收入差距并不明显，部分公民觉得如果自己已经有了一份工作，则没有必要再去继续学习追求更高端的岗位。虽然丹麦政府已经采取措施，将预期寿命和退休年龄相关联，动员没有工作的工龄人群，包括学生、退休人员等积极充斥到就业岗位，但其思想观念是根深蒂固的。

（一）充分就业过头，劳动力短缺严重

丹麦的灵活安全性就业政策很大程度上缓解了丹麦的失业问题，带动了丹麦的充分就业。尽管经历了前几年的金融危机后，丹麦的失业率有明显上升，但仍然低于欧盟各国的平均水平。这样的就业形势表面上看成绩固然是可喜的，但是近几年丹麦正面临着充分就业"过头"的就业危机。

丹麦的灵活安全性就业政策旨在通过积极的劳动力市场政策、完善的社会救助制度以及灵活的劳动力市场三者协同作用，尽可能低地降低失业率，以达到充分就业。然而，当前丹麦的就业问题并不是公民无法就业的问题，而是企业无法雇用到足够员工的问题。在丹麦，一些科技和工业企业的技术岗位已经出现了严峻的劳动力短缺现象。一些低端就业岗位人满为患，企业的高端技术岗位的劳动力需求得不到满足，这使得企业不得不提高其薪酬水平来招聘员工。这种举措一方面使企业的用工成本增加，限制了企业自身的进一步发展扩张，另一方面不断上升的工资水平必然带动物价上涨，也容易引起通货膨胀。

丹麦的《今日新闻》中曾报道，丹麦的出口贸易曾为丹麦创造过近 80 万个就业岗位，但工业联合会同时表示，丹麦出口面临着熟练技术工人短缺的问题，许多企业招工困难，希望丹麦政府制订相关计划解决这个问题。由此可见，科技和工业等高端技术岗位劳动力短缺的问题已经开始制约丹麦的经济发展。

（二）经济全球化下企业外包盛行，就业岗位外流

经济全球化与技术革新的变化给丹麦劳动力市场带来了压力。在经济全球化的大背景下，企业分工日益复杂，一家企业独揽某种产品开发的情况似乎已经成

为过去。往往一种高科技产品的研发与生产会根据领域分工分担给不同国家的相关企业。丹麦越来越多的中小企业开始大量外包本企业所需的零部件等产品，而不再自己生产或从本国其他企业购入。企业将自己的生产任务中某一部分外包给了低生产成本的国家。由于低工资国家和生产自动化的竞争，这样势必会引起相关就业岗位的分散，使许多就业岗位随之外流到别国，给非熟练工人造成越来越大的压力。因此，无论是现在还是未来，经济全球化以及就业岗位向中东欧以及东南亚国家的外移，都将是丹麦劳动力市场面临的巨大挑战。2015 年，《丹麦经济周刊》中曾刊登："从 2008 年经济危机以来，丹麦流失的工作岗位远比那些劳动力市场不如丹麦灵活的国家多，创造的就业机会也少于德国和瑞典。"之所以会出现这种现象，是因为丹麦的灵活安全性劳动力市场模式可以有效降低失业率，但却无法保证失业人群能够完全充斥到社会需要的岗位。

在当前的世界形势下，各国都开始将发展高科技产品领域作为促进本国经济发展的一大途径，由此必然会带来就业岗位的增加，但这些就业岗位对于劳动力水平的需求度也是十分严格的。丹麦的出口贸易虽然可以为其创造很多就业岗位，但如今经济全球化下企业外包盛行，丹麦面临的熟练技术工人短缺的问题必然会导致一部分就业岗位的外流，很不利于自身的经济发展。就业岗位外流最直接的后果，就是影响一国劳动力市场功能的发挥，并在一定程度上使劳动就业关系陷入更加不安全的境地。如果从技术的角度观察，由于新的信息与通信技术可以使更多生产任务在企业外部进行并完成，无论资本密集还是知识密集的生产企业，对于具有专业化知识技术熟练的人员的需求越来越大。因此，就业岗位的外移不仅限于传统制造业的非熟练工人的岗位，还包括一些服务行业高度专业化的岗位。

三、缓解丹麦劳动力市场面临问题的对策建议

（一）鼓励企业雇用其他国家公民，积极组织技术培训

丹麦可以通过雇用其他国家的公民，为其开展技术培训来缓解一部分就业岗位供不应求的压力。在难民大量涌入欧盟各国的国际形势下，丹麦被迫接收了许多难民，丹麦政府也曾通过给予难民就业援助的做法试图将这些难民作为本国的劳动力，可多数难民无法满足高质量的就业需求。丹麦政府采取的收紧福利政策，在遏制源源不断的难民涌入势头的同时也降低了灵活安全性劳动力市场模式的安全性。相应地，德国在处置难民问题上提出了不一样的思路：为了使难民适应本国的劳动力需求，德国组织了对难民的培训。丹麦可以通过给予企业一定比例的税收优惠鼓励企业雇用其他国家的公民，这样一方面可以改善企业供不应求的劳动力空缺，也可以在一定程度上缓解难民涌入给丹麦财政带来的压力，另一

方面，各个企业和就业援助机构也需要加强科技和职业技能教育。从学生开始注重技术技能教育，再就业工程中也应当提升技术技能培训所占的比重。与此同时，由于其他国家公民与本国的文化差异以及价值观念的不同，在工作过程中可能无法融入本国的企业文化，导致工作效率低下的问题，这需要雇佣企业给予高度重视。

（二）以缩减工作时间的方式替代裁减工人，完善岗位轮换就业政策

丹麦当前面临的就业困境是无法雇用到掌握熟练技术的劳动力，一些企业往往在员工无法完全满足当前岗位需求的时候直接裁员。丹麦的企业目前并不缺少低端工作岗位的劳动力，相反，由其高就业率可以判断一些企业的非技术岗位可能正处于供过于求的状态。企业为了招聘更多高技术岗位员工，不断提高其薪酬水平，使企业人力成本增加，如果为了降低人力成本而裁掉低端工作岗位人员，又会使社会失业率上升，同时为了给被裁员工提供岗位，丹麦又需要创造更多的非技术岗位，这对于丹麦的产业发展与经济增长并无益处。因此，企业可以以缩减工作时间的方式替代裁减工人，这样可以缩减企业人力成本，丹麦的就业管理机构也可以利用缩减出来的时间为这部分工作人员进行技术培训。由于员工本身可以适应原有的企业文化，只要技术更加熟练，就可以胜任一些空缺的技术岗位。

丹麦之前实行过岗位轮换的就业政策，即企业在其员工接受脱岗培训期间，可以雇用临时工代岗。这项政策的初衷是通过这种方式鼓励公司对外招聘，解决更多失业人群的就业问题。可是在落实过程中，一些公司将在职员工作为临时岗位的候选人，同时由于缺乏严格的预算资金监管，使该项政策的预算严重超支。2014年，该项政策的落实成本高出预算三倍。如果弥补岗位轮换政策的漏洞，使员工既可以不断接受脱岗培训又能解决部分失业人员的就业问题，这对于丹麦来说将是一项重要的举措。

四、丹麦就业模式对我国的启示

（一）发展合作式机制，培育环境适应力

灵活安全性战略的一个最直接目的就是消解劳动力市场灵活性与安全性之间的冲突。如何在劳动力市场改革中平衡灵活性与安全性，妥善协调效率与公平的关系，无论对于发达国家、发展中国家还是转型国家而言都是一道难题，而灵活安全性战略将是最适宜的解决之道。通过提高劳动力市场主体特别是劳动者的安全性，灵活安全性战略能够平衡工作质量与生产效率，使劳动力市场主体随外部经济环境的变动而作出适应性调整，以降低市场运行成本。该战略强调的社会化服务功能，不仅有助于产生大量就业，还会提高失业者、残疾人、老年人、病患

等社会群体的收入安全性，在经济衰退期稳定消费，支撑企业正常运转，从而为迎接下一轮经济复苏作准备。

随着我国工业化和产业化的不断深入，企业的专业化分工及生产的组织方式都发生了一定程度的变化。企业的跨国经营与国际合作增加，导致国际贸易规则和劳工标准等对我国劳动力市场运行的影响加剧，"社会化"和"国际化"将成为我国劳动力市场制度发展的方向。社会问题一般具有广泛的影响力，只有通过政府及社会成员的协作，以集体行动的方式才能更好地处理。"社会化"强调多层次协调、多方参与及利益诉求表达渠道的畅通；"国际化"强调理念和规则的统整与融合，基于共同的利益认知，探索合作式化解冲突的体制机制。所以，立足社会成员的参与、整合行业或区域力量的劳动力市场制度设计，应成为我国政府推动劳动力市场成熟化发展的有益尝试。

（二）完善积极劳动力市场政策，提高就业质量

首先，要加大我国积极就业政策力度，加大积极就业政策支出在 GDP 中的比重。改善劳动力市场服务体系和基础设施建设，提高就业培训质量，改善就业结构。通过劳动力市场建设，促进劳动力市场功能的良好发挥。对于能够带动就业增加的薄弱领域和新兴服务领域的发展初期，政府的资金支持更是不可缺少的。

其次，实施积极就业政策的地区化和具体化。政府要将地方就业率作为衡量地方政府政绩的重要参考指标。地方劳动力市场应着重强化企业的社会责任，发动社会机构积极参与，努力增加就业岗位提供、安置与岗位创造，最大限度提高本地区劳动就业率，提升从业人员素质，提高失业人员就业能力。地方政府还要建立适合本地区经济发展的职业培训机制，建立激励失业人员积极寻找工作机制，在保证经济不断增长的前提下，尽可能实现更多人就业的目标。

（三）加强就业援助工作，提高劳动力自身素质

劳动者个人就业能力的提高非常重要。它是实现劳动力市场内部灵活化的前提条件，也是实现从工作安全性向就业安全性转变的关键，不仅能够提升企业的灵活性和防止劳动者工作岗位错配的发生，也有利于劳动者自身，因为它能够在经济危机所导致的结构调整中增加劳动者的就业机会。对我国来讲，就业能力具有重要的借鉴意义：一是终身学习理念。在就业变得越来越不稳定的市场经济情况下，就业更多地成为劳动者个人自身的责任，这时终身学习就成为劳动者稳定就业关系与不断提升其就业能力的可靠保障。二是大力实施积极的劳动力市场政策。积极的劳动力市场政策的中心内容之一就是通过再教育和提升劳动者技能等方式来不断提高劳动者的就业能力。三是实行学习时间账户政策。这将保障所有劳动者享有最低的离职培训机会，降低就业的不稳定性，并为劳动力市场的内部

灵活性提供最基本条件。特别是能够为那些被排挤出企业职业培训的人员（部分时间或固定期限劳动者等）提供参加培训的机会，以便更好地应对经济波动与经济危机。

（四）提倡终身学习理念，创造良好就业氛围

终身学习理念一直为欧盟各国所倡导。按照欧盟要求，丹麦不断调整现行政策支持全面终身学习策略。在劳动力市场灵活安全模式下，依靠积极劳动力市场政策的帮助，丹麦人积极参加各种培训，努力提升自己的资质与技能，培养自己的就业能力，高素质劳动力大军使丹麦经济得以稳定发展。在不断发展的经济社会中，提升就业能力要比获得一个安全稳定的工作岗位更重要。因为任何雇主都会将员工是否具备适宜技能作为招聘标准。我国现在是发展中国家，劳动力总体素质低，跟不上时代发展和产业结构调整的需求，劳动力市场的就业结构性矛盾也较为突出。国家长远发展的关键因素是人的能力的提升，提高并保持劳动者就业能力、适应能力，不仅要靠个人的努力，更要依靠社会创造更多终身学习的氛围和条件。因此，政府应将提高劳动力就业能力作为我国长期支柱性就业政策目标。通过更多积极劳动力市场政策措施，如职业教育培训、转岗培训等，帮助个人不断提升能力，以促进我国社会更好、更快地发展。

（五）建立健全社会对话机制，充分发挥工会作用

在经济全球化时代，雇主要求的灵活性与雇员坚持的保障性之间存在一种博弈关系。只有建立健全良好的社会对话机制，才能平衡二者之间的关系。

首先，强化政府指导作用。社会主义市场经济体制下的劳动者虽然有独立的经济利益，但在涉及自身权益方面往往处于弱势地位，尤其是弱势群体。所以，劳动者需要依靠政府有效的监督和法律法规的约束，规范劳动关系，维护劳动权益。在政府的协调指导下，工会和企业方面代表能够达成一致意见，可以促进社会的和谐发展。

其次，充分发挥工会作用。具体来说，工会可以发挥点多面广的优势，广开渠道，做好就业工作。工会要做好源头参与，主要是按照中央确定的促进弱势群体就业的工作方向和方针政策，深入调查研究，掌握弱势群体的真实情况，充分利用联席（联系）会议、三方协商机制等渠道，积极参与地方政府和企业贯彻中共中央、国务院文件的具体实施意见与办法措施的制定工作，充分反映其意愿和要求，推动其把中央的要求具体化。此外，工会还要发挥监督作用，特别是在企业裁员的情况下，要对执行中央提出的各项政策规定，以及各地、各企业具体制定的实施意见和办法措施实施情况开展群众性监督检查，对不落实再就业政策和职工劳动权益等方面的问题，及时向有关方面反映，对其典型事件进行曝光批评。

　　总之，要加强政府、企业和劳动者之间的协商沟通，使政府、工会和企业组织都参与到就业问题中来，由三方共同推动相关政策法规的出台，切实保障劳动者的合法权益。

第七章　欧盟国家残疾人就业政策

一、欧盟残疾人就业政策概述

欧盟起源于 1957 年的欧洲共同体，1993 年《马约》正式生效，欧盟诞生，经过 20 多年的发展，欧盟逐渐成为一个政治、经济一体化，并具有一定超国家机制和职能的国际组织，目前包括法国、德国、意大利、瑞典、卢森堡等 27 个成员国。欧盟国家历来重视残疾人权益保障，对残疾人就业权益尤为关注，欧盟残疾人政策可大致分为三个阶段，第一阶段为 20 世纪 80 年代以前，以职业康复为主。1974 年提出"残障者职业与社会融合"计划，欧洲社会基金拨款给予残疾人就业经济支持，同时提出：欧共体代表全体残疾人的利益，其所致力追求的总体目标，必须有助于残疾人能够过上正常自立的生活并充分融入社会；这一目标适用于所有年龄人口、所有残疾类型和所有康复措施（Priestly，1998）。第二阶段为 1981—1985 年，基本处于停滞状态。第三阶段为 1986—1995 年劳动力市场融合阶段和 1996 年以后的反歧视与权利平等阶段（Waldschmidt，2009）。这一时期欧洲残疾人运动风起云涌，对政策制定出台的影响力越来越强，1993 年联合国《残疾人机会均等标准准则》出台，残疾人就业问题受到欧洲乃至世界的关注。反对残疾人就业歧视和保障残疾人就业权利平等成为欧盟残疾人就业政策制定的主要方向。欧盟积极推动联合国《残疾人权利公约》通过并在实践中广泛推行。1997 年《阿姆斯特丹条约》规定：欧盟理事会有立法权制止以残疾为由的各种歧视。欧盟理事会反歧视决议（2000—2006）概要阐述了残疾人平等问题。2000 年的基本权利宪章第二十六款进一步突出强调了残疾人融合。同年，关于职业与就业非歧视框架性指令标志着对残疾人权利的首个法律干预，它要求各成员国在 2003 年年底执行适当的相关立法（张金峰，杨健，2015）。总结来说，欧盟残疾人就业政策经历了被动到主动、消极到积极、职业康复到社会融合再到消除歧视、实现权利平等的发展与变革，经过各成员国的实践与摸索，残疾人就业政策逐渐走向成熟。

（一）积极推动《残疾人权利公约》

欧盟积极推动残疾人就业权写入《残疾人权利公约》，并为之做出巨大的努力与尝试。《残疾人权利公约》从制定到通过的 5 年中（2001—2006 年），正是由于欧盟坚持呼吁残疾人权利是人权不可或缺的一部分，这一原则才被成功地写入权利公约；同时，正是由于欧盟坚持要求欧洲政策和欧洲法院将《残疾人权利公约》付诸实践，欧盟各国残疾人政策才得以落实并取得了长足发展。《残疾人权利公约》第二十七条专门针对残疾人工作和就业作出详细的规定，其中规定缔约国应该适当地制定法律以立法来保障残疾人的就业权，并保障残疾人在就业时同其他人一样享有平等就业的权利和接受教育、培训的权利。此外，还对公共部门和私营部门雇用残疾人以及促进残疾人创业作出了一些规定，例如规定促进自营就业、创业经营、创建合作社和个体开业额机会；在公共部门雇用残疾人；以适当的政策和措施比如平权法案、奖励和其他措施促进私营部门雇用残疾人等。

（二）《2010—2020 欧洲残障战略》

该战略旨在确保所有残障人士都享有基本的人权，并且使他们能主动全面地融入社会生活中。强调了残疾人理应享有平等的权利和平等的机遇。该战略对残疾人无障碍环境的建设、社会保障、就业保障、享有的医疗服务、平等参与社会生活等作了具体的规定。其中在残疾人就业方面明确规定："平等的就业是残障人士经济独立和个人发展的保障，也是残障人士摆脱贫困的有力武器。欧委会致力于改善残障人士的就业环境，并且十分关注年轻残障人士所面临的困难。在与社会成员进行广泛协商后，欧委会将残障人士的工作条件和职业发展等问题纳入其工作范围。除此之外，欧委会还采取了其他一系列的措施来促进就业平等，包括完善工作场所的无障碍建设，支持残障人士的在职培训，加大劳动力市场对残障人士庇护性就业的开放力度。"

二、欧盟残疾人就业政策行为主体

（一）政府在残疾人就业中发挥的作用

在欧盟残疾人就业政策制定和实施过程中，欧盟委员会、欧盟理事会、欧洲议会、欧洲法院、经济与社会委员会等都起着重要作用，各机构之间相互合作，共同实施治理，除此之外，各成员国政府积极贯彻残疾人就业政策，并推动了政策的有效实施与执行。

各级政府部门是推动残疾人就业权立法的主体，同时也推动残疾人的教育、培训、康复等具体项目的实施。

（二）非政府组织残疾人就业中发挥的作用

非政府组织的残疾人运动是推动残疾人政策走向成熟的一支势不可当的力量。早在 1993 年，在一个由民间发起的"残疾人议会"上，大约 500 个残疾人组织参与者要求成立残疾人委员会,将残疾人议题提上日程,并由此确定了欧洲第一个残疾人日。他们要求改变决策制度并修改欧洲法律,提出了对"由社会结构障碍所造成的直接歧视、间接歧视和不平等负担"的控诉。这些诉求相对于当时的主流政策议题,明确地指出了导致残疾的社会原因,如环境污染和资本主义自由市场的经济危机等。1993年以后,残疾人运动更加注重战术,开始从法律的高度维护残疾人的应有权益。在残疾人论坛和西班牙国家残疾人委员会以及其他组织的努力下,欧盟委员会于1995年确认反歧视条款也适用于残疾人。之后,残疾人组织不断地借用法律工具维护自己的权利,并最终促成了《阿姆斯特丹条约》中第13条反歧视条约的通过(Whittle,R.,2000),奠定了残疾人组织通过合法的法律途径争取平等和全面参与权利的里程碑,成为欧盟残疾人政策制定的转折点。

三、欧盟成员国残疾人就业政策

(一)瑞典

瑞典的残疾人政策目标是让残疾人完全参与社会经济生活和所有公民享受平等的待遇(张琪、吴江,2004)。残疾人就业政策被认为是普通劳动力市场的一部分。瑞典的劳动力市场政策建立在以激活和提高技能为原则的基础上,集中在培训和工作实习,目的是让残疾人能持久地工作而不是被动地接受现金帮助。

瑞典中央政府提供高额的经费给市政当局发展成人教育,其中有10%必须用于"职业残疾人"。中央政府还会拨给市政当局额外的资金用于发展智力残疾人的成人教育。成人教育属于劳动力市场培训,因此是免费提供的,参与者可以接受额外的活动补助。尽管如此,瑞典残疾人的教育水平还是低于非残疾人,有学习障碍的残疾人仅有22%在开放劳动力市场工作,一半的人没有工作。

残疾求职者的劳动力市场计划:①就业资助。该计划为那些身体、精神、智力以及社会医学(social-medical)意义上的残疾人提供资助。公共劳动办公(public labor office)安排求职者到职位空缺的岗位上,工资标准与雇主协商。②保护性就业。瑞典的SAMHALL是一个隶属于政府的联合企业,它由24个县属基金会组成,分布在瑞典300个地方的800个工作场所,为职业残疾者提供就业岗位。1985年引入公共部门的保护性工作计划,残疾人被安排到工作岗位上,接受正常的工资。其目的是为社会医学残疾以及精神残疾人提供帮助,为他们最终能够在开放劳动市场找到工作做好准备和康复工作。③扶持性就业。扶持性就业是指在开放的劳动力市场的工作教练的帮助下完成工作的一种就业形式。由于传统的庇护工场并不能提供公平的工资,且工作条件差,加剧了残疾人与社会的隔离。为改善残疾人的这种就业状况,社会上成立了工作小组,安排残疾人在主流工厂或公司办公室工作，并配备来自政府机构或非营利组织的服务人员为他们提供支持和帮助。这使残疾人处于一个"真实"的工作环境中，同时有机会得到工作教练或就业专家的培训，或由他们监督完成工作（陈新民，2003）。瑞典虽然也实行以收入支持为主的残疾人政策，但和芬兰相比，它更倾向于促进残疾人积极地寻找工作而不是被动地接受扶助。瑞典的政策目标是让所有有劳动能力的公民都能参加工作，不管他是在保护性劳动力市场就业还是在开放劳动力市场就业。

（二）芬兰

芬兰是北欧的福利国家，其全面的社会福利体系被认为是阻止残疾人回到开放劳动力市场的一个极大障碍，尤其是其中的残废抚恤金。该国立法机构强调公共部门的责任是为残疾人服务并保障他们获得公平的就业机会。1999年，政府改变了国家养老金法案（national pension act），如果残疾人希望到开放劳动力市场找工作的话，政府允许他们接受最少6个月、最多5年的残疾抚恤金以延缓其养老金。芬兰的残疾人就业计划包括：①保护性就业（sheltered employment）。保护性就业是芬兰残疾人最普遍的就业方式。保护性的工场计划不仅给那些并不需要太多支持的残疾人提供有酬工作，还继续给那些在开放劳动力市场找到工作的残疾人提供政府的财政资助。②社会公司（social firms）。社会公司为残疾人或者在劳动力市场处于不利地位的人提供就业岗位，不管他们的生产能力如何。作为代替传统的保护性工场的社会公司在整个欧洲获得了很大的发展动力，但对于社会公司的组成以及它们与传统保护性工场的不同却存在较大的争议。③扶持性、开放式就业（supported open employment）。扶持性就业是指为残疾人在开放劳动力市场工作，同时从外部机构接受支持以保护和维持他们的工作。工人拥有合法的工作合同，接受和其他工人相似的工作条件和工资。芬兰从1995年开始实行扶持性就业实验计划，该计划是大多数残疾的工作搜寻者的主要选择。

（三）德国

1. 残疾人就业保障立法

德国法律对残疾人的保障，是随着俾斯麦政府医疗和工伤保险立法而开始的，1883年颁布的《疾病保险法》、1884年颁布的《伤害保险法》和1889年颁布的《养老保险和残废保险法》，都包含了对残疾人的保障内容，而以立法的形式促进残疾人就业则始于20世纪50年代。1953年，德国政府颁布了《重度残疾人法》。这部法律不但拓宽了享受保障的残疾人的范围，而且对残疾人就业作了规定，尤其对企业、公共机构雇用残疾人的比例予以明确。它规定私人企业雇用残疾人的比例应达到雇员总数的6%，公共机构雇用残疾人的比例要达到雇员总数的 10%，如果达不到规定的比例，则需要支付每月 50 马克的补偿金。1969 年 6 月，德国《劳动促进法》生效，并分别于 1976 年、1985 年、1994 年和 2003 年进行了修订。《劳动促进法》对残疾人就业培训、职业康复训练及其支持进行了规定，如联邦行政机构按规定为残疾人提供职业促进和康复必需的救济，使残疾人在身体、智力、精神等方面得到保持、改善或者恢复相应的劳动能力，最大限度地保证残疾人的持续就业。1974 年，《重度残疾人法》得以修正，将企业与公共机构雇用残疾人就业的比例统一规定为雇员总数的 6%。2001 年 7 月 1 日，《社会法典》第九章生效，它不再仅仅关注为残疾人或面临残疾风险的人提供照料，而是致力于减少他们自主参与社会和获取平等机会中存在的障碍，为残疾人或有残疾危险的人创造更好的生活。2006 年《残疾人平等法》规范了公法领域的平等对待，2008 年，德国颁布了《普遍平等对待法》，规范了民事领域的平等对待原则，至此，就业作为人们参与社会、分享文明的重要途径和渠道，成为残疾人事业发展必不可少的组成部分，也成为残疾人群体平等参与社会的重要标志。德国法律不但为促进残疾人就业作出了一系列规定，而且对企业解雇残疾人的行为进行干预，企业解雇残疾人职工，必须经过政府劳动部门的批准，并且必须退还或偿还已经享受到的各种政府补贴或优惠。另外，德国残疾人法律还有关于重度残疾人的特殊规定，即：如果一个残疾人的残疾程度达到 50% 或以上，通常一个人的残疾程度由战争保险办公室来确定，则应当适用于特殊的就业保护规定，保证他们不被解雇并享受到额外的带薪休假。因此，德国残疾人就业立法并不是孤立和单纯的就业促进，而是要在增加就业的基础上，减少他们融入社会的障碍，为他们提供平等的社会环境。根据这些目标，在政府的主导下，德国实施了一系列促进残疾人就业的措施，包括职业康复、特殊教育、就业培训以及直接扩大就业活动等内容。

2. 残疾人就业援助

德国残疾人就业援助包括医疗职业康复、综合职业援助和社会支持。医疗职业康复主要是进行与医疗相关的康复行为，包括伤残者职业疗法、伤残人员工作强度承受能力的医学测试，对于有需要的残疾人，还可以给予门诊治疗和康复诊所的康复援助，接受门诊治疗和康复诊所康复援助的残疾人可以享受由相关保险待遇提供的免费食宿。综合职业援助主要是帮助残疾人保持现有的工作或提供工作援助，包括工作建议、工作介绍、职业培训和工作流动援助。另外，还为残疾人提供为接受培训而需要的一切措施，如盲人的盲文设施、补习课程、职业训练、再培训以及为获得这些培训课程所需要的一切认证，目的是帮助残疾人获得适合其自身条件的工作、帮助他们实现自雇或职业生涯的提升。社会援助主要包括学前特殊教育、交流能力的培养和为提高他们的独立生活能力而进行的训练，目的是消除残疾人就业和参与社会的障碍，使他们能够尽快地就业、融入社会。

3. 就业培训和再培训

在德国，除了有内容丰富的残疾人就业康复、援助外，还有完善的残疾人培训设施和门类繁多的职业培训、再培训中心，为不同的残疾人提供就业服务。主要包括青年残疾人职业培训、继续培训、职业技能训练等，此外，还有职业康复和庇护工场。除上述措施之外，为了保证残疾人长期的充分就业，联邦就业机构还会采取一些特殊的措施，作为辅助和补充。例如，联邦就业机构综合办公室会提供特殊的资金支持，用于机器的改装、调整工作场所以满足残疾人雇员的需要等。同时，为了更好地为残疾人提供各种服务，德国联邦和各州政府都普遍设有残疾人事务专员，这些事务专员与残疾人和相关的社会各界保持着密切的联系，可以根据自己的工作经验和与残疾人及相关社会团体接触中了解到的情况，对政府的残疾人政策和立法提出建议，弥补现存残疾人立法或政策的不足。通过上述各项培训和措施，德国 99% 申请参加职业培训的残疾人都能够享受到其申请的培训，占全部残疾人 70% 以上（乔庆梅，2009）。

第八章　欧盟财政支出对就业的影响

一、欧盟财政支出规模对就业的影响

（一）欧盟财政支出规模及就业变化趋势

1.欧盟财政支出规模的变化

从2009年到2018年，欧盟28国财政支出相对规模呈逐渐下降的趋势。财政支出占国内生产总值的比重由2009年的50%下降至2018年的45.6%，10年间下降了4.4个百分点，除2012年较上年提高了0.4个百分点，其他年份都较上年有所下降，如图3-13所示。

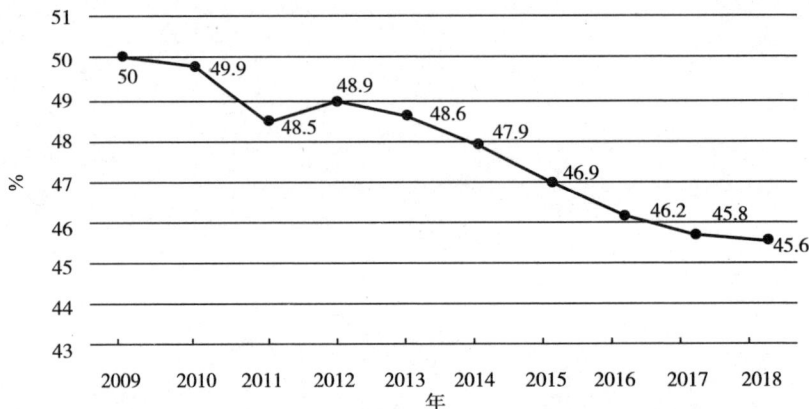

图3-13　2009—2018年欧盟28国财政支出占GDP的比重

（资料来源：根据Eurostat统计数据而作）

2.失业率变化

失业率是衡量一个国家或地区就业情况的重要指标。由表3-4可知，2009—2018年间，欧盟28国失业人口数和失业率整体呈下降趋势，失业人数由2009年的2138.5万人下降到2018年的1686.8万人，失业人数减少了451.7万人。失业人口占就业人口的比重由2009年的9.0%下降到2018年的6.8%，10年间下降了2.2个百分点。其中，2012—2014年间，失业率上升到10%以上，最高达到近11%。从变化趋势来看，欧盟失业率呈倒"U"形，如图3-14所示。失业人口数占总人口数的比重也从5.6%下降到4.4%，下降了1.2个百分点。15~24岁青年失业率下降幅度较大，从2009年的20.3%下降到2018年的15.2%，下降了 5.1 个百分点。此外，从性别来看，女性就业群体失业率普遍高于男性。

表 3-4 2009—2018 年欧盟 28 国失业情况

年度	失业人数（万人）	失业人口占就业人口的比重（%）	失业人口占总人口的比重（%）	15~24 岁失业率（%）	女性失业率（%）	男性失业率（%）
2009	2138.5	9.0	5.6	20.3	8.9	9.0
2010	2301.1	9.6	6.1	21.4	9.6	9.7
2011	2315.4	9.7	6.1	21.8	9.8	9.6
2012	2529.3	10.5	6.7	23.3	10.6	10.4
2013	2633.4	10.9	6.9	23.8	10.9	10.8
2014	2483.2	10.2	6.5	22.2	10.3	10.1
2015	2290.0	9.4	6.0	20.3	9.5	9.3
2016	2094.3	8.6	5.5	18.7	8.8	8.4
2017	1877.6	7.6	4.9	16.8	7.9	7.4
2018	1686.8	6.8	4.4	15.2	7.1	6.6

资料来源：Eurostat. Unemployment rate, by sex and key age groups；Youth unemployment rate by sex。

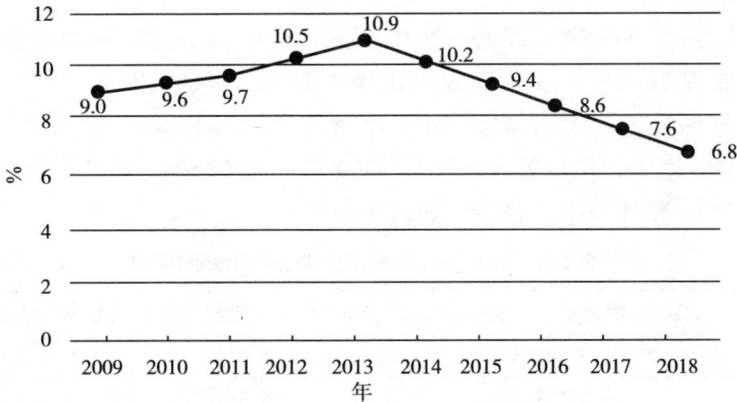

图 3-14 2009—2018 年欧盟 28 国失业率变化趋势

（资料来源：根据 Eurostat 统计数据而作）

从长期失业情况来看，2009—2018 年间，欧盟 28 国 15~74 岁长期失业情况变化可以分为两个阶段：第一阶段是 2009—2013 年间，长期失业无论从人数还是比重来看都呈上升趋势。其中，长期失业人数从 2009 年的 708.8 万人增加到 2013 年的 1232.3 万人，长期失业人口占就业人口的比重由 2009 年的 3.0% 提高到 2013 年的 5.1%，占总失业人口的比重从 2009 年的 33.1% 提高到 2013 年的 47.1%。第二阶段是 2014—2018 年间，长期失业无论从人数还是比重来看都呈下降趋势。其中，长期失业人数从 2014 年始下降，5 年中下降了 495.5 万人，长期失业人口占就业人口的比重由 2014 年的 5.0% 下降到 2018 年的 2.9%，占总失业人口的比重从 2014 年的 49.3% 下降到 2018 年的 43.0%，如表 3-5 所示。

表 3-5 2009—2018 年欧盟 28 国 15~74 岁长期失业情况

年度	长期失业人数（万人）	长期失业人口占就业人口的比重（%）	长期失业人口占总失业人口的比重（%）
2009	708.8	3.0	33.1
2010	906.1	3.8	39.7
2011	982.9	4.1	42.8
2012	1112.6	4.6	44.3
2013	1232.3	5.1	47.1
2014	1214.3	5.0	49.3
2015	1094.0	4.5	48.1
2016	964.3	4.0	46.4
2017	832.8	3.4	44.7
2018	718.8	2.9	43.0

资料来源：Eurostat. Long-term unemployment by sex。

3. 就业率变化

根据欧盟统计局数据，2009—2018 年间，欧盟 28 国 20~64 岁就业率（20~64 岁就业人数占 20~64 岁总人口数的比重）达到了 60% 以上。其中，2012 年、2013 年就业率最低，为 68.4%；2018 年就业率达到最高，为 73.2%。55~64 岁就业率在 45% 以上，最低就业水平是 2009 年，为 45.8%，最高就业水平是 2018 年，为 58.7%，整体呈上升趋势，如表 3-6 所示。

表 3-6 2009—2018 年欧盟 28 国就业情况

年度	20~64 岁就业人口数（万人）	20~64 岁就业率（%）	55~64 岁就业率（%）
2009	22960.6	68.9	45.8
2010	22870.6	68.5	46.2
2011	22917.0	68.6	47.2
2012	23076.6	68.4	48.7
2013	23142.4	68.4	50.1
2014	23214.6	69.2	51.8
2015	23258.5	70.1	53.3
2016	23372.0	71.1	55.3
2017	23457.6	72.2	57.1
2018	—	73.2	58.7

资料来源：Eurostat. Employment and activity by sex and age。

注：—代表没有公布统计数据。

（二）财政支出规模对就业的影响机理

一直以来，就业都是各国政府高度重视的社会问题。稳定就业、降低失业率一要靠经济增长，增加劳动力需求；二要靠政府采取积极的促进就业的政策，而财政支出则可以同时成为这两个方面的政策工具。具体来说，财政支出对就业的影响机理是政府可以运用财政支出作为政策工具，通过价格机制和收入机制经一系列的经济响应和传导，进而影响社会总供给和社会总需求，最终影响社会就业总量和就业结构。财政支出对就业的影响机理可以分解为以下几个层面：

1. 财政支出与微观经济主体

从微观来看，财政支出对就业的影响是作用于微观经济主体，即企业和个人。财政支出可以导致个人收入和企业成本发生变化，由此产生的影响是个人劳动供给和企业劳动需求决策发生变化。从个人而言，为了追求效用最大化，在预算约束变化的情况下，其最优消费和闲暇可能会适时调整，因此劳动供给决策发生变化。对企业而言，在其他条件不变的情况下，生产成本的变化必然带来企业利润的变化，甚至会影响资本与劳动的替代弹性。为了实现自身利润最大化，企业将调整生产规模或要素密集度，由此劳动力需求就会相应变化。此外，财政支出影响个人的实际可支配收入，进而影响个人的消费需求，个人消费需求的增加使企业扩大生产规模，增加劳动需求，进而影响就业。

2. 财政支出与社会总供求

在财政支出政策的作用下，微观经济主体通过调整劳动供需行为、消费需求和投资需求，实现自身利益最大化，而微观经济主体各种经济行为的调整会带来社会总供给和总需求的变化。一方面，微观个体劳动供需决策的改变使劳动力市场均衡就业量发生变化，社会总供给受到影响。另一方面，从整个市场角度来看，社会总需求由市场中的所有微观经济主体的消费需求和投资需求加总得到，因此，个体消费需求和投资需求的变动必然会引起社会总需求的变化。可以说，财政支出对就业的影响经历了由微观向宏观的传导路径，即财政支出政策先作用于微观的个人和企业，再通过个人和企业经济行为展现出宏观效果。

3. 财政支出与经济增长

财政支出可以通过对经济增长的刺激进而影响就业。短期来看，财政支出尤其是财政投资性支出通过乘数效应对经济产生影响，增加财政支出可以促进总产出增长，尤其是在经济萧条时期，可以刺激经济复苏，经济增长促进就业增加。长期来看，根据内生增长理论，经济增长率由内生因素决定，财政支出对经济增长的长期作用通过影响经济增长率实现，这种作用以财政支出的外溢效应体现出来，比如研发支出促进技术进步、教育支出可以提高人力资本，提高劳动生产率，而这些都是经济增长的决定性因素。

不论是经济学家的研究还是各国的实践都已证实,一国的经济增长情况会对就业产生一定的影响。一般而言,经济增长能够带来就业岗位的增加,经济增长与就业增加是一个良性循环互动的过程:要素投入实现一定的经济增长,经济增长带来消费需求和投资需求的增长,社会总需求增加,社会总供给必然扩张,由此要求要素投入的增加,就业增加。当然,不同的经济增长方式或经济结构对就业的影响不同。

奥肯定律是一个揭示经济增长与就业关系的重要成果。经济学家奥肯(Arthur Okun)通过对美国的经济数据实证研究,提出了经济增长与失业之间关系的经验法则,即奥肯定律。奥肯定律有两种表达形式:一种是用充分就业产出水平与实际产出水平缺口的形式表达:

$$u-u^*=-\alpha\frac{Y-Y_p}{Y_p}$$

式中,u 是实际失业率,u^* 是自然失业率,α 为系数,Y 为实际产出水平,Y_p 为充分就业产出水平。这个公式表明,如果实际产出低于充分就业产出水平,则实际失业率大于自然失业率;反之,如果实际产出高于充分就业产出水平,则实际失业率小于自然失业率。

另一种是用产出增长率的形式表达:

$$u_t-u_{t-1}=-\beta\frac{Y-Y_{t-1}}{Y_{t-1}}$$

式中,u_t 为当期失业率,u_{t-1} 为前一期失业率,$\frac{Y-Y_{t-1}}{Y_{t-1}}$ 是实际产出增长率。奥肯实证研究结果表明:如果一国一年的 GDP 增长率超过潜在 GDP 增长率的 2.5%,可以使失业率降低 1%。可见,当技术水平相对稳定时,经济增长在很大程度上决定了劳动需求的高低。经济持续快速增长,可以增加劳动需求量,从而提高就业水平;经济增长速度放缓,劳动需求相对减少,从而降低就业水平。财政支出作为宏观调控的主要政策工具之一,能够影响经济增长,而经济增长又能发挥带动就业的作用。

(三)欧盟财政支出规模对就业的影响

欧盟财政支出规模与就业水平的关系单纯从变化趋势上看,2009—2018 年这 10 年间,财政支出规模整体呈下降趋势,失业率呈下降趋势,就业率呈上升趋势,如图 3-15、图 3-16 所示。但是,我们不能简单地说,财政支出规模与失业率呈正相关关系,与就业率呈负相关关系。财政支出规模就业的影响效应需要进一步研究。

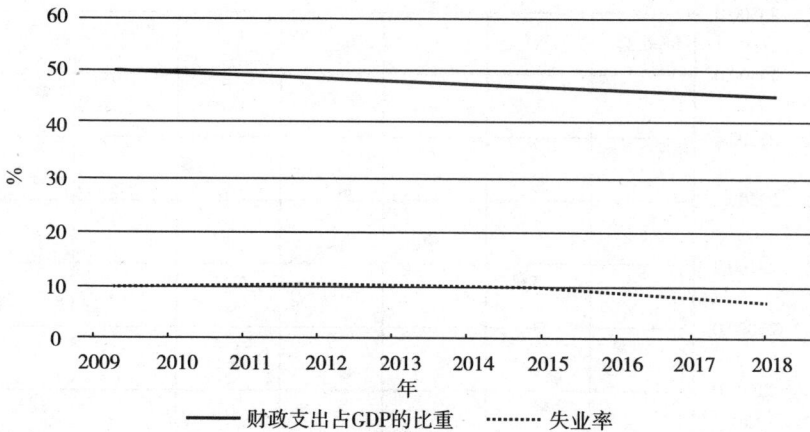

图 3-15　2009—2018 年欧盟 28 国财政支出占 GDP 的比重和失业率变化
（资料来源：根据 Eurostat 统计数据而作）

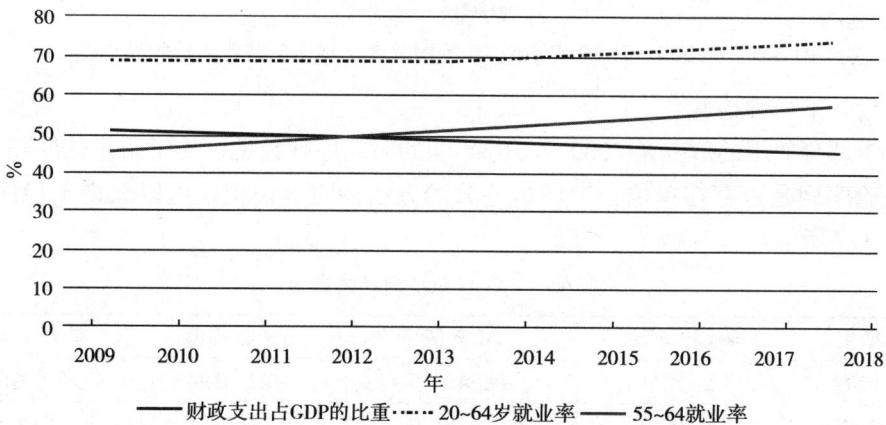

图 3-16　2009—2018 年欧盟 28 国财政支出占 GDP 的比重与就业率
（资料来源：根据 Eurostat 统计数据而作）

1. 变量选取与数据说明

为了更好地分析财政支出规模对就业的影响，我们选取 2009—2016 年欧盟 28 国财政支出规模和 20~64 岁就业人数作为变量进行影响分析。其中就业人数（EU）为被解释变量，财政支出规模（GE）为解释变量，数据均来自欧盟统计局，其中财政支出为以 2010 年不变价格计算的。为了尽可能消除数据异方差性即量纲不同的影响，对所涉及变量进行对数化处理。

2. 实证分析

（1）散点图

为了简单明了地看出财政支出与就业人数之间的关系，我们先利用相应的数据画出散点图，如图 3-17 所示。由散点图可以看出，财政支出与就业人数之间可能存在线性关系。

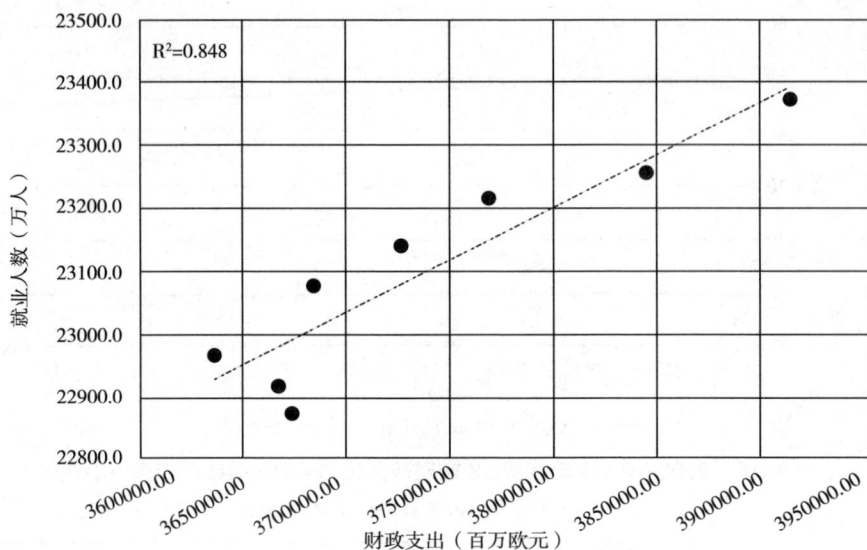

图 3-17 2009—2016 年欧盟 28 国财政支出规模与就业人数的散点图

（2）平稳性检验

本部分使用的数据是 2009—2016 年间的时间序列数据，为了防止伪回归，需要检验序列是否存在单位根，通过差分的方法消除单位根，可以获得平稳序列，如表 3-7 所示。

表 3-7 ADF 单位根检验结果

变量	检验类型	ADF 值	5% 临界值	是否平稳
nEU	$(c, t, 1)$	−4.545836	−4.773194	不平稳
dlnEU	$(c, 0, 1)$	−4.376129	−3.694851	平稳
lnGE	$(c, 0, 1)$	2.372220	−3.519595	不平稳
dlnGE	$(c, t, 1)$	−5.967984	−5.338346	平稳

由上表可以看出，在 5% 显著水平下，$\ln EU$ 和 $\ln GE$ 都为非平稳序列，通过一阶差分，得到 $\mathrm{d}\ln EU$ 和 $\mathrm{d}\ln GE$，可以看出都是平稳序列，因此，$\ln EU$ 和 $\ln GE$ 均为一阶单整，记为 I（1）。

（3）建立模型

建立回归方程：

$$\ln EU_t = \beta_0 + \beta_1 \ln GE_t + \mu_t$$

利用最小二乘法对数据进行估计，

$$\ln EU_t = 5.846151 + 0.277619\ln GE_t + \mu_t$$

$$t = （8.061170）（5.793362）$$

$$R^2 = 0.848343 \qquad DW = 1.563704$$

方程中，系数表示财政支出与就业之间的弹性关系，财政支出对就业的弹性系数为 0.277619，表示政府财政支出每增加 1%，能够促使就业人数增加 0.277619%。

3. 结论

欧盟财政支出规模与就业之间存在一定关系，即财政支出的增加在一定程度上可以促进就业。因此，当就业问题严重时，政府可以加大对劳动力市场的投入力度以促进就业。2010 年欧盟 27 国劳动力市场财政支出水平为 1.68%，相较于 2006 年提高了 29.1%，政府加大对劳动力市场的财政支持力度对就业起到了非常重要的作用。比如，欧盟各国促进老年劳动力持续就业的政策就很有成效，2010 年以后老年劳动力参与率显著提高。2000 年欧盟 55~64 岁老年劳动参与率仅为 39.7%，2010 年则为 46.2%，到 2018 年更进一步提高为 58.7%。实际上，在 2013 年以后，欧盟各国 55~64 岁老年劳动力就业率就超过了 50%。

二、欧盟财政支出结构对就业的影响

（一）欧盟各项财政支出总体情况

欧盟对财政支出分类和数据统计是按照 OECD 提出的政府功能分类（COFOG）法进行的，财政支出一共被分为十类。也就是说，按照这样的分类标准，财政支出结构就是由一般公共服务支出、国防支出、公共秩序与安全支出、经济事务支出、环境保护支出、住房与社区建设支出、卫生保健支出、娱乐文化与宗教支出、教育支出、社会保障支出十类支出构成。

由表 3-8、续表 3-8 可以看出，2008—2017 年这 10 年间，欧盟十大支出中的每一类支出占 GDP 的比重大体保持稳定，10 年间每类支出上下波动基本不超过 2 个百分点。其中，社会保障支出规模最大，其次为卫生保健、一般公共服务、教育、经济事务、公共秩序与安全、国防、娱乐文化与宗教、环境保护和住房与社区建设，由图 3-18 可以明显看出。由于社会保障支出较其他类支出偏高，单独在图 3-19 中体现。

表 3-8　2008—2017 年欧盟按政府功能分类的财政支出占 GDP 的比重　　　　单位：%

类别	一般公共服务	国防	公共秩序与安全	经济事务	环境保护
2008	6.5	1.5	1.8	4.6	0.8
2009	6.7	1.5	1.9	4.9	0.9
2010	6.7	1.5	1.9	5.1	0.9
2011	6.9	1.5	1.8	4.5	0.8
2012	6.9	1.4	1.8	4.7	0.8
2013	6.9	1.4	1.8	4.4	0.8

类别	一般公共服务	国防	公共秩序与安全	经济事务	环境保护
2014	6.6	1.3	1.7	4.3	0.8
2015	6.2	1.3	1.7	4.2	0.8
2016	6.0	1.3	1.7	4.0	0.8
2017	5.8	1.3	1.7	4.0	0.8

资料来源：Eurostat. General government expenditure by function，http://appsso.eurostat.ec.europa.eu/nui/show.do?dataset= gov_10a_exp&lang=en。

续表 3-8　2008—2017 年欧盟按政府功能分类的财政支出占 GDP 的比重　单位：%

类别	住房与社区建设	卫生保健	娱乐文化与宗教	教育	社会保障
2008	0.9	6.7	1.1	4.9	17.4
2009	1.0	7.3	1.2	5.2	19.4
2010	0.9	7.3	1.2	5.2	19.3
2011	0.8	7.1	1.1	5.1	19.0
2012	0.7	7.1	1.1	5.0	19.3
2013	0.7	7.2	1.1	4.9	19.5
2014	0.6	7.2	1.1	4.9	19.3
2015	0.6	7.1	1.1	4.8	19.1
2016	0.6	7.1	1.1	4.7	19.0
2017	0.6	7.0	1.1	4.6	18.8

资料来源：Eurostat. General government expenditure by function，http://appsso.eurostat.ec.europa.eu/nui/show.do? dataset=gov_10a_exp&lang=en。

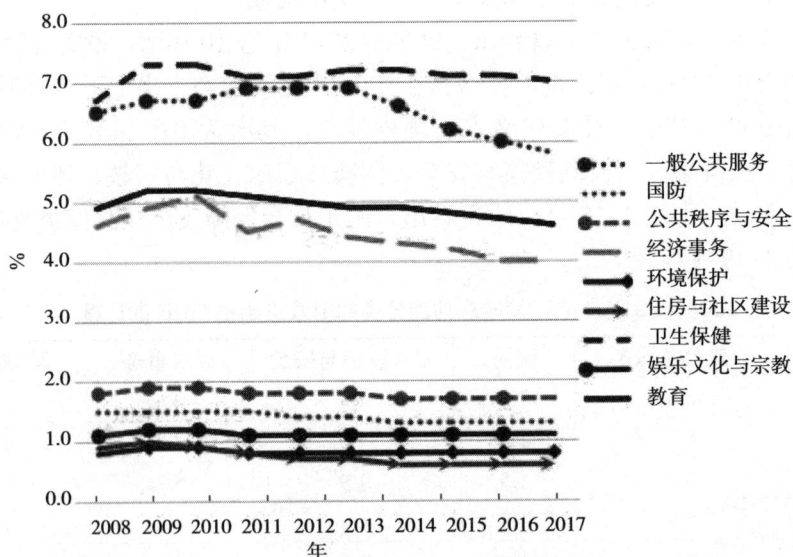

图 3-18　2008—2017 年欧盟各类财政支出占 GDP 比重的变化趋势

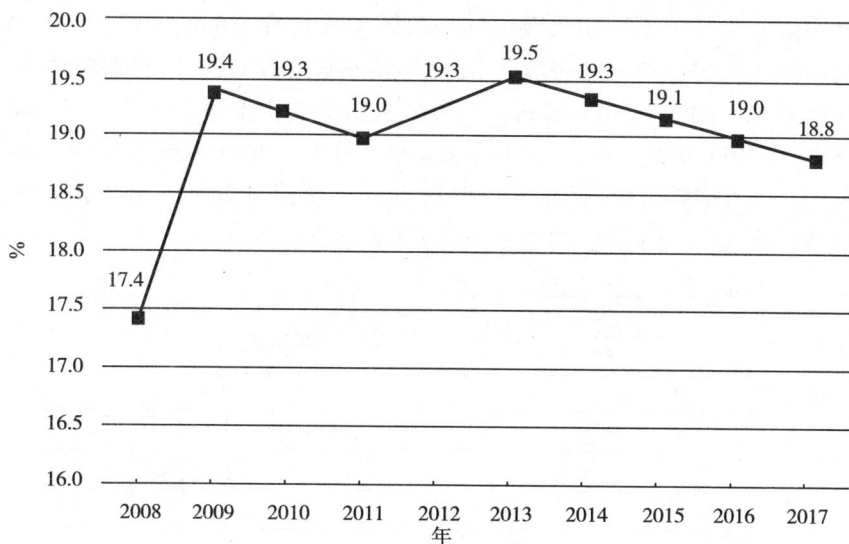

图 3-19　2008—2017 年欧盟社会保障支出占 GDP 比重

（二）欧盟一般公共服务支出对就业的影响

1. 一般公共服务支出对就业影响的机理

一般公共服务支出类似于行政管理支出或者行政成本支出，是一种消费性支出，但它是政府履行职能所必需的，是不可能从财政支出中消除的。一般公共服务支出对就业的影响是间接的。一般公共服务支出具体包括两大类：一类是人员经费，另一类是公用经费。其中，人员经费主要是行政人员数量和薪酬决定的，政府用于雇员薪酬的支出属于购买性支出，直接构成社会总需求，对总需求产生影响。同时，在劳动力市场上，劳动供给曲线向上倾斜的情况下，增加行政人员数量会导致工资率提高，这并不是市场力量作用的结果，而是政府扩张的结果。在这种情况下，私人部门可能缺少能支付这种高工资的工作机会，如果劳动者愿意等待这种比较少的高薪工作，就是产生失业，造成劳动力市场扭曲。政府公用经费的使用直接增加社会购买力，并对社会生产、社会总需求产生直接影响。政府购买商品和服务的类型会对就业产生不同的影响，比如，如果政府采购以劳动密集型产品为主，将促进劳动密集型产业的发展，从而产生较强的就业扩张效应。反过来，如果政府采购以资本密集型产品为主，则将促进资本密集型产业的发展，对就业的促进作用将非常有限。

2. 欧盟一般公共服务支出对就业影响的实证分析

（1）欧盟一般公共服务支出情况

欧盟一般公共服务支出主要包括行政和立法机构、财政和金融事务、外部事务、国外经济援助、一般服务、基础研究、一般公共服务研发、其他一般公共服务、公共债务交易、不同层级政府间一般转移支付等方面的支出。由图 3-20 可以看出，2008—2017 年间，欧盟一般公共服务支出占 GDP 的比重整体呈下降趋势。具体来看，2008—2011 年间，一般公共服务支出渐进地上升，从 2008 年的 6.5% 上升到 2011 年的 6.9%，提高了 0.4 个百分点，2011—2013 年间，这一比重没有变化，一直保持 6.9% 的水平，但是 2014—2017 年间，一般公共服务支出呈下降趋势，从 6.6% 下降到 5.8%，下降了 0.8 个百分点。

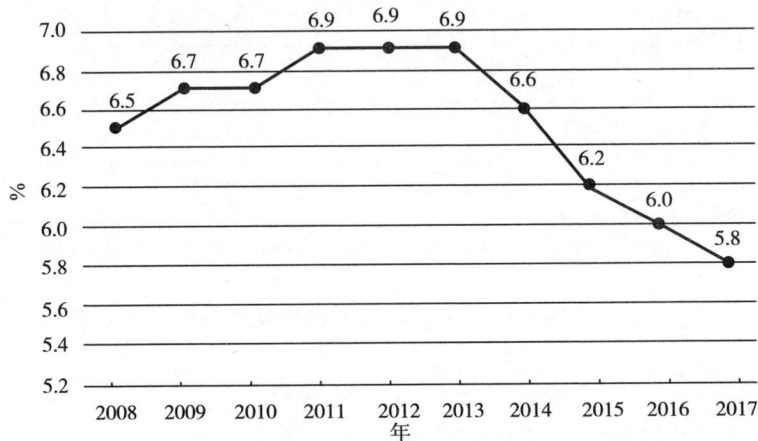

图 3-20 2008—2017 年欧盟一般公共服务支出占 GDP 比重

（2）欧盟一般公共服务支出构成

从欧盟一般公共服务支出的具体构成来看，2017 年，欧盟一般公共服务支出占 GDP 的比重为 5.8%，其中，公共债务交易支出占 GDP 的比重最大，为 2.1%，其次分别为行政和立法机构、财政和金融事务，一般服务支出，分别为 1.8% 和 1%，其他的如基础研究、一般公共服务研发、其他一般公共服务、不同层级政府间一般转移支付等方面的支出比重较低，如图 3-21 所示。

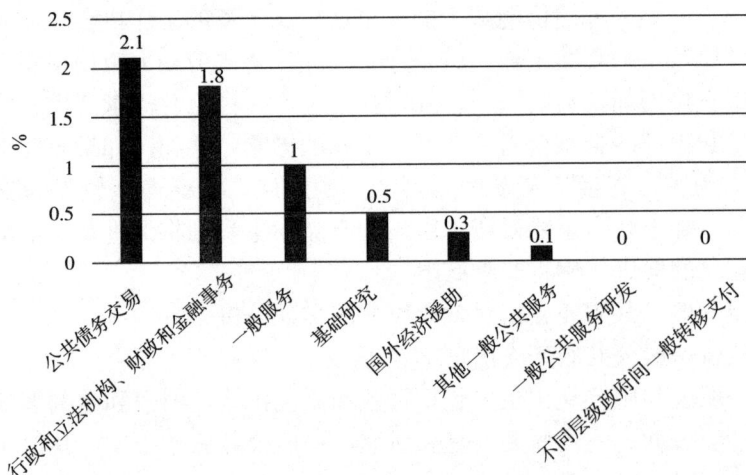

图 3-21 2017 年欧盟一般公共服务支出构成占 GDP 比重

（3）欧盟一般公共服务支出与失业率

第一，同期变化趋势。从图 3-22 可以看出，2008—2017 年间，欧盟 28 国一般公共服务支出变化趋势和失业率的变化趋势基本一致，呈倒"U"形。其中，2013 年，一般公共服务支出占 GDP 比重为 6.9%，为近 10 年来的最高点，而失业率为 10.9%，也为近 10 年来的最高点。相应地，2017 年，一般公共服务支出占 GDP 的比重是 5.8%，为近 10 年来的最低点，而失业率为 7.6%，也是近 10 年来的最低点。从变化趋势看，欧盟近 10 年来的一般公共服务支出的变化与失业率的变化趋势相当一致，究其原因，由于受金融危机和债务危机的影响，2008—2012 年间，欧盟经济逐渐衰退，失业率逐年上升，为了应对经济危机，政府行政和立法机构、财政和金融事务、公债交易等增加，相应地财政支出增加。2013 年上半年，整个欧盟地区经济衰退现象有所回暖，尤其是从第二季度起，欧洲经济开始出现复苏，债务危机的影响也逐渐消退。2013 年第四季度，欧盟经济同比增长 1.1%，环比增长 0.4%，2013 年是欧盟关键转折的一年。2013 年之后，一般公共服务支出逐渐下降，2014 年较 2013 年下降 0.3 个百分点，2015 年较 2014 年下降 0.4 个百分点，之后每年下降 0.2 个百分点。同时，失业率也在逐年下降，下降幅度越来越大，由 2014 年的较 2013 年下降 0.7 个百分点，到 2017 年的较 2016 年下降 1.0 个百分点。综上所述，从统计数据看，一般公共服务支出增加时，失业率提高，反之，一般公共服务支出下降的同时失业率下降。

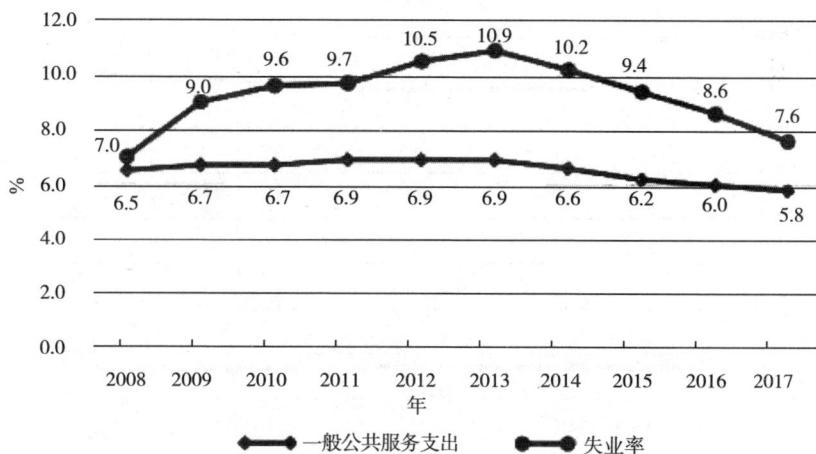

图 3-22 2008—2017 年欧盟一般公共服务支出与失业率

第二，影响分析。图 3-23 是根据 2009—2017 年欧盟一般公共服务支出与失业率统计数据画出的二者关系的散点图，由图可以看出，最初几年，随着一般公共服务支出的增加，欧盟总失业率逐渐上升，但是最近 5 年，随着一般公共服务支出的增加，失业率没有表现出持续上升或者下降，而是在趋势线附近上下波动。随着一般公共服务支出的增加，失业率提高，但是当失业率提高到一定程度时，随着财政支出的增加失业率也可能下降。

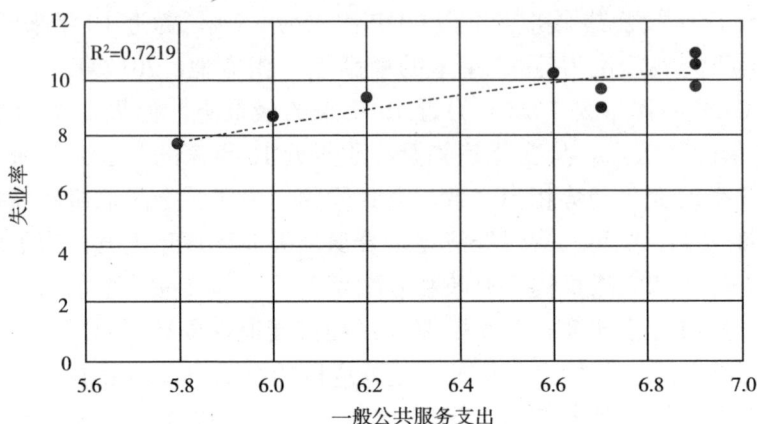

图 3-23　2009—2017 年欧盟一般公共服务支出与失业率散点图

（4）欧盟一般公共服务支出与就业率

第一，同期变化趋势。一般而言，失业率的下降意味着就业情况的好转，即就业率的上升。由图 3-24 可以看出，2008—2017 年间，就业率经历了由下降到上升的过程。2008—2012 年 5 年里，就业率由 70.2% 下降到 68.4%，之后开始逐渐上升。

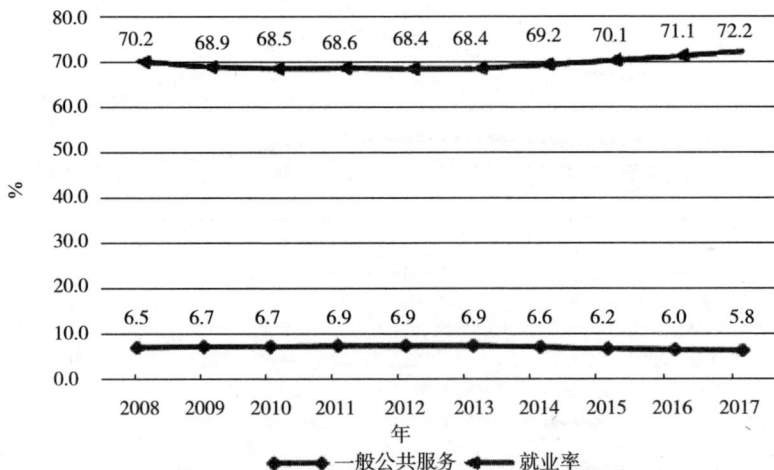

图 3-24　2008—2017 年欧盟一般公共服务支出与就业率

2013—2017 年间，就业率又由 68.4% 上升到 72.2%。同期，一般公共服务支出的变化前文已做分析，此处不再赘述。从统计数据来看，一般公共服务支出提高的同时，就业率下降，而一般公共服务支出下降的同时，就业率逐渐提高。

第二，影响分析。在一定程度上，一般公共服务支出与失业率存在正向变化关系，那么，一般公共服务支出与就业率是否存在反向变化关系呢？由图 3-25 可以看出，一般公共服务支出低，就业率高，一般公共服务支出高，就业率低，二者之间存在线性相关关系，而且拟合优度达到 0.9336，但仍有部分年份偏离趋势线。

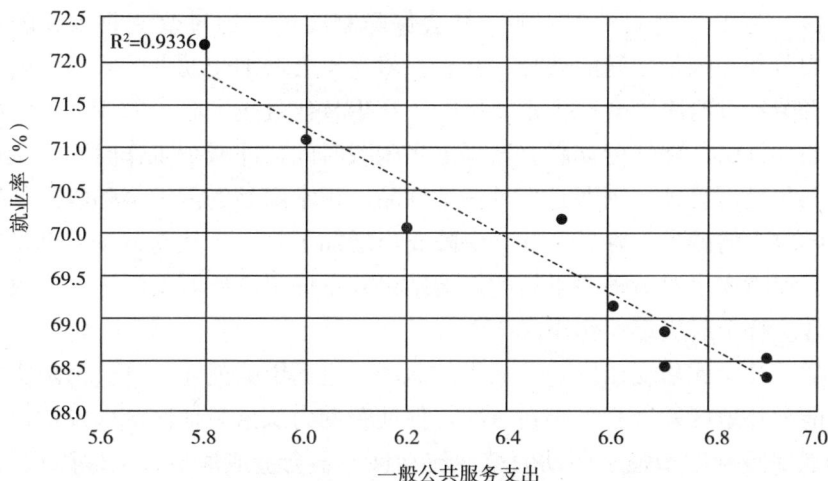

图 3-25　2008—2017 年欧盟一般公共服务支出与就业率散点图

（三）欧盟社会保障支出对就业的影响

1. 社会保障支出对就业影响的机理

保险市场的失灵是政府提供社会保障的主要经济原因，其保障对象非常广泛。社会保障和就业是两个最基本的民生问题，对各国经济社会发展具有非常重要的意义。就业不仅影响社会保障的水平，还影响社会保障的经济基础，甚至严重影响社会保障功能的发挥。反过来，社会保障也影响就业，社会保障对劳动供给产生影响，影响人们的就业意愿、劳动参与率、劳动力的流动以及就业和再就业。具体而言，社会保障支出对就业的影响可以从以下三个方面来分析。

首先，社会保障支出的对象主要是老人年、失去工作能力的人、失业的人等，当这些人成为社会保障受益者时，社会保障支出显然会增加他们的可支配收入。由于这些享受社会保障待遇的群体往往是一些低收入抑或无收入来源的人，他们的边际消费倾向较高，因此社会保障支出有助于减轻贫困和增加总需求。社会保障为劳动者提供基本生活，使他们在生活发生困难时从社会保障中获得帮助，解除劳动者的后顾之忧，进而更好地投入社会劳动。尤其是失业保险支出，当劳动者暂时失去就业机会和收入来源时，失业保险金的支付可以使其度过暂时的困难，有利于劳动力的在生产，这是社会保障可以激发劳动者的积极性，增加劳动供给，影响劳动力市场。此外，失业保险制度更重视职业培训，而不是被动地接受政府的失业保险金，劳动者在保障基本生活的同时可以参加劳动技能培训，提升人力资本，既提高了自己的就业竞争力，又能很好地适应职业环境的变化，重新投入劳动力市场实现再就业。

其次，劳动—闲暇模型表明，社会保障制度可以通过改变收入和闲暇的成本，影响劳动和闲暇之间的选择。社会保障支出会增加受益者的收入，收入变化对劳动者劳动供给决策会产生重要影响，产生替代效应和收入效应。工资减少会降低闲暇的价格，理性劳动者会选择更多闲暇时间，即减少工作时间，工资增加的作用则相反。另外，闲暇是一种正常商品，正常商品的需求会随收入的提高而增加，随收入的减少而降低，社会保障支出增加了收入，从而减少劳动供给。因此，社会保障支出对劳动力供给的影响结果并不确定，要看实际运行中收入效应和替代效应哪个起决定性作用。

最后，社会保障支出影响劳动力的流动，进而影响就业。社会保障支付力度不同可能导致地区发展程度存在差距，促使劳动力从落后地区流向发达地区。英国的养老保险制度增强了劳动力就业流动性，不会造成雇员社会保障权益丧失，富有良好的"便携性"。雇员在国家建立的计划中的养老金由社会保障部记录和管理，雇员就业流动时不存在养老金权益转移问题。私人部门养老金计划鼓励雇员提前退休，这也是一种劳动力流动。因为雇员提前退休并非完全离开了劳动力市场，而是从全职雇员转化为自雇者、部分时间就业、临时就业等灵活就业，大多数人并没有享受闲暇。灵活就业劳动力为雇主寻找合适的雇员提供了便利，雇主可以按照比全职雇员更富有弹性的工资聘用合适的劳动力。由此可见，提前退休提高了劳动力的流动。

2.欧盟社会保障支出对就业影响的实证分析

（1）欧盟社会保障支出情况

社会保障支出是欧盟近10年间财政支出中最大的项目，约占GDP的20%。由图3-26可知，2008—2009年，社会保障支出急剧增长，由占GDP的比重17.4%提高到19.4%，增加了2个百分点，这跟2008年的金融危机有密切关系。之后2年，社会保障支出有所下降，但是2011—2013年间，这一支出又快速增加。

到2013年达到了19.5%，为近10年来的最高点，这是因为又受到了债务危机的影响。2013年，欧盟经济逐渐复苏，社会保障支出开始逐渐下降，一直下降到2017年的18.8%。

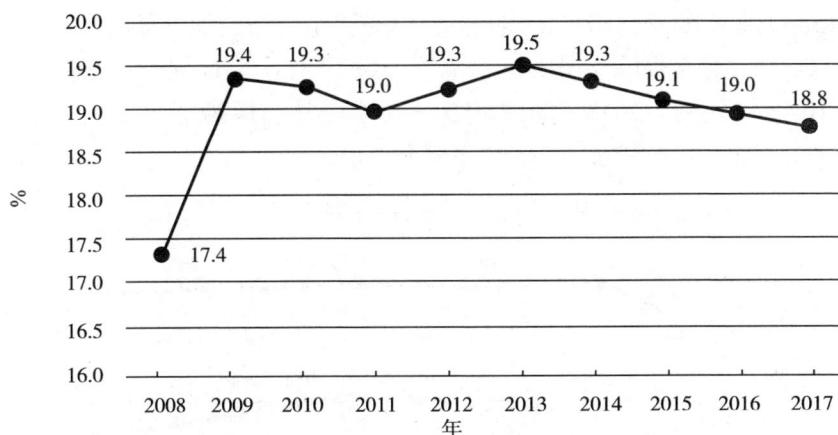

图 3-26　2008—2017 年欧盟社会保障支出占 GDP 比重

（2）欧盟社会保障支出构成

欧盟社会保障支出主要包括疾病与伤残保障、养老保障、灾后救助、家庭和儿童保障、失业保障、住房保障、其他被社会排斥的保障、与社会保障有关的研发及社会保障其他方面九个方面的支出。2017 年，欧盟社会保障支出中，养老保障支出所占比重最大，占 GDP 的 10.1%，占社会保障支出的 53.7%，其次是疾病与伤残保障支出，占 GDP 的 2.7%，占社会保障支出的 14.4%，家庭和儿童保障支出占 GDP 的 1.7%，灾后救助支出占 GDP 的 1.3%，失业保障支出占 GDP 的 1.2%，社会保障其他支出构成情况如图 3-27 所示。

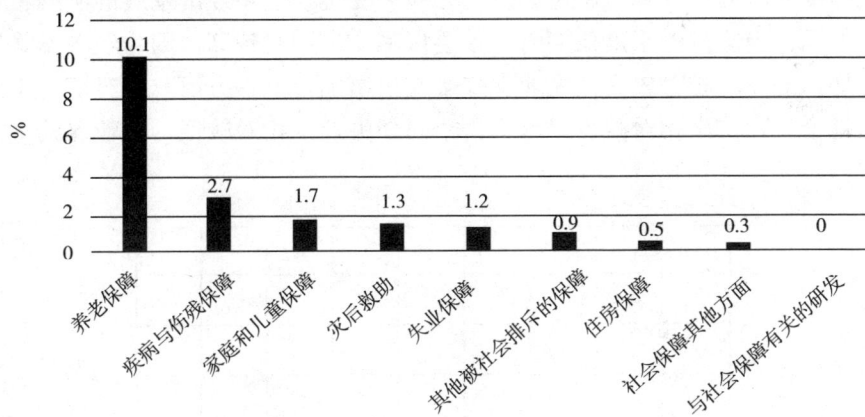

图 3-27　2017 年欧盟社会保障支出构成占 GDP 比重

（3）欧盟社会保障支出与失业率

第一，同期变化趋势。社会保障被认为是与就业最为密切相关的要素，而失业率被认为是衡量就业的重要标准，社会保障支出与失业率之间的关系我们可以从统计数据中找到端倪。如图 3-28 所示，2008—2017 年，欧盟社会保障支出变化趋势与失业率的变化趋势大体一致，都是一个由增长到下降的过程。2008—2012 年这 5 年，社会保障支出由 17.4% 上升到 19.3%，与此同时，失业率从 7.0% 上升到 10.5%。之后，2013—2017 年这 5 年中，社会保障支出由 19.5% 逐渐下降到 18.8%，同时失业率也从 10.9% 下降到 7.6%。

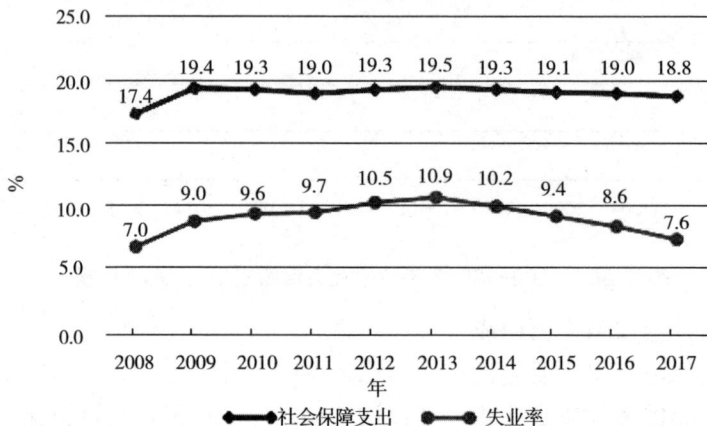

图 3-28　2008—2017 年欧盟社会保障支出与失业率

第二，影响分析。由图 3-29 可以看出，近 9 年中，社会保障支出低的时候，失业率低；社会保障支出高的时候，失业率高，但是二者之间不是简单的线性关系，所以，并不能说社会保障支出越高，对应的失业率就越高，当失业率达到一定程度时，社会保障支出也会发生相应的变化，这跟经济发展的实践密切相关。一方面，当经济处于萧条期时，社会保障支出相对较高，因为经济不景气时失业增加，失业率相对较高，失业保险金支出增加。另一方面，当经济处于繁荣期时，社会保障支出相对减少，因为这个时期失业率相对较低，失业保险金支出减少。

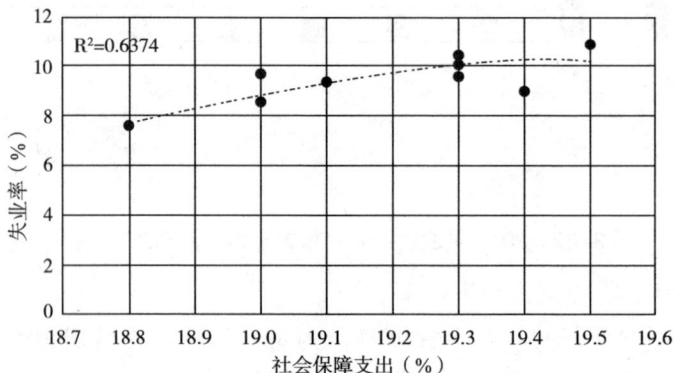

图 3-29　2008—2017 年欧盟社会保障支出与失业率散点图

（4）欧盟社会保障支出与就业率

第一，同期变化趋势。由图 3-30 可知，2008—2009 年，欧盟社会保障支出占 GDP 的比重由 17.4% 上升到 19.4%，增加 2 个百分点，同期，就业率由 70.2% 下降到 68.9%，减少 1.3 个百分点。2010—2013 年间，社会保障支出呈增长趋势，由 19.3% 增长到 19.5%，而同期的就业率则呈下降趋势，由 2010 年的 68.5% 下降到 68.4%。2014—2017 年间，社会保障支出逐渐下降，由 2014 年的 19.3% 下降到 2017 年的 18.8%，而同期的就业率则从 2014 年的 69.2% 上升到 2017 年的 72.2%，呈增长趋势。

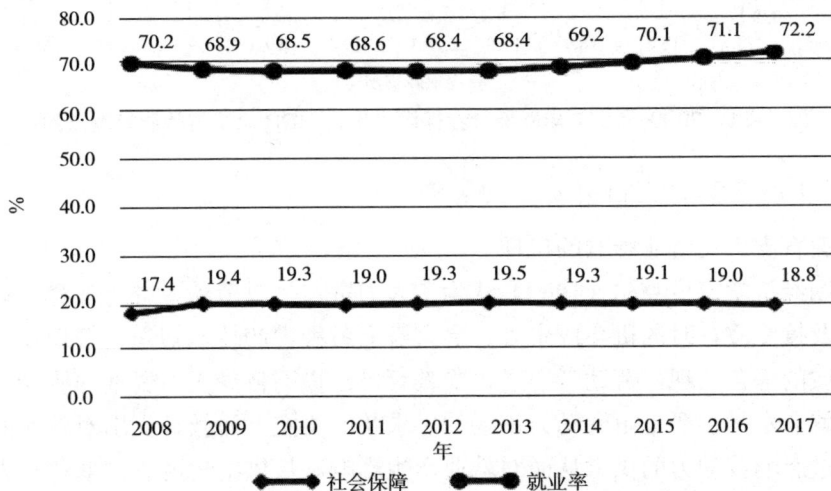

图 3-30　2008—2017 年欧盟社会保障支出占 GDP 比重与就业率

第二，影响分析。根据欧盟近 10 年的统计数据，社会保障支出与就业率呈反向变化，即社会保障支出增长时，就业率呈下降趋势；社会保障支出下降时，就业率呈增长趋势。从社会保障支出与就业率的散点图可以看出这种相关性，如图 3-31 所示。这种变化关系与社会保障支出和失业率变化相反，但都跟经济发展时期有一定关系，一方面，当经济萧条时，失业增加，就业率相对降低，此时失业保险金支出增加，社会保障支出增加。社会保障支出增加刺激需求，并且影响劳动力的供给，进而又影响就业，比如失业保险不仅提供满足失业期间的基本生活需求，还会提供就业培训和就业指导，提高失业人员的就业能力和就业机会，此时社会保障支出的就业功能得以体现，比如英国、法国的失业保险制度在发挥就业功能方面非常有力。另一方面，当经济繁荣时，社会保障支出相对减少，此时失业率相对较低，就业率较高甚至达到充分就业，失业保险金支出相对较少，这就表现为社会保障支出降低而就业率升高的变化趋势。

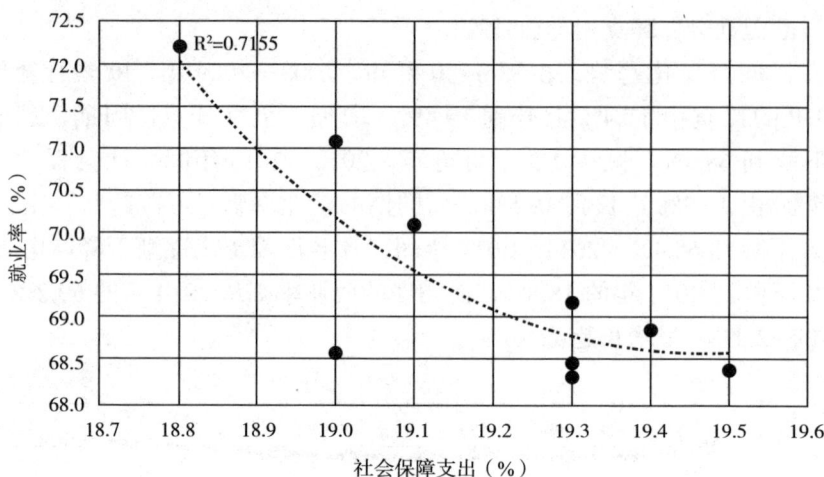

图 3-31　2009—2017 年欧盟社会保障支出占 GDP 比重与就业率散点图

（四）欧盟教育支出对就业的影响

1. 教育支出对就业影响的机理

美国经济学家贝克尔（1962）认为，人力资本是对劳动者进行教育、培训的支出以及接受教育时的机会成本等，是人身上各种生产技术知识、管理技能及其身体素质的综合表现，劳动者通过接受教育可以提高自身人力资本的质量。一般认为，就业水平主要是由劳动力市场的供求状况决定，而教育支出对就业的影响正是通过影响劳动力的供求从而对就业产生影响。从供给角度看，就业与人力资本数量、质量、结构有密切关系。人力资本数量充足、结构均衡，一方面能够满足不同就业岗位的需求；另一方面，人力资本投资是经济内涵式发展的主要推动力。因此，人力资本存量的增长也能间接地创造更多就业岗位，进而提高就业量，优化就业结构。从长远来看，通过扩大人力资本存量来影响就业的方式属于主动地增加就业量，是内涵式推动，是影响就业的重要因素。而人力资本投资对经济发展和就业增加的贡献在很大程度上是以教育投资的形式实现的，财政教育支出在一定程度上是人力资本投资水平的近似衡量标准。此外，研究表明，在教育上每花 1美元，就能获得 10~15 美元的经济增长，而经济增长又能带来更多就业岗位。

2. 欧盟教育支出对就业影响的实证分析

（1）欧盟教育支出情况

近 10 年，欧盟 28 国的教育支出总体上呈下降趋势，由 2008 年的占 GDP比重的 4.9% 下降到 2017 年的 4.6%，但是这期间不同时期的变化又有所不同。2008—2009 年，教育支出快速增加，由 4.9% 上升到 5.2%，增加了 0.3 个百分点。从 2010 年开始，一直到 2017 年，除 2014 年较 2013 年没有变化外，其他年份平均每年下降 0.1 个百分点，如图 3-32 所示。

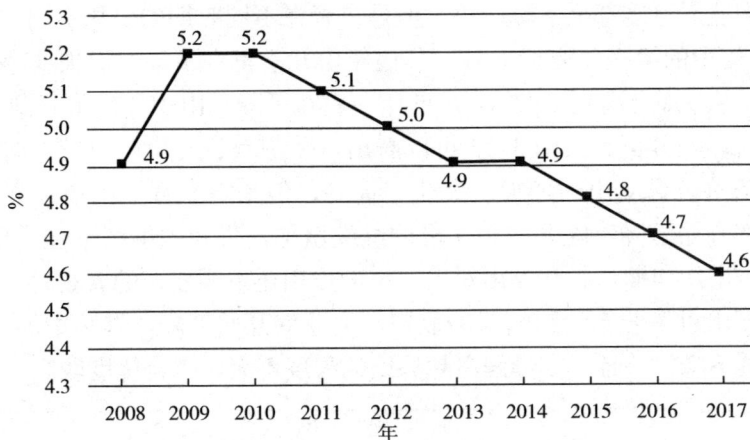

图 3-32　2008—2017 年欧盟教育支出占 GDP 比重

（2）欧盟教育支出构成

欧盟教育支出由学前教育和基础教育、中学教育、中学后的非高等教育、高等教育、其他级别教育、教育补贴、教育研发及教育的其他方面八部分支出。2017 年，欧盟教育支出占 GDP 的比重为 4.6%，占财政总支出的 10.2%，在欧盟十大类支出中位居第四。在欧盟教育支出中，中学教育（中等教育）占 GDP 的比重为 1.8%，位居教育支出项目第一，其次是学前教育和基础教育支出，占 GDP 的 1.5%，高等教育支出为 0.7%，其他支出比重如图 3-33 所示。

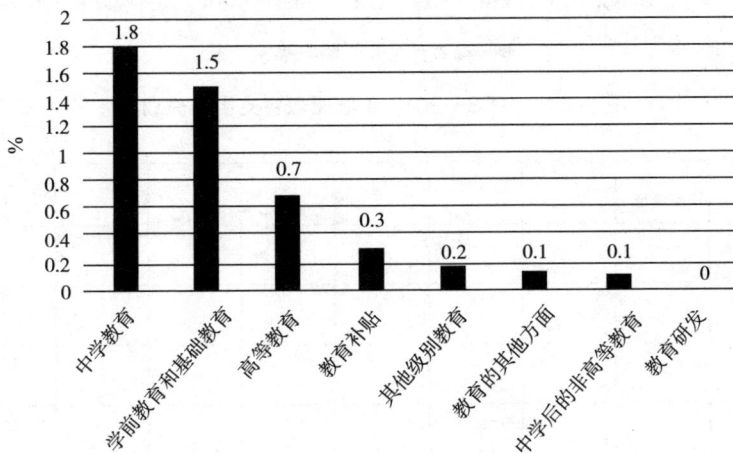

图 3-33　2017 年欧盟教育支出构成占 GDP 比重

（3）欧盟教育支出与失业率

第一，同期变化趋势。如前文所述，教育支出可以通过影响劳动力的供给而对就业产生影响，那么，接下来就从统计数据看欧盟教育支出与失业率的变化趋势，从变化趋势中发现二者的关系。如图 3-34 所示，2008—2017 年间，欧盟教育支出与失业率总体都呈下降趋势，但是二者在不同时期的变化不同。教育支出除在这 10 年中的第一年有所上升，其他年份几乎都在下降，而失业率在前 5 年一直升高，从 9% 升高到 10.9%，后 5 年一直在下降，由 10.9% 下降到 7.6%。

第二，影响分析。由图 3-35 可以看出，欧盟教育支出相对较低时，失业率也较低，随着教育支出的增加，失业率提高，但是当教育支出增加到一定程度时，失业率开始下降，随着教育支出的继续增加，失业率继续下降。也就是说，在教育支出增加初期，教育支出对失业率的作用还不明显，随着教育支出持续增加，教育支出对失业率的影响开始显现，失业率开始下降，继续增加教育支出，失业率继续下降。并且，变量偏离趋势线的程度不大，拟合优度较高。

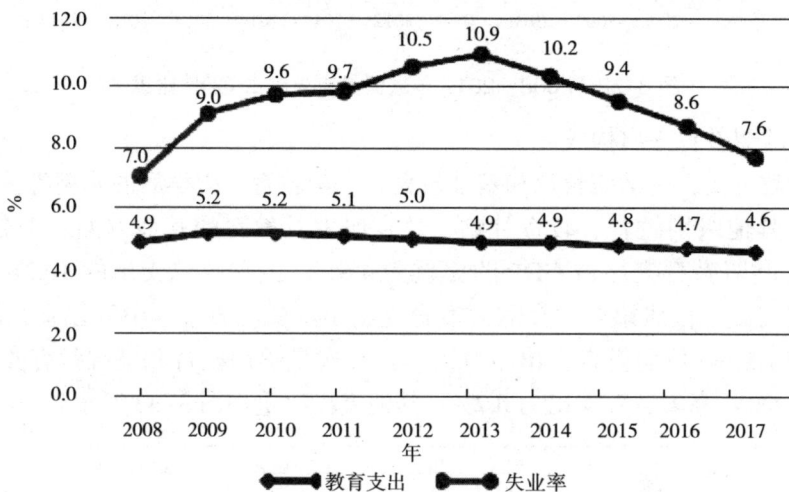

图 3-34　2008—2017 年欧盟教育支出与失业率

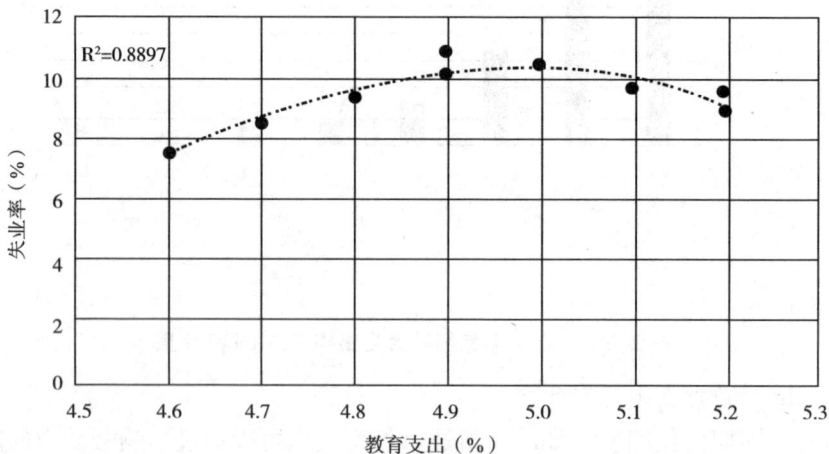

图 3-35　2009—2017 年欧盟教育支出与失业率散点图

（4）欧盟教育支出与就业率

第一，同期变化趋势。由图 3-36 可知，2008—2017 年间，欧盟教育支出与就业率变化趋势有很大不同。教育支出 10 年间总体上呈下降趋势，而且是持续下降，而就业率则不同。2008—2012 年，就业率有所下降，由 70.2% 下降到 68.4%，但是 2013—2017 年间，失业率又逐渐上升，由 68.4% 上升到 72.2%。从表面上看，欧盟教育支出与就业率之间关系并不明确，二者没有明显的正向变化或反向变化趋势。实际上，这是由于教育支出对就业效应的滞后性导致的，从教育支出产生到投入教育发展，再作用于接受教育者，提高其知识、技能、素质等人力资本，这需要一个较长的过程。因此，短期来看，教育支出与就业率之间相互影响的关系并不明显。

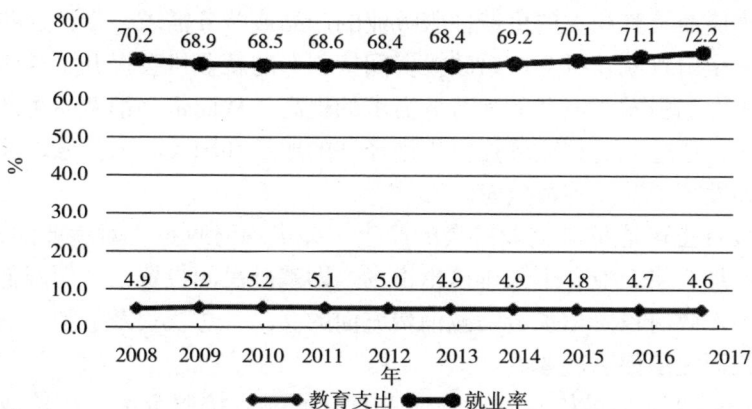

图 3-36　2008—2017 年欧盟教育支出与就业率

第二，影响分析。如图 3-37 所示，教育支出比较低的时候，就业率相对较高，教育支出高的时候，就业率相对降低。在较短的时间内，教育支出与就业率的这种反向变化非常明显，但是，随着教育支出的增加，就业率的变化就会出现偏离趋势线的情况，拟合优度为 0.8774。

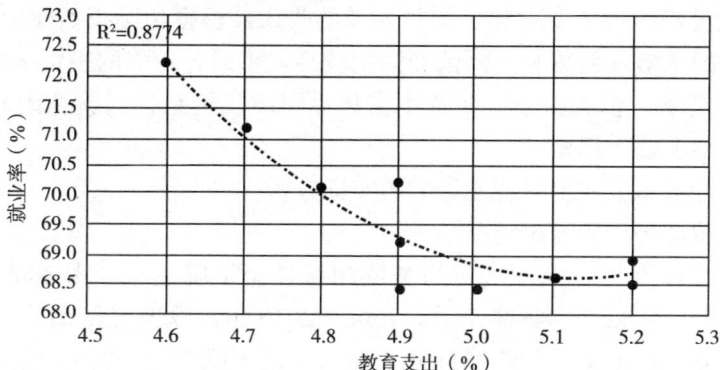

图 3-37　2008—2017 年欧盟教育支出与就业率散点图

（五）欧盟经济事务支出对就业的影响

1. 经济事务支出对就业影响的机理

欧盟经济事务支出中包括农林牧渔业、能源、交通、通信、制造和建设等方面的支出，这些支出可以说是投资于基础设施、基础产业的支出，这些类型的支出也可称为财政投资性支出。市场经济体制下，政府财政投资支出主要在外部效应明显的基础设施、基础产业、支柱产业和高新技术产业发挥主导作用。财政投资除了能够直接提高总需求，还可以通过基础设施建设带动民间资本的投入，具有很强的就业效应。财政投资可以从三个方面创造新的就业机会：一是直接就业机会。在资本有机构成不变的情况下，生产性资本的增加要求有相应比例的劳动投入的增加，直接创造了现场就业。二是间接就业机会。直接公共工程投资会增加原材料供应商及其相关的生产性服务业的产品或劳务需求，带动这些行业增加就业量。三是引致就业机会。财政投资间接创造的就业机会提升了这些劳动者的收入，收入增加引发对消费品和劳务需求的提高，从而带动消费品生产及流通部门扩大就业，通过此过程循环往复带来经济的增长和国民收入扩张，就业人数随之增加，即发挥了就业乘数效应。

财政投资也可能抑制就业机会的产生，即出现财政投资对就业的排挤效应。政府投资增加会将企业和个人排挤出市场，即基础民间投资，从而降低社会总投资。相应地，政府投资增加会缩减消费方面的支出。总投资及总消费的减少抑制了经济增长而无法促进就业。

财政投资性支出结构对就业效应有直接影响。按照资本有机构成比例，可将财政投资分为资本密集型和劳动密集型两种结构，这两种投资结构的就业效应不同。劳动密集型财政投资机构在资本投入阶段因较低的资本技术构成要求同一单位的资金匹配更多劳动力，因而吸纳劳动力效应更强。同时，较低的资本价值构成结构使同量投入资金的更大比例转化为劳动者的工资，增强了收入效应的发挥。在延伸阶段，较强的吸纳就业效应与收入效应将合并发挥较强的消费效应。劳动密集型投资结构主要增加了低收入者的收入，根据边际消费倾向递减规律，低收入人群的恩格尔系数和边际消费倾向较高，将通过较强的投资乘数效应更大地拉动供给需求、扩大就业，而资本密集型财政投资结构对就业则起相反的作用，相对缩小了就业规模。

2. 欧盟经济事务支出对就业影响的实证分析

（1）欧盟经济事务支出情况

2008—2017 年间，欧盟经济事务支出整体呈下降趋势，由 2008 年的 4.6% 下降到 2017 年的 4.0%。具体来看，2008—2010 年，欧盟经济事务支出逐渐增长，增长了 0.5 个百分点。到 2011 年，这一支出下降了 0.6 个百分点，之后的一年又提高了 0.2 个百分点。从 2012 年开始，欧盟经济事务支出逐年下降，总体上是在曲折中下降，如图 3-38 所示。

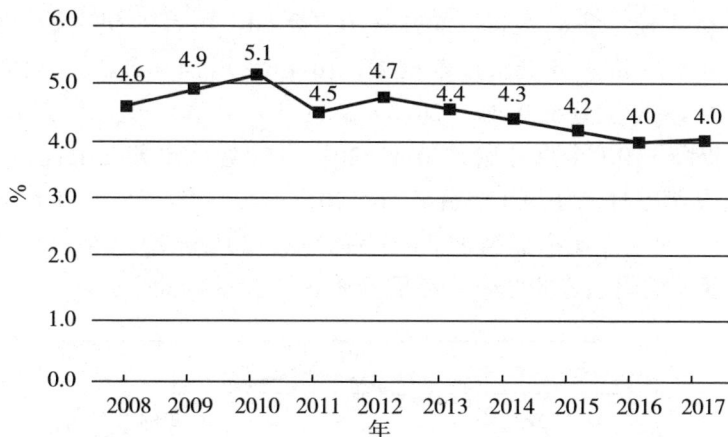

图 3-38　2008—2017 年欧盟经济事务支出占 GDP 的比重

（2）欧盟经济事务支出构成情况

欧盟经济事务支出主要包括一般性的经济、商业和劳务事务；农业、林业、渔业、畜牧业；能源行业；矿产、制造和建设；交通；通信；其他产业；经济事务相关的研发；其他经济事务九个方面的支出。2017 年，欧盟经济事务支出占 GDP 的比重为 4%，占财政总支出的 8.9%，位居第五位。在欧盟经济事务支出中，交通支出占 GDP 的 1.9%，占财政总支出的 4.2%，一般性的经济、商业和劳务事务支出占 GDP 的 0.8%，能源行业支出占 GDP 的 0.3%，其他项目支出情况如图 3-39 所示。

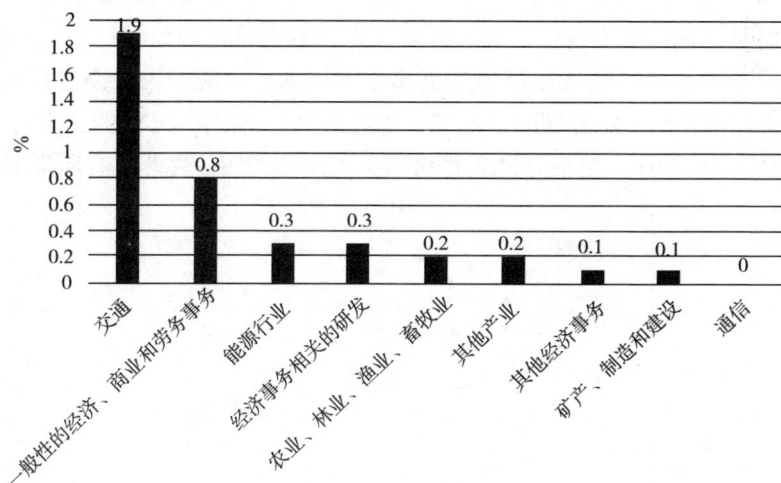

图 3-39　2017 年欧盟经济事务支出构成比重

（3）欧盟经济事务支出与失业率

第一，同期变化趋势。如果把欧盟经济事务支出的变化趋势与失业率的变化趋势进行比较，我们发现，2008—2017 年间，二者的变化趋势各有特点。2008—2010 年，经济事务支出逐渐增加，由 4.6% 增加到 5.1%，同期失业率呈上升趋势，由 7.0% 上升到 9.6%。2010—2011 年，经济事务支出下降了 0.6 个百分点，同期提高了 0.1 个百分点。2011—2012 年，经济事务支出提高了 0.2 个百分点，同期失业率提高了 0.8 个百分点。2012—2013 年，经济事务支出下降了 0.3 个百分点，同期失业率提高了 0.4 个百分点。2013—2017 年，经济事务支出与失业率出现了相同趋势的变化，都呈逐渐下降趋势，如图 3-40 所示。

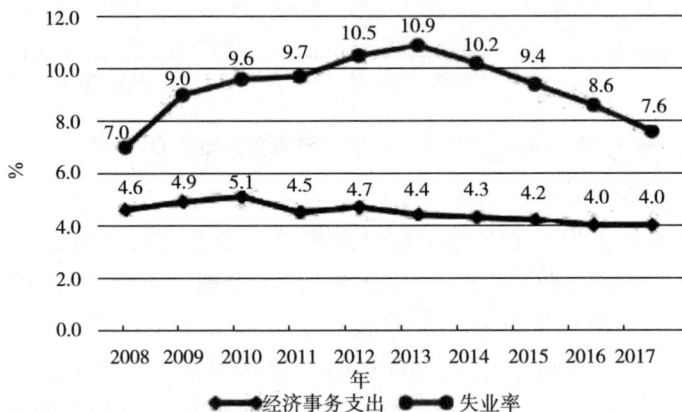

图 3-40　2008—2017 年欧盟经济事务支出与失业率

第二，影响分析。如图 3-41 所示，经济事务支出与失业率之间的影响关系不太明显，而且拟合优度不佳。但是可以看出大概的现象，即经济事务支出相对较低时，失业率相对较低，随着经济事务支出逐渐增加，对应的失业率也在逐渐提高。当经济事务支出达到一定程度时，比如，当经济事务支出占 GDP 的比重为 4.4% 时，失业率最高，为 10.9%，之后，随着经济事务支出的增加，失业率有所降低。

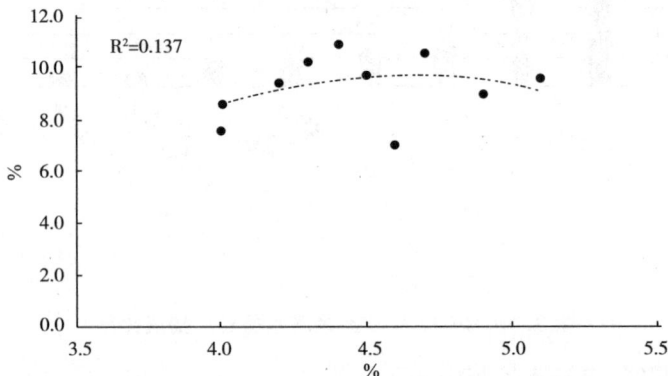

图 3-41　2008—2017 年欧盟经济事务支出与失业率散点图

（4）欧盟经济事务支出与就业率

第一，同期变化趋势。2008—2010 年，欧盟经济事务支出由 4.6% 上升到 5.1%，同期就业率持续下降，由 70.2% 下降到 68.5%。2011—2012 年，经济事务支出增加了 0.2 个百分点，同期就业率下降了 0.2 个百分点。2013—2017 年，经济事务支出持续下降，由 2013 年的 4.4% 下降到 2017 年的 4.0%，同期就业率持续上升，由 68.4% 上升到 72.2%，如图 3-42 所示。

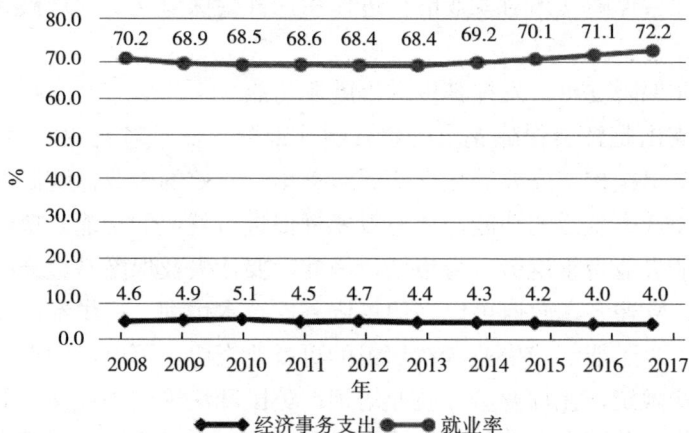

图 3-42　2008—2017 年欧盟经济事务支出与就业率

第二，影响分析。如图 3-43 所示，经济事务支出与就业率二者之间不是简单的线性关系，而是一种非线性的，通过检验，这种非线性的拟合优度高于线性拟合优度。经济事务支出相对较低时，对应的就业率相对较高，随着经济事务支出的增加，对应的就业率相对较低，当经济事务支出达到一定程度时，继续增加经济事务支出对应的就业率又有所提高。这种经济现象就是当就业率比较高的时候，此时政府不需要通过增加支出来促进就业，此时政府支出相对较低；相反地，如果就业率相对较低，政府就可以通过增加支出来促进就业。

三、优化欧盟财政支出促进就业的对策

（一）优化社会保障支出，发挥社会保障支出就业功能

一个国家要健康持续发展，离不开积极就业的促进和完善的社会保障制度，而社会保障制度的完善又离不开财政支持。欧盟社会保障支出一直是政府财政支出中最多、最主要的部分，可以通过优化社会保障支出发挥其促进就业的作用。

1. 维持适度的社会保障支出规模

由前文可知，2017 年，欧盟 28 国社会保障支出占 GDP 的比重平均在 20%，占财政总支出的比重在 40% 左右，这一社会保障支出水平在国际上可谓是中等

偏上水平，但是，为了充分发挥社会保障支出对就业的作用，适度的社会保障支出水平是非常必要的。一方面，社会保障支出对就业具有正向的影响作用，通过提高社会保障支出占财政支出的比重或者社会保障支出占 GDP 的比重，即使在支出结构比不变的情况下，总量的增加也能促进社会保障支出对就业的作用，因此可以扩大社会保障支出的规模。另一方面，社会保障支出的过度扩张，也可能对就业产生负向影响，比如"福利陷阱""贫困陷阱""养懒人"等现象，因此，为了充分发挥社会保障支出对就业的促进作用，社会保障支出的规模又需要保持一个适度水平。

2. 加大失业保险支出，发挥其促进再就业功能

失业保险支出是社会保障支出的重要组成部分，而且对就业产生直接影响，优化社会保障支出结构首先要优化失业保险支出。有效的失业保险制度既可以为失业者提供保障基本生活的功能，还可以发挥促进再就业的功能。单纯的第一种功能并不能保证失业者重返劳动力市场，因此，要让失业保险基金充分发挥其促进就业的功能，欧盟各国政府可以在信息服务、技术培训、提供新的就业机会等方面加大支出。为了能够使失业者有积极的再就业意愿，可以对领取失业保险待遇的条件作一些规定，比如要参加就业培训。英国和法国的失业保险制度就比较重视再就业功能。英国在布莱尔工党政府时期就将失业保险制度的重点从发放失业保险金转向促进就业和扶助弱势群体就业方面，为了促使那些长期失业而不愿意积极找工作的失业者能够积极行动起来，将是否积极寻找工作确定为领取失业救济金的必要条件，同时对雇用失业者的私人企业提供政府补贴。从就业培训方面来看，英国政府还会根据培训的成功率给予拨款，通过补贴资金倾斜方式促进职业培训机构的竞争和创新。法国政府利用公共财政对失业保险基金进行转移支付，并运用它对失业者开展就业培训，促进劳动力再就业。法国就业培训局的主要任务是负责对失业人员进行职业培训，帮助劳动者提高自身就业竞争力，以便

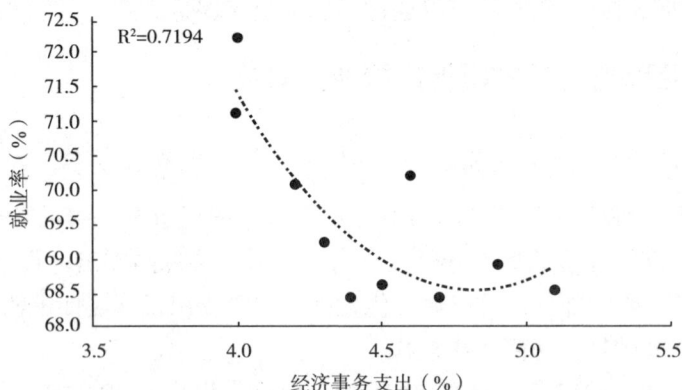

图 3-43　2008—2017 年欧盟经济事务支出与就业率散点图

重返劳动力市场实现再就业。

（二）优化教育支出，扩大教育支出的就业效应

1. 加大教育支出规模，奠定教育促进就业的经济基础

教育支出对提高劳动力素质、促进就业起着决定性作用，高水平高质量的教育可以为国家或地区提供强大的支撑和可持续发展动力，当然也影响就业。世界上有一个衡量教育投入的标准，即公共教育支出（或财政性教育经费）占 GDP 的比重，2015 年，世界平均水平为 4.7%，处于联合国教科文组织《2030 年教育行动框架》提议的 4%~6% 的范围内，低收入国家与高收入国家的支出比例在 3.7%~5.1% 之间，同时《2030 年教育行动框架》提出公共教育支出占公共支出总额的 15%~20%。2017 年，欧盟 28 国教育支出占 GDP 的比重是 4.6%，处于《2030 年教育行动框架》提出的中等水平，但仍低于 2015 年世界平均水平。此外，2017 年，欧盟 28 国教育支出占政府总支出的 10.2%，低于《2030 年教育行动框架》提出的水平。因此，从总体上看，欧盟教育支出规模还有待进一步加大。此外，欧盟 28 个成员国教育支出规模参差不齐，高的如瑞典，教育支出占 GDP 的比重为 6.8%，丹麦为 6.5%，低的如罗马尼亚，教育支出占 GDP 的比重为 2.8%，爱尔兰为 3.3%。欧盟可以通过教育援助提高部分国家教育支出水平。

因此，政府教育支出规模非常重要，教育投入不足，无法充分发挥教育的功能。正如前文所述，教育投入可以培养出一定的劳动力数量和质量，这些劳动力投入到实际生产中又能推动经济增长，进而通过经济增长带动劳动力就业数量的扩大，体现出教育的就业扩张效应。

2. 加大职业技能教育支出，提高劳动者就业能力

如果劳动者缺乏工作所需的技能，政府即使创造出更多就业机会也不能解决就业问题。全民教育不仅要确保所有儿童都能上学，还要培养能够安身立命、有机会找到体面工作、谋取生计的能力，尤其是青年人。在建立社会基础技能及满足劳动力市场需求技能方面，技术和职业教育是最有效的，职业教育的回报可能高于普通教育。欧盟正在经受经济危机之后的长期考验以及知识经济发展的挑战，如果要在迅速变化的世界中实现繁荣发展，必须培养一支支技术技能娴熟的劳动力队伍，而这首先需要政府重视并加大对职业技能教育的投入。

（三）优化经济事务支出，加强投资性支出的就业影响

如前所述，经济事务支出与失业率及就业率之间相关性不强，但是经济事务支出中的交通、能源行业、农业、林业、渔业、畜牧业、通信等基础设施建设支出属于政府投资性支出，投资性支出对就业水平有一定影响。但是一般性的经济、商业和劳务事务支出是行政管理费用，或者行政成本，属于消费性支出。

2017年，欧盟一般性的经济、商业和劳务事务支出是经济事务支出中的第二大支出，应当优化经济事务支出，降低该部分支出，即降低行政成本，同时通过提高行政效率履行政府基本职能。欧盟经济正在逐步复苏，加大投资性支出，通过乘数效应刺激经济增长，从而提高就业水平。

（四）加大促进弱势群体就业支出，提高整体就业水平

1. 加大促进青年群体就业支出

青年人失业问题在欧盟很严重。2008年，欧盟15~24岁青年人失业率为15.9%，2013年为23.8%，到了2018年有所降低，但仍高达15.2%，青年人的失业率约为成人的2~3倍，其中意大利可达4倍。当面临城市化、科技进步和绿色经济发展的挑战时，青年人需要更多技能，以灵活适应工作场所不断变化的需求。政府必须加大投入，确保青年人获得促进他们找到体面工作的技能。根据2012年联合国教科文组织全民教育全球检测报告小组的《青年与技能：拉近教育和就业的距离》，中学教育是青年人获得技能、增加体面就业机会的一条关键路径。具体来说，中等较低层次教育（初中教育）有利于扩大、加强在小学学到的基础技能；中等较高层次教育（高中教育）有力加强普通教育，并加入技术和职业能力方面的内容。提供能够满足最广泛的能力、兴趣和背景需求的优质中等教育，不仅对青年人确立通向工作领域的道路至关重要，而且对向各国提供所需的有文化的劳动力以及在当今以技术为发展动力的世界中增强竞争力非常重要。

尤其需要重视的是，在发达国家涌现的NEET（not in employment, education or training）一族，即没有积极就业，教育和技能水平也很低，如不能满足这部分青年人的就业需求，将会导致他们的健康和心理问题，进而带来社会问题。2008年，欧盟15~24岁人口中，NEET所占比重平均为10.9%，其中最高的是保加利亚，为17.4%，同期共有13个国家这一比重超过10%。2013年，这一现象更为严重，NEET所占比重平均为13%，其中最高的是意大利，高达22.2%，有18个国家超过10%。近5年来，NEET所占比重有所降低，2018年平均为10.5%，但意大利仍为20%左右。因此，欧盟需要加大对青年就业群体的关注，增加对青年就业群体的支出，促进青年群体的就业。

2. 加大促进女性就业群体就业支出

在欧盟，女性劳动者失业率普遍比男性高，甚至高很多，比如2013年希腊女性失业率比男性失业率高7%。虽然欧盟一直致力于实现两性平等，制定并实施了促进性别平等的反性别歧视政策法规，支持非正规就业，提供慷慨而广泛的家庭福利政策，如带薪休产假、双亲带薪亲子假等。但是，这些政策也存在一定的问题，比如欧盟成员国反性别歧视就业政策实施效果差异大，北欧国家在性别

平等方面一直走在前列，但是南欧国家女性的劳动参与率和社会地位要低得多；非正规就业虽然可以使女性就业者兼顾家庭和工作，但是往往面临着较低的社会保护和有限的职业发展。因此，欧盟应当加大对女性就业群体的投入，真正实现两性就业平等，同时加强对女性职业培训的投入，尤其是为分娩后的女性提供职业规划、职业培训等，不至于陷入"生了孩子，丢了位子，养不了孩子"的困局。

3. 加大促进老年就业群体就业支出，提高老年劳动力就业率

随着人口老龄化和劳动力市场的变化，欧盟各国从 21 世纪初就开始了积极推进老龄化战略，目的是提高老年劳动力就业率，包括提高退休年龄，甚至采取有效抑制提前退休的政策；实施年龄管理综合战略，比如改善老年劳动力健康和工作条件、鼓励企业招聘和留用老年人、根据老年劳动力需求变化改进公共就业服务、通过终身学习和职业发展规划提高老年劳动力的就业能力以及在全社会范围内反年龄歧视并全面改变对老年人的负面印象等。在此基础上，欧盟各国应当加大投入，确保促进老年劳动力就业的相关政策切实落实。尤其是在老年人职业教育与培训方面应当给予更大的资金支持，比如老年人参加在职培训的、对失业老年人进行培训的，政府可以给予一定的补贴，促使相关主体重视老年劳动力的职业教育与培训，使他们提高工作能力，重返劳动力市场就业。

参考文献

[1] 王谦. 城乡公共服务均等化问题研究 [M]. 济南：山东人民出版社,2009.

[2] 岳军. 公共投资与公共产品有效供给研究 [M]. 上海：上海三联书店,2009.

[3] 丁元竹. 促进我国基本公共服务均等化的战略思路和基本对策 [J]. 经济研究参考，2008（48）:11-12.

[4] 赵云旗. 我国财政转移支付总体结构优化研究 [J]. 经济研究参考，2013（67）:3.

[5] 孙德超. 推进基本公共服务均等化的直接途径：规范转移支付的结构和办法 [J]. 东北师范大学学报 (哲学社会科学版)，2013（4）：51.

[6] 倪红日. 规范我国财力性转移支付制度的建议 [J]. 经济研究参考,2006（23）:20.

[7] 安体富. 完善公共财政制度逐步实现公共服务均等化 [J]. 东北师范大学学报,2007（3）:91-92.

[8] 宫晓霞. 对我国政府间转移支付制度的若干思考 [J]. 山东经济,2005（6）:45-46.

[9] 李一花. 中国县乡财政运行及解困研究 [M]. 北京：社会科学文献出版社,2008.

[10] Boadway R,Tremblay J. A theory of vertical fiscal imbalance [EB/OB]. 2005. http://www. econ.queensu. ca/pub/ faculty/boad-way/BT-VFI-Feb-05.

[11] Shah,Anwar.A Practitioner's Guide to Intergovernmental Fiscal Transfers[J]. World Bank Policy Research Working Paper,2006：4039.

[12] Ehtisham,Ahmad.Singh,Raju.,Mario Fortuna.Toward More Effective Redistribution: Reform Options for，2005.

[13] Meade,J.External Economics and Disexternal Economics in A Competitive Situation[J]. Economic Journal, 1952：62.

[14] 王晓苑. 中国财政转移支付制度研究 [D]. 合肥：安徽大学,2010.

[15] 吕锋. 政府间财政转移支付制度研究——以鄂尔多斯市为例 [D]. 呼和浩特：内蒙古大学，2011.

[16] 江依妮. 中国式财政分权下的公共服务供给探析 [J]. 企业经济，2011（7）.

[17] 陈共. 财政学 [M]. 北京：人民大学出版社,1998.

[18] 熊波. 公共服务均等化视角下的财政转移支付 [J]. 人大复印报刊,2009（7）:37-41.

[19] 王振宇 . 加快财政转移支付制度改革 [J]. 地方财政研究，2013（1）.

[20] 贾康 . 转移支付机制创新的先行者 [J]. 中国财经报，2012（7）.

[21] 李松森，盛锐 . 完善财政转移支付制度的思考 [J]. 经济纵横，2014（3）：88.

[22] 姚原 . 关于我国建立横向转移支付制度的探讨 [J]. 财会研究 ,2010（9）.

[23] 向子龙 , 邓中明 . 国外财政转移支付制度对于我国实现公共服务均等化的启示 [J]. 财会月刊，2010（1）：20.

[24] 李旭章 . 西方国家的转移支付及启示 [J]. 中国党政干部论坛，2011（3）：60-61.

[25] 李仁忠 . 美国的政府间转移支付制度 [J]. 中国行政管理 ,1996（12）:40-41.

[26] HAUSMANA J，KUERSTEINER G . Difference in Difference Meets Generalized Least Squares：Higher Order Properties of Hypotheses Tests [J]. Journal of Econometrics，2008，144（2）：371-391.

[27] 朱绍明 . 国外政府间财政转移支付制度的经验与借鉴 [J]. 淮南师范学院学报 ,2011（2）.

[28] 王鹏，杜婕 . 我国政府间财政转移支付制度存在的问题及对策 [J]. 经济纵横，2011（2）：118-121.

[29] 郑涌，完善转移支付制度 推行主体功能区建设 [J]. 财政研究，2011（5）.

[30] 范子英，张军 . 财政分权、转移支付与国内市场整合 [J]. 经济研究，2010（3）.

[31] 范子英 . 中国的财政转移支付制度：目标、效果与遗留问题 [J]. 南方经济，2011（6）：68-81.

[32] 李伟，燕星池 . 完善财政转移支付制度 促进基本公共服务均等化 [J]. 经济纵横，2014（2）.

[33] 尹音频 . 涉外税收论纲 [M]. 成都：西南财经大学出版社 ,1997.

[34] 李庚寅，胡音 . 我国发展对外直接投资的税收政策 [J]. 改革，2005（4）.

[35] 王镭 . 国际投资中的涉外企业所得税收问题研究——兼论"入世"后中国涉外企业所得税收制度的改革与完善 [D]. 北京：中国社会科学院 ,2003.

[36] 鲁德华 . 对外国直接投资征税的经济分析 [D]. 吉林：吉林大学，2006.

[37] 马衍伟，费媛 . 统一内外资企业所得税的战略思考 [M]. 北京：中国时代经济出版社，2007.

[38] 王逸 . 跨国直接投资公司所得税激励机制优化研究 [D]. 成都：西南财经大学 ,2008.

[39] 陈灿銮，邢锋 . 鼓励企业资本输出的税收对策借鉴研究 [J]. 亚太经济，2005（6）.

[40] 杨志安 . 我国企业对外直接投资涉税问题探析 [J]. 涉外税务 ,2008（12）:24-26.

[41] 詹正华，詹梦皎，陈星汝．境外所得税收综合限额抵免效应研究 [J]. 甘肃联合大学学报，2012（5）:28-32.

[42] 李枫．论国际税收的饶让抵免 [J]. 经济纵横，2003（6）.

[43] 董晓岩．中国对外直接投资的税收制度与管理研究 [D]. 辽宁：东北财经大学,2012.

[44] 詹正华，陈星汝．税收饶让与延期纳税对 ODI 作用的比较研究 [J]. 税务与经济，2012（5）:100-105.

[45] 陈星汝．我国促进对外直接投资的税收激励政策研究 [D]. 江南大学,2013.

[46] 陈志勇，夏晶．我国对外直接投资中财税激励政策有效性及其优化研究 [J]. 河北经贸大学学报,2014（3）: 48-53.

[47] 卞幻．优化我国对外直接投资税收饶让的实证分析 [J]. 中南财经政法大学研究生学报，2014（2）: 66-72.

[48] 程闻硕．产业集聚、国际资本流动与西部地区吸引外资的分析 [D]. 西安：西北大学,2006.

[49] 朱青．国际税收 [M]. 北京：中国人民大学出版社，2014.

[50] 周辉莉．中国对外直接投资的产业影响研究 [D]. 厦门：厦门大学，2012.

[51] 王磊．中国对欧盟直接投资研究——基于决定性因素分析 [D]. 上海：复旦大学,2008.

[52] 魏志梅．中国境外所得税制的回顾、借鉴与展望 [J]. 税务研究，2011（7）: 89-95.

[53] 蔡岩红．跨国经营需借力税收协定 [J]. 法人杂志,2009（1）:47-51.

[54] 张怡．税收保障——协助"走出去"企业扬帆远航 [J]. 经济研究导刊,2011（32）: 107-109.

[55] 高晶晶．中国企业对外直接投资的税收问题研究 [D]. 成都：西南财经大学，2013.

[56] 赵宏彦．"走出去"企业的税务管理初探 [J]. 国际商务财会，2014（1）.

[57] 罗庚．企业境外投资税收风险管理研究 [D]. 北京：财政部财政科学研究所，2013.

[58] 姜晓杰，冯雷．我国对欧盟直接投资税收协调存在的问题及解决对策 [J]. 河北金融,2014（6）.

[59] 李时．我国境外投资所得税政策与发展 [J]. 经济与管理,2013（4）:49-52.

[60] 卢仁法，许善达．促进中国企业对外投资合作税收问题研究 [M]. 北京：中国税务出版社，2009.

[61] 王贵．国际投资法 [M]. 北京：北京法律出版社,2008.

[62] 李华．论我国海外投资税收法律制度的完善 [D]. 郑州：郑州大学,2011.

[63] 马克和，陈启英，侯伟．运用税收杠杆助力企业"走出去"[J]. 税务研究，

2008（1）：87.

[64] 刘蓉，李进 .ODI 与我国企业所得税激励政策 [J]. 上海金融学院学报 ,2010（4）:72–78.

[65] 邓满源 . 促进我国企业对外投资的税收政策选择 [D]. 湖南：湖南大学，2005.

[66] 张怡 . 促进我国对外直接投资的税收政策研究 [D]. 厦门：集美大学 ,2012.

[67] 杨志安 . 我国企业对外直接投资涉税问题探析 [J]. 涉外税务 ,2008（12）:24–28.

[68] 张雪涛 . 优化税收政策环境 推动企业 "走出去"[N]. 中国税务报 ,2007.

[69] 董晓岩 . 借鉴国际经验构建我国海外投资的税收激励政策体系 [J]. 兰州商学院学报 ,2010（3）:94–100.

[70] 王逸 . 鼓励企业 "走出去" 的税收法律机制研究 [J]. 无锡：江南大学学报 ,2011（1）:44–48.

[71] 王逸 . 对我国海外直接投资税收政策的改革优化 [J]. 财会月刊 ,2009（23）.

[72] 罗霄 . 完善税收政策和服务体系 促进海洋石油企业 "走出去"[J]. 国际税收 ,2014（1）.

[73] 邱兆林，马磊 . 经济新常态下政府财政支出的就业效应——基于中国省级面板数据的系统 GMM 分析 [J]. 中央财经大学学报，2015（12）：22–30.

[74] 王志宇 . 中国财政政策就业效应的机理研究 [D]. 哈尔滨：哈尔滨工业大学，2012.

[75] 杨晓妹 . 财政政策就业效应研究——基于中国经验数据的实证分析 [D]. 成都：西南财经大学，2014.

[76] 张术茂 . 中国财政支出政策就业效应研究 [D]. 沈阳：辽宁大学，2014.

[77] 黄安余 . 公共财政对就业的影响研究 [M]. 北京：中央编译出版社，2017.

[78] 柳如眉，赫国胜 . 欧盟国家促进老年劳动力就业的公共政策及其启示 [J]. 辽宁大学学报（哲学社会科学版）,2018（3）：88–98.

[79] 边恕，杨柳青，孙雅娜 . 中国财政社会保障支出的就业效应研究 [J]. 地方财政研究，2018（12）：66–73.

[80] Global Education Monitoring Report Team. 2017. Global Education Monitoring Report Summary 2017/8:Accountability in education:Meeting our commitments , www.unesco.org/gemreport.

[81] 陈国娟，李琳懿 . 欧盟女性就业政策存在的问题及对策探析 [J]. 劳动保障世界，2018（33）：11–17.

[82] 柳清瑞，孙宇 . 人口老龄化、老年就业与年龄管理——欧盟国家的经验与启示 [J]. 经济体 制改革，2018（1）：157–162.